U0530891

THE GREAT COMPETITION
AMONG CHINA CITIES

中国城市大角逐

黄汉城 著

献给我的儿子黄研一

序　城市发展的秘密

01

在中国，解读经济的书籍浩如烟海，但大多是从宏观的角度作出分析。从城市视角出发的寥寥无几，本书算是一种尝试。

纵观过去一百多年全球城市的兴衰浮沉，我们可以发现，影响一个城市发展的因素多种多样，但如果去繁就简，剥茧抽丝，最重要的可以概括成三个。

第一是地理因素，包括自然的地理区位以及人造的能够改变区位条件的交通基础设施。它决定了一个城市的下限。

第二是政治因素。有没有在顶层设计中占据重要的一席之地，是不是政策洼地，拿到哪些优惠政策或财政倾斜，直接影响了一个城市的上限。

第三是人为因素。城市发力的方向，城市自身的作为，属于最复杂的一个变量。它决定了到底是"经济地理学"影响更大，还是"政治地理学"的作用更显著，是白白浪费了万千宠爱沉沦下去，还是踩着地理魔咒的"尸体"高歌猛进。

中国的省会城市，几乎都能放在这个大框架里考量。

02

几个因素当中,地理可能最为根本,起到了基础性的作用。我们不妨想想,上海为什么能成为中国第一大城市?除了自身的努力之外,我觉得至少有一半的功劳要归于长江。

正是有长江这条黄金水道,上海的经济腹地无比辽阔,可往上游纵贯3000千米,串联起苏州、南京、武汉、长沙、重庆等中国主流城市群。

这些人口一两千万的特大城市和超大城市,都将长江出海口的上海当作货物和资金的集散中心,以上海为跳板融入全球贸易体系。上海进而一跃成为全国最大的航运中心,而航运中心的进一步就是贸易中心,贸易中心的进一步就是金融中心。

长江出海口的地理位置,可谓一举奠定了上海作为"中国经济首都"的基础。如果说,当年的长江也像黄河一样改过道,从苏北盐城出海,那么,今天中国最大的都市恐怕就不是上海,而是盐城了。

同样都是大江大河的出海口,为什么珠江下游的广州、深圳、香港,没有成为全国第一大经济中心,而是比上海弱一些呢?这里有一个原因,就是广州、深圳、香港通过内河航运所能触达的经济腹地,跟上海完全不可同日而语。

长期以来,广州、深圳、香港的经济腹地相当有限。沿着西江往广西走,由于百色水利枢纽、河池龙滩水利枢纽没有过船设施,珠江到这里就断航了。往北,北江、东江到了韶关河源也结束了,无法翻越南岭出省。

因此,粤港澳大湾区经水路运输所连接的经济腹地,实际上只覆盖了广东和广西的部分地区,无法延伸至云南、贵州、四川、重庆、湖南和江西,导致大湾区与这些省市的货物流动经常要选择陆路运输,成本相对较高,阻碍了双方经济的进一步发展。

广州、深圳、香港的水运经济腹地最远不到1000千米，大概是上海的1/3，这成了大湾区几个核心城市发展的最大短板之一。而且，广州、深圳、香港上游的那些城市，放在中国的经济版图来看，基本没有多少分量，像梧州、南宁、柳州、清远，跟上海背后的经济巨人们完全无法等量齐观，这也拖累了广州、深圳、香港的发展步伐。

2022年8月，广西平陆运河在钦州正式开工，这是中华人民共和国成立以来建设的第一条江海连通的大运河。以此为标志，中国蛰伏许久的新基建潮——"运河热"，真的要落地了。

跟粤港澳大湾区相关的运河有两条，分别是湘桂运河和赣粤运河，目前正在研究论证，最快"十四五"期间或能开工。这两条运河同样会改写很多内陆省市区的出口、加工贸易格局。湘桂运河相当于现代版的"灵渠"，串联起湖南和广西，再沿着西江而下即可到达广州、深圳、香港。浙赣粤大运河全长约1988千米，北起京杭大运河的起点杭州，穿过浙、赣两省最后汇入珠江口。

这两条运河一旦落地，将历史性地连通长江、珠江两大水系，让广州、深圳、香港的经济腹地扩大好几倍。虽然所行驶船舶达不到长江经济带的吨位，会限制航道价值的发挥，但广州、深圳、香港的腹地范围终于可以比肩上海了。

以后西南、华中地区的货物，如果要出口到东南亚、欧洲、中东等地，从珠江出海要比走长江更短，可以节省时间成本。

相信将来会有更多的城市经过广州、深圳、香港走向外循环，给大湾区的核心城市带来更多资金流、人流、信息流的集聚，进一步提升广州、深圳、香港航运中心的地位。

总之，珠江航运的容量正处于大扩张的前夜，深圳争夺全国经济中心又多了一件利器。

地理因素，实在是太重要了。

20世纪80年代，深圳、珠海、厦门、汕头、海南相继成为经济特区，40年的穿壁引光，栉风沐雨，只有深圳杀出重围，成为一个几乎可以比肩北京和上海的"庞然大物"，而其他城市最多就是"小而美"。

这是为什么呢？原因并不复杂，几大经济特区当中，唯独深圳的对岸有一个香港。通过陆路接壤的深港形成了一小时生活圈，从而无缝接收香港的产业转移、技术移植、金融扶持。

直至1997年，香港这个弹丸之地所创造的GDP，仍能占内地18%的超高份额。在这样一个超级城市的辐射带动下，深圳想不腾飞都难。只要深圳不瞎折腾，一线城市早晚手到擒来。

而厦门对台湾，珠海对澳门，汕头对东南亚，都没有这样的区位优势。"对岸"的经济体，要么相隔十万八千里，要么产业单一体量太小，辐射作用都比较弱。

很多时候，地理区位就决定了一个城市的终极宿命，以至于德国著名地理学家拉采尔（Ratzel）提出了"地理决定论"。

国内能够突破地理决定论的地方，为数不多。义乌、合肥可以算是，前者身处山区，没有港口，没有航运条件，却发展成为全球最大的小商品集散中心，后者从爹不疼娘不爱的中国最大县城，摇身一变成为中国"霸都"。不过，它们也是在人为因素中，付出了常人难以想象的努力，且最后得到了政策的加持。

在本书中，我们可以看到地理的巨大影响力。广西的落伍，在于它是一个"假"的沿海省份；海南"长不大"，一直以一个市的体量扮演一个省的身份，跟它作为孤悬的岛屿经济脱不开关系；同样是火车拖来的城市，郑州相比石家庄最大的幸运在于，河南全省深居内陆的劣势……

为了突破地理屏障，有的城市会修建一系列高等级交通基础设施，用这种方式人为改变自身的地理条件。成都通过欧亚大陆桥的建设，正在变成一个内陆的"沿海城市"，摆脱对上海的依赖。福州则想着台海通道，希冀从中国的交通末梢，变成东亚的十字路口。

中国的省会城市，早已行动起来了。

03

在第二个因素中，这几年中国最彰显的关键词，可能是"内循环"。中美全面脱钩之势愈演愈烈，从中兴到华为，从香港风波到成都领事馆关闭，全球最大的两个经济体龃龉不断。中国转而提出构建以国内大循环为主体、国内国际双循环相互促进的新发展格局。

这个关系到中国百年命运的历史抉择，对全国一盘棋的影响立竿见影，深刻反映在一个个具体城市的命运以及战略方向上。

我们先看中西部。可能还有很多人没有意识到，中国最大的一个命门其实是农业。农业生产率的提升，天然落后于工业部门。因为农作物的收成，除了集合人类的劳动和智慧之外，还有一些不可控的因素——气候与时间，这是人类无法去除的影响因子。

农作物的生长周期是固定的，几乎不可更改。在热带，水稻可以种三季，在温带可以种两季，并不会因为大规模机械的运用、化肥工艺的提升，而变成五季、十季，让亩产值得到几何式增长。

制造业就不一样了。工业体系是一个相对封闭的系统，能尽可能地排除大自然的干扰。因此，新工艺、新技术的采用，往往能够出现颠覆性的效果。

19世纪40年代，一个女工一天只能缝制一件衬衣，缝纫机发明之后，她一天可以缝制11件。1914年"一战"开始时，福特公司组装一辆T型车要14小时，十年之后每10秒就能有一辆车走下生产线。工业技术的改进、生产流程的优化，每时每刻都在发生。有时候快，有时候慢，但是它一定会持续下去，永不停息。

所以，这两种产业的特性会共同导致一个结果——农业人口难以致富，工业产能容易过剩。这是全世界所有国家都遇到过的问题。

中国也是这样。不过相比美国，中国中西部的农业人口面临着更艰巨的致富之路。因为我们人多地少，要推广机械化、规模化耕作，困难较大。由于农业生产效率的提升天然滞后于工业，很多中西部农村地区在过去的工业化、城镇化进程中，并没有分享到大国崛起的时代红利，反而产生了大量低收入人口。

2020年5月召开的全国两会期间，国务院总理李克强在出席记者会时提到："中国是一个人口众多的发展中国家，我们人均年收入是3万元人民币，但是有6亿人每个月的收入也就1000元。"这6亿月收入1000元的人，相当大比例在中西部地区的农村。

受地缘政治影响，传统的全球格局即"拉美资源、中国制造、欧美消费"的三角关系也变得不太稳定了。这对中国经济的"三驾马车"之一——出口，造成了长远的负面影响。因此，跨越胡焕庸线去构建一个庞大的内需市场，比以往任何时刻都要紧迫得多。

只有中西部的人均收入上去了，中国才有更大的底气构建以国内大循环为主体、国内国际双循环相互促进的新发展格局，进而为后期的大国崛起提供更大的战略回旋空间。

我们可以看到，作为中国经济第四极的成渝经济圈横空出世，大量财政转移到了四川、重庆；中央往昆明体内打入三个楔子，推动昆明走向东南亚的"经济首都"；西部地区按15%征收企业所得税的政策，至少将延续三十年……

随着中西部的崛起，中国有可能将全球产业链的三级分工体系"内部化"，从"拉美资源、中国制造、欧美消费"变成"中西部资源和制造，东部消费"，以此重塑全球的经济地理空间。

我们再来看东部。作为全国最繁华最富裕的地区，东部一定是内循环极其重要的支点。过去，北京作为大国心脏，几乎不参与最高层级的对外开放试验。但在今天百年未有之大变局下，北京也开始披挂上阵，承担起一个绝无仅有的历史性使命——中国第一个以服务贸易、数字经济为核心主题的自贸区。

与此同时，香港作为国际金融中心的各种不确定性陡然上升，让上海成为香港的 B 计划，就显得尤为重要。中央会把上海打造成下一个香港。

海南自贸港横空出世，不是向上打造经济增长极，而是向下探索对外开放的深度，为"再造一个中国"做好准备。在本书中，你将看到内循环是如何重塑中国省会城市/直辖市的。

04

除了影响区域经济之外，内循环还会影响地方的产业经济。以新能源汽车①为例，过去在"市场换技术"中，高铁模式无比成功，汽车模式则灰头土脸，成为民族产业当中最痛的伤疤。

这几年中国大力扶持新能源汽车，除了各种补贴之外，还出台层出不穷的产业政策来引导，这并不单单是想要抓住一个新赛道。除了产业自身的朝阳属性之外，新能源汽车还有更深层次的意义，就是消解美元霸权。

2018 年，中国汽车保有量 2.4 亿辆，一年用掉的石油占比全部消费量超过 40%，也就是 2.6 亿吨，占中国进口原油 4.62 亿吨的 56%。②如果电动车能够全部替代传统燃油车，那我们理论上就可以省一半的进口，对外依存度从 70% 下滑到 50%，从而提高内循环的底气。这只是第一步。

---

① 新能源领域有四大赛道：新能源汽车、光伏、风电以及氢能源。
② 能源与交通创新中心基于中石油经济技术研究院、中国汽车技术研究中心以及国家统计局数据整理出中国石油使用结构，其中交通领域占比 55.5%，超过了一半。更具体看，乘用车占全部石油使用量的 19.8%，商用车是 21.9%，航空 5%，船舶 2.7%，其他 6.2%。乘用车与商用车合计就高达 41.7%。

自布雷顿森林体系瓦解之后，美国就构建起了"美元—石油"体系，跟欧佩克做石油交易，必须以美元结算，这是双方的协议，而非欧佩克成员没有这个强制性的规定。

所以，在剩下的2亿吨进口原油中，中国如果能拿人民币到俄罗斯、巴西（2020年，两国出口中国石油1.25亿吨）等非欧佩克成员国购买1亿多吨，就能满足国内的大部分需求，从而摆脱对中东石油的依赖。

此外，中国是全球最大的工业经济体，才会有如此庞大的石油进口量。好些国家一旦迎来电动车时代，可能就不需要进口石油了，其自产石油量就能撑起本国的工业体系。到那时候，"美元—石油"体系就会逐步走下神坛。

很多人都没有留意到新能源的这一革命性意义。当然了，"美元—石油"交易的减少，并不代表美元就不再是国际上的硬通货了。只要美国的军事实力、科技实力还是全球第一，美元就永远都会是最值钱的国际化货币。但不可否认，新能源汽车对传统燃油车的颠覆，一定程度上会消解美元霸权。

在这样一个历史性的进程中，宁德时代、蔚来、比亚迪等产业链上的角色，都是加速传统国际政治秩序重新洗牌的参与者和见证者。

2021年"五四"这一天，香港商界发生了香港回归以来最大的变故。福布斯实时富豪榜显示，宁德时代董事局主席曾毓群身家达345亿美元，超越李嘉诚成为香港首富。自香港经济豪门化后，传统财阀从未被局外人颠覆过，曾毓群创造了历史。

宁德时代于2011年创立，相比李嘉诚的长和系以及马云的阿里帝国，简直是初出茅庐的后辈。但短短十年的时间，其A股市值就排名全国第13名，逼近万亿，江湖大名"宁王"。

新旧势力的更迭，像是一个充满了象征意义的预言：今天这个时代，谁押注中国的内循环，谁沉下心来搞制造业，谁就能获得丰厚的馈赠。不管是有意还是无意，曾毓群踩中了时代发展的脉搏，自然会得到这个时代给予的最大反馈。

在国家战略的引导下，城市产业布局的选择也随之而动。济南历史性的北跨，以新能源、新材料等战略性新兴产业为抓手，展现出了成为中国氢都和新能源汽车重镇的野心，试图从大明湖时代走向黄河时代。

尽管步履蹒跚，但长春大力推动新能源汽车的决心没有变。此举的胜败，直接关系到中国的汽车之都是否会重演柯达式的悲剧。

内循环犹如一盏灯，正指引着中国省会城市/直辖市走向一片未知的海洋。

05

如今，中国的人口结构正在发生巨大的变化。

第一，2010年第六次人口普查，中国20~34岁的年轻人规模为3.25亿人。2020年第七次人口普查时为2.9亿人，减少了3463万人。同比前十年，20~34岁的年轻人规模仅有89.3%，减少了1/10。

这对于整个民族未来的影响不可估量。之前联合国预测，中国人口将在2029年达到峰值，之后开始进入持续的负增长通道。实际上，中国人口规模在2022年就已经迎来了负增长。

其实，当一个社会最有朝气、最具想法的青年人在萎缩的时候，讨论全体人口何时负增长已经没有什么意义了。因为，它已经算是实质性的负增长了。

3463万年轻人，比整个澳大利亚的人口还要多。按照一百个人出一个人才的概率算，就少了34万个人才。原本，他们应该在合肥的全超导托卡马克核聚变实验装置旁边，在大连港航空母舰的甲板上，在深圳华为的6G实验室里忙碌着……按照十万人出一个天才的概率算，我们也少了340多个诺贝尔奖的冲击者、工程院院士的候选人、顶尖学府的校长……

损失不可谓不大，年轻人数量的负增长所产生的冲击波不亚于整个国家步入深度老龄化。

第二，少子化以及晚婚潮蔓延全国。

亚洲结婚最晚的城市是哪个？不是低欲望社会的东京，不是财阀集聚阶层固化的首尔，也不是房价宇宙第一的北上广深。在已公开数据的城市当中，中国一座三线城市——湖北襄阳问鼎。

这座目标直指"万亿工业强市"的湖北第二大市，2021年男性初婚平均年龄达到了惊人的35.23岁，女性则为33.96岁。比东京、首尔，比所有亚洲"内卷"之都还要晚。

在大众的认知中，结婚年龄与经济发展水平在一定程度上呈正相关，越是经济发达的地区，结婚年龄越晚，但是襄阳直接打破了这个自然规律。

不仅如此，2021年安徽全省初婚登记平均年龄分别为男性31.89岁，女性30.73岁；河南平顶山，2021年初婚登记平均年龄分别为男性29.4岁，女性29.3岁；湖南岳阳2021年初婚登记平均年龄分别为男性29.2岁，女性26.3岁；浙江温州2021年初婚登记平均年龄分别为男性29.1岁，女性26.7岁……万万没想到，晚婚潮已经从一线城市蔓延到了三、四线城市。

与之相伴随的，是中国出生人口的持续下滑。1990年，中国有31659万个0到14岁的婴童，2020年减少至25277万人，从总人口的27.7%下降到17.9%。

人口结构的变化，不仅影响了中国对高端科技树的攀升，也对整个中低端制造业提出了更大的挑战。我们知道，人口数量和人均收入共同决定消费市场的大小。虽然未来人均收入的增加，一定程度上会对冲人口下滑所带来的负面影响，但是每个人消费频次的提升幅度是有极限的。试想一下，月工资从一万元变成两万元之后，一天能多喝几杯咖啡，一年能换多少台电视？其实变化不会太大。

当前，产能过剩的阴影已经笼罩了整个中国制造业。尤其是在未来人口负增长的情况下，这种威胁会更加凸显。

中国工业自动化、智能化的普及，是以肉眼可见的速度在增长的。用上机器人和物联网之后，一条中低端产品生产线的产能会以几倍的速度上涨。制造能力的提升，远远快过消费能力的提升。

而我们年轻人在萎缩，出生率在下跌，老龄化在加深，国人的胃口可能根本跟不上这种扩张速度，这使得原先"生产—消费—再生产"的循环链条受到很大阻力，加大了中国消解过剩产能的困难。

这就更需要我们去开辟出口市场，去占领海外几十亿人的市场。如此，贸易冲突的概率就会变大，不论是跟欧美发达地区，还是跟中东、拉美、非洲这些第三世界地区。

有一种方式可以消除这种潜在冲突，就是中国在产业结构上"退二进三"，提升真正的现代服务业水平，变成第二个"美国"，向全世界提供不可或缺的金融、咨询、设计、科研、文化等高端服务。与此同时，有计划、有节奏地压缩低端制造业比重，较低附加值的有形货物转向进口，去生产全球趋之若鹜的先进装备、芯片、高端零部件……

但这种转变并不容易，它要求人民币要跟美元一样国际化，开印钞机就能收割别人的产能；要求我们要深谙国际游戏规则；要求我们能妥善处理产业转型过程中的就业摩擦……

未来的挑战，无处不在。在这种情况下，中国省会城市的作为就至关重要了。人口结构的变化，意味着过去以人口增长为核心要素的投资驱动模式，以房地产拉动的经济模式已统统走不通了。我们的经济逻辑发生了翻天覆地的变化。而城市发力的方向和作为，决定了其是力挽狂澜，走出人口结构变化的泥沼，还是会被困难击倒，沦为铁锈地带。

刘易斯拐点的到来，人口逃离的趋势，是否会进一步加剧东北的困顿，使得哈尔滨掉出副省级城市行列，使沈阳成为下一个国家中心城市的时间延缓，需要我们继续观察。

与此同时，也有的城市主动出击，试图绕开人口变化的障碍，比如合肥赌上一切成为很多企业的地方合伙人，"凭空"造出液晶显示面板、集成电路等产业。深圳和广州将风投模式运用得炉火纯青，演绎了地方政府公司主义的不同篇章。

06

省会城市是占据中国经济话语权的城市军团，它们的一举一动，牵扯良多。停滞或突围，一定程度上决定了这个 14 亿人口大国的未来。

作为中国第一本全景式扫描省会城市的经济读物，相信这本书可以帮助大家了解省会城市的今生与未来，也欢迎大家提出宝贵的意见。

黄汉城

目　录

第一章　一线城市的巨变　/ 001

　　北京为何"回归"　/ 003

　　深圳出局已定？上海或将成为下一个香港　/ 023

　　深圳，地方"国资系"高歌猛进　/ 040

　　广州与重庆，中国第四城争夺内幕　/ 055

第二章　地理经济学的颠覆　/ 077

　　昆明，东南亚的中心城市　/ 079

　　成都，一座内陆的"沿海城市"　/ 096

　　福州，历史转折中的台湾海峡　/ 112

　　南宁，平陆运河会带来什么变局　/ 133

第三章　被隐藏起来的真相　/ 151

　　长春，是下一个底特律吗　/ 153

　　长沙，毗邻广东的不幸　/ 171

　　天津南京易位，折射南北方经济模式分野　/ 195

　　杭州向左，宁波向右　/ 210

第四章　内循环之城　/ 223

　　哈尔滨，凭什么还是副省级城市　/ 225
　　沈阳，下一个国家中心城市？　/ 240
　　武汉，会成为东方芝加哥吗　/ 259

第五章　直面悲情　/ 277

　　南昌，为赣州牺牲的省会　/ 279
　　济南，生也黄河，死也黄河　/ 290
　　海口，孤岛经济　/ 309
　　石家庄，一座"假省会"　/ 324

参考文献　/ 343

结束语　/ 347

第一章

一线城市的巨变

北京为何"回归"

2021年的钟声刚刚敲响,经济学家们就开始不自觉地屏住呼吸,瞪大眼睛看着百年未有之大变局从手指间轻轻滑过。

2020年,南京的国民生产总值自改革开放以来首次闯入全国城市前十,天津则不幸跌出了这个梦幻般的阵营(见表1-1),创下了自中华人民共和国成立以来的最低排名。

表1-1 2020年GDP 20强城市

单位:亿元

城市	GDP	城市	GDP
上海	38701	天津	14084
北京	36103	宁波	12409
深圳	27670	青岛	12401
广州	25019	无锡	12370
重庆	25003	长沙	12143
苏州	20171	郑州	12003
成都	17717	佛山	10816
杭州	16106	泉州	10159
武汉	15616	济南	10141
南京	14818	合肥	10046

数据来源:各市统计局。

回想1949年,天津是北方最大的经济中心,南京是南方六朝政治古都,经济实力均秒杀北京等一众城市,令人望而生畏。

如今,风云骤变。一个披甲上阵,重回历史舞台的中心;一个大厦将倾,步入帝国的黄昏。两者相连为波诡云谲的 2020 年画下句点。

自 2021 年起,中国前十大城市里就只剩下首都北京这一座北方城市了,这真是中国经济发展史上稀奇的一幕。而且,除了北京、上海之外,南方前十大城市的经济体量已经在不知不觉中接近甚至超过相对应的北方前十大城市的两倍(见表 1-2)。

表 1-2 2021 年南北方 GDP 十大城市

单位:亿元

南方			北方			倍数
排名	城市	GDP	排名	城市	GDP	
1	上海	43214.85	1	北京	40269.60	1.07
2	深圳	30664.85	2	天津	15695.05	1.95
3	广州	28231.97	3	青岛	14136.46	2.00
4	重庆	27894.02	4	郑州	12691.00	2.20
5	苏州	22718.30	5	济南	11432.20	1.99
6	成都	19917.00	6	西安	10688.28	1.86
7	杭州	18109.00	7	烟台	8711.75	2.08
8	武汉	17716.76	8	唐山	8230.60	2.15
9	南京	16355.32	9	徐州	8117.44	2.01
10	宁波	14594.90	10	大连	7826.00	1.86

数据来源:各市统计局。

深圳是天津的 1.95 倍,广州是青岛的 2.00 倍,重庆是郑州的 2.20 倍,苏州是济南的 1.99 倍……考虑到这些城市的庞大体量,2 倍已是一个很悬殊的差距了。这是一个鲜明的信号,宣告着中国延续上千年的南北差距已到了相当严峻的程度。

历朝历代都曾试图改变中国经济南北不平衡的局面。可大势汤汤,无论是优雅的宋、强悍的元,还是辽阔的清,皆无力扭转这种局面。北方落后于南方,是一种历史的巧合吗?不,它应该是一种必然!

01

2020年,我受一家世界500强企业邀请,在其总部做了一场面向全球员工的演讲。当时我展示了几张航道卫星图,分别是南京、重庆、梧州、南宁、济南、郑州、西安和沈阳,这八个地方均为内陆城市。我当时问大家,南方城市和北方城市有什么区别。有的人说南方的河道更宽一些,有的人说北方的河流更浑浊一点……现场争论不休。这时有个女孩子冒出一句话,为什么南方城市的河流上跑着很多船只,北方却没有?大家顿时豁然开朗。

没错,这就是南北之间的差异。"河道上有没有船"是区分南北方城市的一个明显特征,同时也是造成南北方城市体量之差的"分界河"。

内河航运体系的不同,是今天南北经济失衡问题的关键所在。大多数人可能没有留意到,中国前十大城市,除了北京之外全部在沿海、长江流域以及珠江流域,哺育中华文明的母亲河黄河流域却一个都没有。

这不是很奇怪吗?我们以美国为例。从地理条件来看,美国的自然禀赋相当优越。全长3767千米的密西西比河贯穿大陆南北,加上多条支流以对角的方式横贯东西,美国境内可供航运的河道总长度,一度比全世界其他国家的总和还要长。美国还两面沿海,有着极其广阔的海岸线和港口资源,北部又有五大湖,同样通江达海。这样的天赋异禀,既有利于形成一个庞大的内需市场,也能让美国大部分土地顺畅接入世界经济体系。在这种基础上所哺育出来的全美前十大城市,多数都有着良好的航运条件,不管是河运还是海运。历史上芝加哥的发展就是很典型的例子,尽管它深居内陆,距海最近达到了1100千米,但是借助于四通八达的河流体系,它依旧可以自由进出大西洋、墨西哥湾以及纽约港,一度成为世界上深入内陆的最大"海港",奠定了全美工业中心的地位。

黄河明明是中国第二大河流，流域面积高达75.2万平方千米，可为何哺育不出前十大城市？原因在于，黄河实在是太"黄"了。

02

五千年前，黄河流域的气温比现在要高2摄氏度。[1]复旦大学教授葛剑雄指出，这是一个非常有利的天时，温暖的气候造就了充沛的降水，黄河流域成了当时东亚大陆最适宜的成片农业区。"那时这一带的气候，跟今天的西双版纳差不多"。[2]

在这样的条件下，黄河中下游成了华夏民族最重要的发祥地，哺育出了璀璨的中华文明。无论是春秋战国时期，还是秦汉时期，全国的政治中心和经济中心都位于黄河流域，其影响力远及亚洲腹地。

公元前1世纪，中国气候迎来了重大转折点——北方转入持续的寒冷，唐朝是最后一个温暖期。由于降水减少，400mm等降水量线南迁。位于"秦岭—淮河"以北的黄河流域，命运从此掉头向下，其年降水量低于400毫米的干旱半干旱区，占了流域面积的40%。

尽管是世界十大长河之一，但是年均天然径流量萎缩到500多亿立方米，列世界大江大河100位之外。这样的径流量连松花江、淮河都比不上，更别说与9857亿立方米的长江相提并论了（见表1-3）。

表1-3　中国主要河流径流量情况

单位：亿立方米

名称	年径流量
长江	9857
珠江	3381

[1] 竺可桢：《中国近五千年来气候变迁的初步研究》，载1972年12月15日《考古学报》。
[2] 葛剑雄：《长江、黄河——中华文明的母亲河》，载2022年1月19日《南方周末》官网。

（续表）

名称	年径流量
松花江	818
淮河	595
黄河	592
海河	163
辽河	137

数据来源：国家统计局。

流量过小，加剧了上游因过度开垦、砍伐导致的水土流失的程度。多年来，黄河平均年输沙量达16亿吨左右，位列世界大江大河之冠，无河能出其右。16亿吨是个什么概念？水利部黄河水利委员会原副总工程师李文家作了一个比喻：如果把这些泥沙堆成宽、高各1米的土堆，可以绕地球27圈多。

从郑州以北的花园口开始，到东营入海口，河道里堆积了大量泥沙，河底比地面高出数米，以至于出现了"人在河底走，抬头见帆船"的人间奇观。沿岸就算想要修建码头港口，也无从下手。

水量小，河道浅，通航条件非常差，严重制约了通行船舶的大小，使其载重量不过区区百来吨。加之出海口淤泥太多，基本断航，整条大河航运价值微不足道。所以，华北和西北地区，根本就没有出海口。东北地区同样如此，辽河因为上游环境被破坏，泥沙堵塞航道，下游基本断航。

总之，整个北方的水运系统极为落后，远不及南方发达。[①] 以陕西和重庆为例，2018年，陕西的货运周转量为4024亿吨公里，其中水运的周转量只有0.52亿吨公里，占比仅0.01%，几乎可以忽略不计。同样是西部地区，重庆每年走水运的货物周转量却高达2238亿吨公里，是陕西的4000多倍，甚至比沿海的山东、河北还要高（见表

---

① 这个问题在后续解读长春等具体城市时会进一步展开。

1–4）。

表 1–4　2018 年各地区货物周转量（水运）

单位：亿吨公里

排序	地区	周转量	排序	地区	周转量
1	上海	27990	17	四川	270
2	广东	24177	18	江西	238
3	浙江	9352	19	贵州	45
4	辽宁	6317	20	云南	17
5	福建	6209	21	黑龙江	6
6	江苏	6121	22	陕西	0.52
7	安徽	5630	23	吉林	0.2
8	湖北	2850	24	山西	0.13
9	重庆	2238	25	甘肃	0.05
10	山东	1835	26	北京	—
11	广西	1590	27	内蒙古	—
12	天津	1326	28	西藏	—
13	河南	1021	29	青海	—
14	海南	774	30	宁夏	—
15	河北	490	31	新疆	—
16	湖南	458			

数据来源：国家统计局。

为什么会这样？因为前者在黄河流域，后者在长江流域。放眼整个大西北，最便宜的出海大动脉基本是搁浅的，这也是大西北经济发展速度不如大西南的原因之一。

03

河运，其实就是国家内部的"海权"。长期以来，北方内陆城市十分依赖铁路和公路出海。即便有河运的城市，也走不了大船。有测算显示，水运成本是铁路运输成本的 1/2，是公路运输成本的 1/5，是航空运输成本的 1/20。所以，北方内陆城市的运输成本普遍高于南方城市，对经济发展有天然掣肘，这非常不利于北方内陆城市的发展壮大。

第一，在 20 世纪的第四次全球产业大转移中，中国承接的基本是低端劳动密集型产业。这些产业每年只能赚取代工费，利润很薄，对运输成本极为敏感。

北方内陆城市没有成本低的运输通道，使得整个片区受到的外资青睐相对较少。而南方城市则因为通江达海的条件，顺利发展起了加工贸易，深度参与了全球的产业分工。后来，东部沿海地区崛起，兴起了产业梯度转移，大量中低端产业都优先转移到了运费更低的南方省市。

总之，北方错失了这两次大风口。仍以重庆和陕西为例，2018年，重庆的 GDP 比陕西少 2188 亿元，加工贸易进出口额却反超了 406 亿元。

时至今日，地理缺陷依旧是北方的紧箍咒：那些远离海岸线的北方内陆城市的劳动密集型产业，大多只覆盖到周边省市这一个狭小的市场，发展速度受限。而南方的劳动密集型产业通过发达的航运体系，可以连接全球各个角落，以及国内庞大的市场，从而能够成为世界工厂。也就是说，南方不仅可以内循环，还可以外循环。而北方城市既错过了全球市场的转移风潮，也错过了整合国内市场的机会。

第二，没有航运体系会把一些特定的产业投资给"吓跑"。比如石化工业，它是一个典型的原料和成品大进大出的产业，依赖港口和水运，所以地理位置就成了评估石化企业竞争力的主要标杆。

一个北方内陆城市，若非靠近原料供应地或者有运输管道，是无法建立生产基地的。

第三，水资源紧缺，产业选择面就受限。凡是高耗水的企业都难以落户扎根。

这些因素决定了北方内陆城市的产业空间，从一出生就遇到了天花板。在同等条件下，北方内陆城市早已落后别人一大步了。而河流的影响，又是全流域的。下游港口城市发达与否，与腹地经济的命运息息相关。内陆城市不强盛，前端的港口城市也会受到限制。换句话说，北方内陆城市的落伍，直接拖累了大连、青岛、连云港这些北方沿海城市的发展步伐。

总而言之，黄河、辽河等北方水系并非大江大河，这决定了今天北方最大的几个城市体量普遍只有南方大城市的一半。①

04

地理条件是难以改变的，地理区位也完全无法复制，处于独一垄断局面。这决定了海权时代下，北方难以逆袭南方，除非世界全面进入空权时代，而与此同时中国产业的转型升级也取得飞跃式进展，各地均有能力生产如生物医药、光芯屏端网等中高端产品，从劳动密集型产品转向技术密集型产品。

这一类工业技术的集成物，对运输速度的追求超过了对运输成本的追求，要飞机不要轮船。如此，北方就可以摆脱对水运体系的依赖，而全面走向临空经济，构建起双循环的经济格局。西安、郑州等近来发展较快的城市，已展现出了这种趋势。

不过，从海权时代到空权时代的转变不是一蹴而就的，它需要全球产业结构、消费能力、航空制造商技术以及各项基础设施的爬升，需要很长一段时间。

在此之前，南方的发展一定是快于北方的。尤其是当下，人口加

---

① 过去关于南北差距，国内有个流行的解释是，北方太冷了不适宜人居住。气候犹如上帝的鞭子，在驱逐着人和钱南迁。其实，航运体系与温度，就是一个硬币的两面。

速流入长三角地区以及大湾区，南方城市会进一步拉开与北方城市群的差距。

1978 年，中国前二十大城市当中，有 11 个是北方城市。北京、天津、沈阳、大连、哈尔滨、青岛位于前十名的第一梯队，大庆、鞍山、石家庄、唐山、长春处于第十一名至第二十名的第二梯队（见表1-5）。

后来，随着商品经济和全球化时代的兴起，北方城市在计划经济时期留下的遗产优势，逐渐消失殆尽。40 多年后，前二十大城市当中只剩下 5 个北方城市，即北京、天津、青岛、郑州、济南（见表1-5）。

表 1-5　1978 年以来中国 20 强城市变化情况

单位：亿元

排名	年份									
	1978		1990		2000		2010		2020	
	城市	GDP	城市	GDP	城市	GDP	城市	GDP	城市	GDP
1	上海	273	上海	782	上海	4771	上海	17166	上海	38701
2	北京	109	北京	501	北京	3162	北京	14114	北京	36103
3	天津	83	重庆	328	广州	2493	广州	10748	深圳	27670
4	重庆	72	广州	320	深圳	2187	深圳	9582	广州	25019
5	沈阳	44	天津	311	重庆	1791	苏州	9229	重庆	25003
6	广州	43	沈阳	235	天津	1702	天津	9224	苏州	20171
7	大连	42	苏州	202	苏州	1541	重庆	7926	成都	17717
8	武汉	40	成都	194	杭州	1383	杭州	5949	杭州	16106
9	哈尔滨	39	大连	191	武汉	1207	无锡	5793	武汉	15616
10	青岛	38	杭州	190	青岛	1191	青岛	5666	南京	14818
11	成都	36	哈尔滨	181	无锡	1177	佛山	5652	天津	14084
12	南京	34	青岛	181	成都	1157	武汉	5566	宁波	12409
13	大庆	32	武汉	177	宁波	1145	成都	5551	青岛	12401
14	鞍山	32	南京	177	大连	1111	宁波	5181	无锡	12370
15	苏州	32	深圳	172	南京	1074	大连	5158	长沙	12143

(续表)

排名	年份									
	1978		1990		2000		2010		2020	
	城市	GDP	城市	GDP	城市	GDP	城市	GDP	城市	GDP
16	石家庄	30	大庆	169	沈阳	1067	南京	5131	郑州	12003
17	南通	29	无锡	160	佛山	1050	沈阳	5018	佛山	10816
18	唐山	29	石家庄	150	大庆	1029	长沙	4547	泉州	10159
19	杭州	28	烟台	149	石家庄	1003	唐山	4469	济南	10141
20	长春	26	宁波	141	哈尔滨	980	烟台	4358	合肥	10046

数据来源：各市统计局。

如果北京不是首都，不是中国的政治中心，那北京作为一个没有港口的内陆城市，也很可能进不了前十。想当初1949年时，北京还只是一座消费型城市，工人阶级占全市人口不到4%，跟苏联首都莫斯科的工人阶级占全市人口约25%相比，相差甚远，整个工业总产值不到天津的1/3、上海的1/6，大量工业品仰仗于天津。那时候，天津作为环渤海的航运中心，是北方名副其实的经济中心。

1950年，在天安门上，毛主席指着广场以南一带说，以后从那里望过去，要到处都是烟囱。于是，把北京建设成全国的经济中心就成了首都的工作重心。一夜之间，行政性力量给首都导入了诸多资源，工人们坐着绿皮火车从四面八方涌来，各类工厂拔地而起。

没用多长时间，北京就变成了一座工业性城市。直至20世纪80年代初，北京的天空耸立着1.4万根烟囱，为世界各国首都所罕见。到20世纪90年代，北京成为仅次于上海的工业城市。[1] 其实，这种布局并不是一种最有效率的资源配置。

---

[1] 房晓、韩菲子主编：《大协作时代：北京跨区域产业协作纪实》，人民日报出版社2021年版，第77页。

05

以亦庄为例，这是北京市内唯一同时享受国家经济技术开发区和国家高新园区双重政策的开发区，亦庄经济区的工业总产值占北京全市的 1/5，算是制造业重地了。

20 世纪 90 年代选址的时候，其实有十多处片区参与了开发区的竞争，其中包括沙河、永和、梨园、西三旗等，它们同样拥有实力。那为什么最后亦庄能脱颖而出呢？答案有点令人啼笑皆非，因为亦庄位于京津塘高速公路的起点，距离天津港 120 千米，是所有候选区当中距离天津港最近的。

这背后也折射出首都作为北方实际经济中心的尴尬：没有便捷的出海口。长期以来，北京并非大江大河所经之处，水运不发达，所以特别依赖天津港，深受经济地理无效率问题的困扰。

以北京大工业时代的首钢为例，老首钢炼钢的原料通过船运到天津港，再装上火车运到北京石景山。炼为成品后，再陆运到天津港出海。根据央视纪录片《百炼成钢》，这段 100 多千米的运距，让老首钢的每吨钢材多出 100 多元的物流成本，极大地挫伤了首钢在行业内的竞争力。而且，中间的流通环节也比沿海钢厂多，如申请车皮、上站装货、下站卸货、转运仓储……从北京到上海，最快也要半个月甚至一个月的时间，这会耽误下游企业的生产。

2009 年，首钢搬到河北曹妃甸生产，从工厂高炉到码头只有区区 2 千米，这大大简化了产品的运输流程，3 天就能把产品运到上海的客户手中。

临海的区位优势，使得首钢每发出一艘五万吨的货轮，就比原先节省了 500 万元的费用。按照年产 900 万吨钢材计算，每年可节省 9 亿元至 13.5 亿元的物流成本。所以，就算没有奥运会，没有"北京蓝"的要求，首钢长期来讲也是会迁走的。

此外，北京水资源极为匮乏，这本身就会对人口集聚和工业发展有很大的制约。比如京东方有一个工厂，平均每天就要消耗2万吨水，5.5亿度电，相当于10万人一天的用水量，80万人一天的用电量。

所以，尽管京东方发源于北京，但是其后来的十几条生产线都建在了外地。这既是为了地方政府合伙资金，也是为了寻找水电费洼地。

自然地理条件决定了北京的环境承载力低，不适合发展一般制造业，高端制造业中的高耗能、高污染的生产加工环节也不行，甚至连用地大、用人多的服务业，也会受到影响。

无大江大河，还少水，这两个致命的短板决定了在这里布局大量经济活动，本身就不"经济"。北京天然就无法成为中国城市的塔尖，奈何北京的地位实在是太高了。所以，有形之手一围拢，就将全国诸多顶尖资源集聚在北京。如此，它才能在后来借着庞大的科研院所，扎堆的总部经济，高端的人才队伍，攀升为服务业高地。一步步地，逼近长江出海口的上海。

如果不是处于政治中心，北京断然不是今天这副模样。

06

然而，北京头上始终悬挂着一把达摩克利斯之剑。因为人为塞入各种资源，硬生生撑起一座超级城市，自然也会滋生无穷无尽的城市病。

北京的常住人口是2188万人，但是据一些研究机构测算，北京的实际管理人口已经超过了3000万人。多出来的800多万人，差不多能再造一个云南的省会了。那么，这些暂住人口到底是从哪里来的？其实还是因为北京聚拢了顶尖的资源，是这些资源从全国各地勾过来的。

以央企效应为例，2021年年初，全国共有120多家央企，包括行政类央企3家，文化类央企3家，金融类央企23家，非金融类央企约96

家。其中，有102家的总部扎堆北京，占比超过80%。这使得首都成为中国500强企业最多的城市，也是中国权力和财富最为集中的地方。

根据智谷趋势的统计，总部位于北京的央企，全球员工人数不少于1353.96万人，这个规模快赶上纽约、旧金山、洛杉矶、华盛顿特区的人口总和了。

这些人，留在北京总部工作的着实不多。2014年《证券时报》曾报道，国家电网、中国石化、中国电信以及中国钢研等20家中央企业，北京总部的人数之和只有8557人。其中，最多的不过2000人，最少的才61人。但是央企在北京以外的员工们，平时总是要跟总部联络的，如开会、培训、述职等，一直有进京的需求。除此之外，还有全国各地来北京看病的，考察学习的……这些通通构成了这3000万实际管理人口的一分子，是北京"堵"的重要原因。

然而，北京是不可能无限膨胀下去的。突破自然禀赋人为造城，总有一个临界点。过了这个临界点，很多产业向外迁移的离心力就会猛然加速。换句话说，北京到了一定的规模，就一定会走向自我瓦解，这也是为什么从前几年开始北京会对标华盛顿，剥离经济色彩强化首都功能。

北京通州城市副中心、河北雄安新区两个千年大计，实际上都是中心城六区的集中"泄洪区"。大量的非首都功能向外疏解，央企迁都的速度也在加速。自2014年吹响疏解非首都核心功能之后，每隔两年就会有一家央企总部迁出北京，节奏和频率并不算快。不过，从这两年开始，央企外迁节奏非常密集。

2020年12月，中国电子信息产业集团有限公司搬到深圳。

2021年5月，总部均位于北京的中国中化集团有限公司与中国化工集团有限公司实施联合重组，新设中国中化控股有限责任公司，注册资本552亿元，落户雄安。

2021年9月25日，中国西电集团有限公司与国家电网有限公司下属许继集团、平高集团、山东电工电气集团及南瑞恒驰、南瑞泰事达、重庆博瑞重组整合而成中国电气装备，总部落在上海。

2021年9月26日，长江三峡集团总部从北京迁回湖北。

短短半年多的时间，就有几家搬离，这说明央企总部迁移的历史进程已迈进了实质性阶段。

北京宣告减量发展，天津也发生经济失速，过去的京津冀似乎正在慢慢淡出大国经济的主流视野。①中国的区域经济格局，隐隐要从三足鼎立演变为双雄争霸了。但就是在这样一个历史性的十字路口，发生了一件不同寻常的事情。

07

2020年10月，中央在一天之内，印发了北京、湖南、安徽、浙江几个自贸区的建设方案。放眼国内众多自贸区，北京自贸区是极为特殊的一个。因为这是中国第一个以服务贸易、数字经济为核心主题的自贸区。建设方案明确提及，北京自贸区的战略定位为"服务业扩大开放先行区、数字经济试验区"，主要任务为深化金融领域开放创新、推动创新驱动发展等。

那么，为什么此时中央要建设一个数字经济自贸区？为什么选定北京，而不是上海、广州或者深圳？

第一，新冠肺炎疫情对人类的组织生产和流通产生了极大的干扰，每一个有形物品的跨境贸易，都有疫情传播的风险。把服务贸易数字化，就是要打破这一层传递。贸易可以分为货物贸易和服务贸易两种，一种有形，一种无形。从表1-6可知，服务贸易包括运输、租赁、建筑、维修、保养、保险、电信、金融、信息处理、广告设计等服务。

---

① 黄汉城、史哲、林小琬：《中国城市大洗牌》，东方出版社2020年版，第69页。

表 1-6 服务贸易种类

序号	种类
1	国际运输
2	国际旅游
3	跨国银行、国际融资公司及其他金融服务
4	国际保险和再保险
5	国际信息处理、传递、计算机及数据业务
6	国际咨询业务
7	建筑和工程承包等劳务输出
8	国际电信业务
9	广告、设计、会计管理等服务项目
10	国际租赁
11	维修、保养、技术指导等售后服务
12	国际视听服务
13	教育、卫生、文化艺术的国际交流业务
14	商业批发和零售服务
15	其他官方国际服务

过去这些服务贸易产品，往往具有生产跟消费同时性的特征，也就是供应方跟消费方处于同一时空。后来随着信息革命的出现，服务贸易开始数字化了，并借助互联网通道来进行跨境流通交易。也就是说，数字经济跟服务贸易紧密相关。

无形的服务贸易相比有形的货物贸易，更有机会斩断疫情的传播链条，从而保障经济安全。举个例子，2020年上半年很多城市经济负增长，而杭州的 GDP 却同比增长 1.5%。这正是因为有数字经济这个"定海神针"，直播、线上教育、电商等数字产业逆势增长 10.5%，成了支撑杭州上半年经济发展的重要引擎。

不过，放眼全国，目前中国经济的数字化程度远远不够。据联合国贸易和发展会议统计数据，全球服务贸易中有一半以上已经实现数字化。而中国 2019 年数字贸易进出口规模为 2036 亿美元，仅占全国（进出口）服务贸易总额的 26%。

可以说，疫情让人们认识到了数字贸易的迫切性和必要性。下一步，就是要进行一系列的经济政策调整，打造出一条进出口贸易的数字化通道。

第二，为什么是北京，而不是其他城市？

道理很简单，在四大一线城市当中，北京的第三产业最为发达。2019 年，北上广深的第三产业占比分别为 83.5%、72.7%、71.62%、60.9%。北京站在城市鄙视链的顶端，服务业比重是最高的。

虽然杭州号称"互联网之都""全国数字经济第一城"，但跟北京比起来还有差距。2019 年，杭州的数字经济增加值为 3795 亿元，占 GDP 的比重为 24.7%。而北京数字经济增加值早就超过了 1 万亿元，占 GDP 比重超过 50%，居全国首位，其中有四大银行，有京东、百度、小米等互联网巨头，有中影、华谊等影视行业大佬……北京在软件和信息服务业，在云计算、大数据、人工智能、区块链、网络安全、文化娱乐、创意设计等服务业，拥有非常深厚的积淀，集中了全中国一流的资源。

强大的服务业，是发展数字经济和服务贸易的基础。由北京来充当中国的数字经济自贸区，理论上再合适不过了，没有比它更好的了。

08

那么，未来北京将如何行动呢？用一句话来总结，就是用开放来倒逼改革，用进口来倒逼出口。

其实，服务业的开放是非常复杂的一件事情，因为中国还是一个转型中的国家，好些服务业领域关系到国家的主权和安全。

过去中国一直遵循着循序渐进的原则，对发展相对幼稚的关键性服务业有一定的保护心态。以电影为例，中国每年从海外进口院线电影的数量不超过 64 部。其目的之一，就是给民族电影产业留下喘息和生产的空间。

这一次，中央选定北京作为国家服务业扩大开放综合示范区，就是通过降低市场准入门槛，扩大服务进口，来倒逼北京本土服务业的竞争力升级。看看《深化北京市新一轮服务业扩大开放综合试点建设国家服务业扩大开放综合示范区工作方案》中的一些开放措施：

设立外商投资企业境内上市服务平台并提供相关服务。

支持外商独资企业申请成为私募基金管理人，开展股权投资和资产管理业务，符合条件的私募证券投资基金管理公司可申请转为公募基金管理公司。

优先在北京市允许跨国公司设立外商独资财务公司。

研究适时允许在京落地的外资银行稳妥开展国债期货交易。

允许符合条件的外资银行参与境内黄金和白银期货交易。

支持具有一定规模、运营稳健的在京外资法人银行申请参与公开市场交易。

允许外资银行获得人民银行黄金进口许可和银行间债券市场主承销资格。

除涉及国家主权、安全外，允许境外人士在北京市内申请参加我国相关职业资格考试（不含法律职业资格考试）。

支持境外评级机构设立子公司，并在银行间债券市场、交易所债券市场开展信用评级业务。

允许境外知名仲裁机构及争议解决机构经北京市司法行政部门登记并报司法部和备案后，在北京市特定区域设立业务机构，就国际商事、投资等领域发生的民商事争议提供仲裁服务，依法支持和保障中外当事人在仲裁前和仲裁中的财产保全、证据保全、行为保全等临时措施的申请和执行。

允许中小学按国家有关规定接收外籍人员子女入学。

....

是不是很震撼？这里面有不少措施是带有突破性的。

服务业跟制造业的规则完全不一样。制造业可以通过大量的廉价劳动力，迅速形成规模效应，也可以通过"低权益"方式，压制劳动力成本的上升，最终取得有形货物的价格优势。但是服务业不行，中国的服务贸易要取得竞争力，人口数量红利并不是一个关键因素，知识含量以及服务质量才是。

北京自贸区就是要通过主动扩大优质服务进口，让本土的服务产业不再那么舒服地躺着，把它们全部扔到大海里去享受充分的竞赛，去激活、倒逼它们升级。如此，北京的第三产业才能具有世界级的竞争力，才能带动中国的服务贸易出口。

09

过去，中国通过外商投资吸取了海外的技术、管理和资金，走上了出口导向型经济的道路。在世界500多种主要工业产品当中，中国有220多种产品的产量居世界第一，"中国制造"抢占了全球的货柜架。

中国的货物贸易是相当成功的，长期保持顺差，赚取了大量宝贵的外汇收入。但是在服务贸易领域，中国的表现相当不如意，自1995年开始，中国服务贸易持续了20多年的逆差。

除了在旅游、基建和物流这三个劳动密集型服务产业还有传统优势之外，中国在技术密集型、资本密集型的服务贸易领域，长期有求于他国。

想要成为一个世界性的强国,就一定要在服务贸易领域具有数一数二的竞争力。举例来说,印度综合国力比中国要弱,但印度由于长期重视高等教育,反而造就了制造业欠发展、服务业很发达的局面。

印度在服务外包、软件设计、IT 服务、宝莱坞歌舞大片等服务贸易领域,具有相当强的实力。2019—2020 财年,印度服务出口总额为 2141 亿美元,服务进口总额为 1314 亿美元,实现了 827 亿美元的顺差。

中国 2019 年服务出口总额只有 2420 亿美元,服务进口总额为 5014 亿美元,造成了高达 2594 亿美元的服务贸易逆差。而且,中国经济体量为印度的 5 倍,服务出口总额竟然跟印度差不多水平。

北京作为中国顶尖的服务业高地,就是要推动中国的服务贸易向前迈出一大步。不过,在这场贸易数字化的历史性进程中,北京被推到了最核心的位置,这是史无前例的。过去北京作为大国心脏,几乎不参与最高层级的对外开放试验。

20 世纪 80 年代,经济特区名单没有北京;第一批 12 个沿海开放城市当中没有北京;21 世纪前后,中国陆续设置了 20 个国家级新区,当中也没有北京;自 2013 年起,好几轮自贸区扩容名单中,也没有北京。① 试验本身就带有风险性和不确定性,可能会带来一些冲击。所以在过往几十年当中,北京一直与最高等级的对外开放试验"隔绝"。

这一次,真的变了。北京核心地带,出现了第一个自贸区。这对北京和中国来说,都具有颠覆性的意义。这说明,在今天百年未有之大变局之下,北京已经到了不得不上场的时候。中美脱钩、东部沿海形势风云诡谲,北京开始披挂上阵,承担起一个绝无仅有的历史

---

① 之前的大兴机场自贸片区,至少一半坐落于廊坊市,是放在了河北自贸区当中。

性使命。① 它释放出了中国经济的一个巨大信号,那就是北京的"回归"。传统地缘政治秩序的崩塌,让正在自我"瓦解"的北京又得以"续命"。

---

① 2012年,北京开始举办第一届中国(北京)国际服务贸易交易会,简称"京交会"。不过此后几年,京交会低调到几乎圈外人都没怎么听过。2019年,中美关系急转直下时,展会名称改成了中国国际服务贸易交易会,简称也变更为"服贸会"。删掉"北京"二字,意在表明打造全球影响力的定位和决心。其定位也一下子升级为"与进博会、广交会共同构成新时期对外开放三大展会平台"。据央媒评价,这是一次"历史性跨越"。到了2020年9月召开的"服贸会",国家领导人在全球服务贸易峰会致辞并发表主旨演讲,规格之高大超以往。之后没多久,中国第一个以服务贸易、数字经济为核心主题的自贸区就横空出世,花落北京。这些演变,都说明了外部关系变化对北京市的深刻影响。

深圳出局已定？上海或将成为下一个香港

中央正在给上海打开枷锁。在 2020 年 6 月 18 日召开的第十二届陆家嘴论坛上，央行行长易纲表示，上海建设国际金融中心可在人民币可自由兑换和资本项目可兑换方面进一步先行先试。只要符合反洗钱、反恐融资和反避税监管要求，正常贸易和投资需要的资金都可以自由进出。

这无疑释放出了一个重磅信号：长达数十年的金融禁区有望迎来突破，未来上海可能会从香港手中接棒，扛起人民币国际化的大旗。

此前一个月，上海还挂牌成立了洋山特殊综合保税区。这是全国 151 个海关特殊监管区域中唯一的特殊综合保税区，贸易自由化程度逼近香港。

作为"超级联系人"，香港对内地最重要的角色就是国际金融中心和航运中心。而当前的上海，正在顶层设计的牵引下朝着这两个目标加速前进。

历史上，上海曾是远东的中心城市。但因为一些历史原因，上海阴差阳错地从全球城市序列中滑落。香港则强势崛起，一举取代上海曾经的国际地位。

这一次，上海正在加速重归百年前的荣光和辉煌。此外，深圳内心深处也有"全面赶超"香港的雄心壮志，并以此为目标藏在背后奋起直追。中国顶尖的三座城市，同时迈进了一个十字路口。

01

从很久以前开始，中国就希望人民币能够走向国际化，以打破美元霸权地位。原本这个目标随着中国综合国力的上升而水到渠成，一点都急不得。如 19 世纪末，美国的 GDP 就超过了英国，但五十多年之后，美元才真正取代英镑成为世界货币霸主。按照这个经验，人民币要赶上美元，乐观估计也至少是 21 世纪中叶及之后的事情。

然而，今天的中国遇到了百年未有之大变局。在大国博弈的新形势下，人民币国际化有了非常强烈的紧迫性。中美脱钩之势愈演愈烈，之前有一个传闻传得沸沸扬扬——美国将把香港/内地踢出国际资金清算系统，即 SWIFT[①] 系统。

一直以来，中国都在试图解构美国领导的政治经济秩序，如用北斗卫星取代 GPS，用 C919 打破波音、空客的双头垄断，用香港、深圳、上海取代硅谷、纽约……

但在货币跨境支付清算体系这一金融领域的基础设施中，中国的自主化仍寸步难行，极为依赖环球银行金融电讯协会，即 SWIFT。

SWIFT 系统是一种电文传送网络系统，连接着全球 11000 多家银行、证券机构和公司客户。你可以把它当作各国间结算系统的连接器，其所使用的电文标准格式，是国际金融机构之间相互交流的标准语言。

举例来说，A 银行用它来发出支付结算指令，B 银行收到之后，就会进行相应操作，完成最终的电子支付。一笔国际汇款的到账时间，最快仅需 10 分钟。由于 SWIFT 系统高效、安全，它几乎垄断了整个跨境汇款市场。

如果是在百余年前，中国根本就不需要这个系统，因为当时中国

[①] SWIFT 是国际银行同业间的合作组织，即环球银行金融电讯协会，是为了解决各国金融通信不能适应国际支付清算的快速增长而设立的非营利性组织。SWIFT 所采用的 SWIFT 系统，即国际资金清算系统，是为银行结算提供安全、可靠、快捷、标准化、自动化的通信业务，SWIFT 系统大大提升了银行的结算速度，目前全球大多数国家大多数银行已使用 SWIFT 系统。

对外贸易的频次非常之低。19世纪前十年，每年只有70艘外国船只来华做生意，19世纪30年代每年仅有180艘，19世纪40年代每年增长到300艘，但平均一天都不到一艘。外国人带着白银过来，一手交钱一手交货，实现现场交割。一年就交易几回，完全可以通过"人肉运输"来支付资金。

可是到了今天，中国对外贸易的数量已经大到无法再继续现钞交割了。以2014年为例，根据中国SWIFT用户协会季刊，当年中国内地的SWIFT报文量高达1.05亿笔，其中收报量6561万笔，发报量3940万笔。这么庞大的交易次数，怎么可能全部进行现钞交割呢？每天来往中国的飞机和轮船，全部坐满了都挤不下。

而且这些清算金额动辄几千万元甚至上亿元，怎么跨越茫茫大海运输呢？放集装箱里运过来肯定是不现实的！且不说每次来回可能要耗半个月，一旦遇到一场风暴，一辈子的心血就全没了。所以，现钞的物理传输是极不安全且效率极低的。

如果没有电子化转账，一个国家的对外贸易就会大为萎缩，甚至退化到以货易货的地步。除了边境上的小额贸易还能够持续之外，长距离的进出口贸易基本上就算废了。因此，SWIFT是全球贸易体系能够正常运转的关键。把一个国家踢出SWIFT，后果就相当于锁住别人的国门，直接切断了它的进出口。

伊朗就是这种情况。2018年，美国切断了包括伊朗央行在内的金融机构与SWIFT系统的连接，这个石油大国被推向了金融孤岛。

伊朗的贸易结算方式，一下子倒退回百余年前的水平。其石油出口断崖式下跌，从260万桶/日下滑到大概20万桶/日，为数十年来的最低点。船货追踪公司Kpler的数据显示，2020年4月伊朗原油出口量进一步跌至7万桶/日。

由于被踢出SWIFT，依靠石油出口的伊朗美元收入剧减（石油出口贸易占伊朗GDP的一多半），预算赤字激增，通胀率一直在10%以上，菜肉蛋奶等生活物资没有不涨价的。普通人的生活不堪一击，1/4的年轻劳动力失业，整个社会游走在动荡边缘。

02

放在以前，想要切断一个国家的进出口，只有一种方式——动用海军力量，封锁住别人的海岸线。比如两次世界大战中，德国潜艇就是英国对外贸易线的噩梦，无数英国商船葬身大海。19世纪美国内战时，北方联军也是用这种方式打败南部的。

时至今日，任何一个国家想要封锁某个经济体的进出口生命线，就必须宣战，但是美国不一样。由于美元的霸权地位，美国拥有一项极不对称的权力，只要把对方踢出SWIFT系统，被制裁的一方就相当于自我隔绝于世界。

为什么全世界只有美国拥有这项"本领"？首先，SWIFT系统不单单支持美元的清算，还支持几乎所有货币的支付，包括人民币、欧元、日元、港币等。不过，SWIFT系统本质上是一个电文传送系统。所以，它只是清算指令的一个通道，而不是清算系统本身。

要完成整个流程，就必须跟各个国家所建立的清关系统连接。比如，在中国是跟央行主导的大额支付系统CNAPS连接，在美国是跟纽约清算所银行同业支付系统CHIPS连接。

作为全球最重要的美元支付系统，CHIPS承担了95%以上的银行同业美元支付清算。每天通过CHIPS清算的资金量超过1.9万亿美元。换句话说，全球绝大部分美元跨境支付要在纽约完成。美国只要阻止被制裁国的金融机构进入CHIPS系统，就等于切断了对方的美元支付清算通道。

我们知道，美元是全世界的主要结算货币，全球外汇储备的60%、全球跨境结算的42%用的是美元，所以美元的收付清算在SWIFT中占据了最重要的地位。任何一个国家失去 CHIPS 系统入口就相当于被人挑断了经脉。

其次，美国还可以动员其他国家联合制裁，在各国的清算系统中把其国家代码删除。这样就不止美元了，连欧元、日元、英镑等货币的清算支付都停用了。2017 年，朝鲜就是这样被完全从 SWIFT 中除名的。

如果中国也贸然脱离 SWIFT，后果将不堪设想。在进口方面，中国每年进口 1 亿吨以上的粮食，谷物自主率尚有 5% 的缺口；每年还要进口 5 亿吨左右的石油，以满足国内 70% 的石油需求，维持工业体系的正常运转。

在出口方面，中国每年的出口贸易在 20 万亿元人民币左右，出口行业带动了约 1.8 亿人口就业。如果以平均每户 3 人计算，那么接近 6 亿人的生计跟出口有关。

按照中国这么大的人口体量，一旦与世界贸易隔绝，社会的崩裂速度简直不敢想象。不过，大家也不用过分担忧。在我看来，美国把中国"请出"SWIFT 的概率是极低的。

第一，中国是世界第一制造业大国，全球唯一拥有全部工业门类的国家。中国生产的 221 种产品，产量居世界第一。

中国向全球供应了庞大的工业原材料和半成品，世界各国得以用较低的生产成本，维持工业生产以及居民消费。想象一下，中国一旦被从 SWIFT 除名，就被切断了大部分进出口，也就相当于中国的工业体系从地球上消失了。

那么，美国就必须从世界各地进口替代品，其他国家能够无缝替补吗？一定是不可能的，集群化的水平、高素质的工人……这些都不是短时间就能够提升的。所以，随之而来的一定是一个极其动荡的美国，极其混乱的世界。

第二，中国是拥有 14 亿人口的巨大消费市场。作为美国的第三大出口地，中国每年从美国进口了 1000 多亿美元的货物，这里头涉及中西部农民、高通、波音等数以万计的利益主体。没有人买他们的东西，就一定有大量的美国企业破产倒闭，工人失业。

放眼全世界，中国一年的进出口贸易高达几万亿美元，是伊朗的几十倍。"失去"一个伊朗影响不大，"失去"中国，不亚于一场小行星撞击地球的灾难，谁都无法承受。

这种你中有我，我中有你的利益格局，让中国、美国乃至世界的生死捆绑在一起。除非美国丧心病狂，否则是不可能发生的。更何况，近年来美国实行"无限量宽"的货币政策，2008 年全球金融危机爆发之前，美联储的资产负债表只有 9000 亿美元。2020 年 3 月到 5 月，美联储资产负债表却从 4.2 万亿美元增长到了 7.1 万亿美元。

而中国又是世界第二大经济体，GDP 占全球比重超过 16%，如果把中国踢出 SWIFT，那么市场上对美元的需求就会大为减少，美元的贬值压力能不大吗？通胀的日子过久了，上街"零元购"的美国人不就更多了吗？

所以，最大的可能性是美国对少数特定的金融机构发动制裁，或者冻结没收某些特定人物的财产，限制中方企业进入美国证券市场融资。即便如此，这样的杀伤力也是不容忽视的。

2014 年俄罗斯拿下克里米亚后，美国一直摩拳擦掌想把俄罗斯踢出 SWIFT，最终因欧洲不同意而未实现。但美国也采取了其他举措：关闭俄罗斯六大银行在美融资渠道，冻结俄罗斯 7 家银行发行的约 50 万张信用卡和借记卡的支付功能……

市场预期急速坠崖，1515 亿美元资金逃离俄罗斯，卢布贬值近 50%。普京"给我二十年，还你一个强大的俄罗斯"的梦彻底破碎。

曾经美国"制裁"中国香港时，坊间传闻美国会发动一场金融"核战"，把中国香港踢出 SWIFT。这一度引起了金融人士的恐慌，因为这意味着中国香港会被挤出全球金融体系，成为一座孤岛。所幸美国只是单方面取消了中国香港的独立关税地位。

不过，这场风波也足以显示继贸易脱钩之后，中美也可能会发生金融脱钩。过去，这是不可想象的，现在却变成了一件不可不防的事情。

03

不管是从经济安全还是从信息安全的角度，中国都必须尽快建立起 SWIFT 系统的替代品。在 2020 年财新夏季峰会上，中国证券监督管理委员会副主席方星海发出了警告：我国多数金融机构和实体企业开展国际业务，主要是依靠美元支付体系，但这套支付途径是否安全，值得担忧。

"这样的事情已经发生在俄罗斯很多企业和金融机构的身上，我们也不得不及早地预防，做好真正的应对准备，而不仅仅是精神上的应对准备。"

事实上，早在 2015 年 10 月中国就迈出了第一步，当时上线运营了 CIPS，即跨境支付系统，为境内外金融机构的人民币跨境和离岸业务提供清算服务。至 2020 年，这个系统的直接参与者有 31 家，间接参与者超过 800 家，覆盖全球 160 多个国家和地区。

数据看起来还可以，但是跟 SWIFT 系统相比，显然还是不够的。2018 年，中国的 CIPS 共处理各类业务 144 万笔，金额约为 3.9 万亿美元，这是一年下来的总量。与之相比，SWIFT 系统平均每天传递的信息量为 3131 万笔，平均每天的金额约 5.4 万亿美元。

CIPS 只是一座桥，流量大不大关键还要看人民币的国际化程度，世界各国人民和机构是不是非常愿意持有人民币。之前，中国持续开展双边货币互换，逐步放开资本账户，打通更多人民币回流通道，人民币的国际化程度取得了相当不错的成绩。但相比美元的世界霸权地位，人民币国际化的路还很长。

作为全球第一大人民币离岸中心，香港绝对是人民币国际化的桥头堡。香港的繁荣稳定，对中国有非常重要的意义。过去，在人民币国际化的征程中香港扮演着比上海更加举足轻重的角色。中国对通过香港摆脱"阿喀琉斯之踵"寄予了厚望。

不过，如今国际形势复杂多变，让上海成为香港的 B 计划，显得尤为重要。正是在这样的大背景下，央行释放出了上海会在人民币可自由兑换和资本项目可兑换方面先行先试的信号。国家希望能以上海为新的支点，加速推动人民币走向海外。

04

人民币要想国际化，自由兑换是必不可少的。早在 1996 年，中国就允许经常项目下的货币自由兑换。只要能够提供材料证明存在真实的贸易往来，企业就可以把人民币兑换成外汇，去购买国外的货物或者劳务服务。

随后，中国开启了人民币国际化的第二个阶段，也就是资本项目下的渐次开放。不过，该领域牵一发则动全身，中国政府一直十分谨慎。至今，中国仍有几块禁区无法踏足，包括海外企业无法在中国境内发行股票、外国人无法直接投资境内有价证券、不允许个人购汇在境外买房投资不动产、限制非居民购买内地房产……

上海既然要先行先试，只能是做前人未有之事，这方面上海有很大的空间。

第一，未来上海有没有可能率先放松货币市场管制？每人每年的购汇额度不再限定于 5 万美元，而是给予上海居民更大的弹性空间，比如两倍、三倍甚至更高。

这并非不可想象。海南建设自贸港，900 多万常住人口拿到了一个独享的大红包，就是允许岛内居民免税购买进境商品。

零关税的受益者，从企业外溢出来，扩张到了特定省市的普通消费者，由这个片区的民众独享，这在内地历史上还是第一次。

第二，上海证券市场有机会开设国际板。上海其实已经筹划很多年了，只是因为2008年全球金融危机等诸多原因才搁浅。

虽然澳门也会建立以人民币计价的离岸证券交易所，但这并不妨碍上海开设同种类型的国际板。毕竟在人民币在岸证券交易所方面，中国就有过一南一北两个市场（深圳、上海）的先例。

第三，上海自贸区最先试验自由贸易账户（简称FT账户），其资金划转采用了"一线宏观审慎，二线有限渗透"的规则。中国居民开设FT账户后，跟境外账户之间的划转结算相对自由，跟境内常规账户则相当于跨境业务管理。

只有因为经常项下的业务、偿还自身名下贷款、实业投资等真实需求，本土居民才能把钱（限于人民币）从境内常规账户划到FT账户下。

未来这道防火墙会不会整体后移，即跳开自贸区范围覆盖到全上海，把整个上海打造成一个特殊的离岸市场，而上海跟境内其他城市的资金往来，则当作跨境业务处理？

第四，中国的资本账户可分为7大类11大项40个子项，除了一部分领域之外，绝大多数已实现"基本可兑换"或"部分可兑换"，但都是在事前资质审批及事后额度严格限制下（见表1-7）。[①] 以后上海可能会在某些方面取消限制，变成完全的自由兑换。

---

① 刘剑涛、祁文婷、赵文兴、相相：《人民币可兑换与可自由使用的关系探究》，载《金融发展研究》2019年第11期。

表 1-7 资本项目可兑换情况评估

项目	子项目		现状评估 参照 IMF 口径		管理手段或限制措施
			兑换程度	评估依据	
一、资本和货币市场工具	1. 资本市场证券	股票或有参股性质的其他证券	非居民境内买卖	存在管制	数量型限制	合格机构投资者,沪港通,深港通,额度和汇兑限制
			非居民境内发行	存在管制	法有明文禁止	无法律明文允许
			居民境外买卖	存在管制	数量型限制	合格机构投资者,沪港通,深港通,额度和汇兑限制
			居民境外发行	不存在管制	法无明文禁止	登记管理
		债券和其他债券	非居民境内买卖	存在管制	需授权或许可	银行间债券市场对境外机构投资者开放
			非居民境内发行	存在管制	需授权或许可	准入条件与主体限制
			居民境外买卖	存在管制	需授权或许可	合格机构投资者,额度和汇兑限制
			居民境外发行	存在管制	需授权或许可	登记管理
	2. 货币市场		非居民境内买卖	存在管制	需授权或许可	额度管理
			非居民境内发行	存在管制	法有明文禁止	无法律明文允许
			居民境外买卖	存在管制	需授权或许可	额度管理
			居民境外发行	不存在管制	法无明文禁止	
	3. 集体投资类证券		非居民境内买卖	存在管制	数量型限制	合格机构投资者,额度和汇兑限制
			非居民境内发行	存在管制	需授权或许可	内地与香港基金互认
			居民境外买卖	存在管制	数量型限制	合格机构投资者,额度和汇兑限制
			居民境外发行	存在管制	需授权或许可	内地与香港基金互认

（续表）

项目	子项目		现状评估 参照 IMF 口径		管理手段或限制措施
			兑换程度	评估依据	
二、衍生工具和其他工具	4. 衍生工具和其他工具	非居民境内买卖	存在管制	需授权或许可	投资主体与品种限制，股指期货等特定产品
		非居民境内发行	存在管制	法有明文禁止	无法律明文允许
		居民境外买卖	存在管制	需授权或许可	投资主体与品种限制
		居民境外发行	存在管制	法无明文禁止	投资主体与品种限制
三、信贷业务	5. 商业信贷	居民向非居民提供	不存在管制	报告管理	符合条件的报告
		非居民向居民提供	不存在管制	报告管理	符合条件的报告
	6. 金融信贷	居民向非居民提供	存在管制	登记管理	登记管理、上限管理，净资产30%
		非居民向居民提供	存在管制	签约前备案管理	备案、上限管理，法人银行一级资本，限制房地产和政府融资平台
	7. 担保、保证和备用融资便利	居民向非居民提供	存在管制	登记管理	事前登记管理
		非居民向居民提供	不存在管制	登记管理	事后登记管理
四、直接投资	8. 直接投资	对外直接投资	不存在管制	登记管理	登记管理，限制个人、五大行业和四种现象
		对内直接投资	不存在管制	登记管理	房地产等行业限制
五、直接投资清盘	9. 直接投资清盘	直接投资清盘	不存在管制	法无明文禁止	
六、不动产交易	10. 不动产交易	居民在境外购买	存在管制	不允许	限制个人购买不动产
		非居民在境内购买	存在管制	需授权或许可	符合规定条件的可购买
		非居民在境内出售	不存在管制	法无明文禁止	

(续表)

项目	子项目		现状评估（参照 IMF 口径）		管理手段或限制措施
			兑换程度	评估依据	
七、个人资本交易	11.个人资本转移	个人贷款	居民向非居民提供	存在管制	需授权或许可	有政策空间无跟进措施
			非居民向居民提供	存在管制	需授权或许可	有政策空间无跟进措施
		个人礼物、捐赠、遗赠和遗产	居民向非居民提供	存在管制	需授权或许可	审批制、一次申请
			非居民向居民提供	不存在管制	需授权或许可	有交易额的证明材料
		外国移民在境外的债务结算	外国移民在境外的债务结算	不存在管制	法无明文禁止	无明确规定
		个人资产转移	移民向国外的转移	存在管制	需授权或许可	审批制、一次申请
			移民向国内的转移	不存在管制	法无明文禁止	无明确法律规定
		博彩和中奖收入的转移	博彩和中奖收入的转移	不存在管制	法无明文禁止	无明确法律规定

资料来源：中国人民银行济南分行（数据截至 2020 年年初）。

目前，人民币是全球第五大支付货币和第六大储备货币。虽然排名还不错，但是还远远称不上国际货币。因为在全球跨境支付交易中，使用美元的比重约 42.5%，人民币仅有 2.2%。

这些闸门一旦开启，上海将为中国打开更加顺畅的人民币回流通道。而基于通畅的回流渠道、高水平的自由兑换，境外居民对人民币才会有普遍的接受性，才愿意持有人民币。如此，人民币才能真正走向国际化，帮助中国减少汇兑损失，收取更多的铸币税，刺激对外贸易和投资。

人民币国际化的意义，是如何高估都不为过的。中国证券监督管理委员会副主席方星海说：如果人民币国际化能够取得更大进展，中国抵御金融被人家脱钩的能力就会大大增强。

05

香港的另一大功能就是国际航运中心。虽然从经济体量上看，上海、北京、深圳、广州已经相继超越了香港，但是香港仍是中国制造联通世界的一个超级大通道。

2018年，内地对香港的出口额为3020亿美元（折合人民币约20385亿元）。但香港只有700多万人，本地市场是极其有限的，所以3000多亿美元贸易中，香港居民只消费了一部分，大部分是借道香港出口的。这个规模为2000亿~2400亿美元，如果取最高值，则约相当于中国内地全年出口总额2.48万亿美元的10%。

换句话说，内地有1/10的出口货物，要通过香港转口！明明整个大湾区有深圳盐田港、广州南沙港几个超级港口，为何内地还如此依赖香港？

因为香港是一个自贸港，货物运输以及船舶进出，手续极为简单。以航运自由为例，在内地很多地方，边检、卫检等部门会经常登船联检，导致船只滞留港口，而每滞留一天都是一笔巨大的运输成本。[1]香港则不会对船舶和船员实施额外检查，而且外来船只进入或驶离香港港口时，无须向海关办理结关，来去自由，不需要准备一份疏通费用来做公关。

由于清关效率极快，货物抽检率很低，很多深圳公司在进口芯片、

---

[1] 刘巽良：《航运中心建设纵横谈》，格致出版社2011年版，第7页。

电子元器件等关键零部件的时候，会走香港的港口。可以说，深圳电子信息产业的崛起与邻近香港有很大的关系。①香港作为自贸港，极为有力地托起了珠三角这个世界工厂。

2013年，上海自贸区横空出世。但是历经六七年的探索，其货物流动的便利程度、通关速度仍不及香港。所以，上海始终做不了国际贸易的中转中心。

2020年，洋山特殊综合保税区在上海揭牌。该片区包含芦潮港区域、小洋山岛区域、浦东机场南部区域三个部分，目前已设立电子围网，封关运行。按官方的表述，这是目前内地开放程度最高、改革力度最大的海关特殊监管区，是中国151个海关特殊监管区域中唯一的特殊综合保税区。

原本，这个地方就属于上海自贸区临港新片区，相比普通港口已享有了较为便利的通关手续，如今又再一次升级，可以想象其开放程度之高！现在绝大多数货物入区，海关会径直放行，企业可直接提货、发货，不再需要申报、备案和统计。而且货物在洋山特殊综合保税区内不设存储期限，极大地便利了企业开展国际中转集拼业务（见表1-8）。

表1-8 三种海关特殊监管区域的异同

	保税港区	综合保税区	特殊综合保税区
海关手续	一线进出境备案制	一线进出境备案制	一线进出境径予放行
	一线口岸实施检疫	一线口岸实施检疫	一线可在区内检疫
	二线进出口报关制	二线进出口报关制	二线进出口单侧申报
	区内实施账册管理	区内实施账册管理	区内不设账册
	特殊区域统计方式	特殊区域统计方式	实施特殊的统计方式
	区内流转双侧申报	区内流转双侧申报	区间内自由流转
	区间流转双侧申报	区间流转双侧申报	区间流转单侧申报

---

① 张军主编：《深圳奇迹》，东方出版社2019年版，第300页。

以前，江苏运输半个集装箱的汽车零部件到这里中转出口，只是跟其他集装箱拼同一艘船发货，以此共享某段路程，减少一点运输费用。但是不能开箱集拼，所以还是占用了一个集装箱的空间，需要支付一个集装箱的费用。

如今在洋山特殊综合保税区下，企业可以打开集装箱，甚至打开包装，将箱内货物进行重新组合，发往不同目的地国家。相比之前可以节省一半的费用，而且因为不用报关、备案了，货物进港时也就不再需要向海关告知目的地，这样就可以先把东西运过来，囤在港口。最后运到哪个国家，就看市场需求变化，这极大地提高了企业的供应链能力。

可以说，在这封关运行的十几平方千米内，很多条条框框都不见了，货物自由化进一步逼近香港。上海冲击国际航运中心，有了更大的底气，能够在众多自贸区当中脱颖而出。

06

在金融和贸易自由化方面，中央再次为上海开闸。这座城市，越来越像香港！论实际开放程度，上海才是目前中国的第一高地。比之刚刚起步的海南自贸港，上海不知道要领先多少。海南自贸港除了允许岛内居民免税购买进境商品这个政策，其他的许多是上海自贸区的影子。这是大多数人没有意识到的事情。

未来上海有极大的可能会成为中国内地开放程度非常高的极点，不过从中短期来看，上海并不会完全取代香港。因为在法治环境、信息自由化方面，香港仍是全中国最一流的地区，无与伦比。在这方面，上海很难超越香港。

举个例子，当前内地企业签订的航运合同中，有极高的比例会把香港选为仲裁地。因为大家觉得，自己一定能拿到一个公平的判决结果，难以被金钱等左右。这个信任程度，内地一线城市目前还做不到。

此外，为了香港的繁荣稳定发展，我相信政府也不会拿上海去"取代"香港，让香港沦为一个经济孤岛。这不是一个要么 A 要么 B 的选择题，而是"AB 都想要"的计划。

只是我们不可否认，上海坐稳国际金融中心和国际航运中心之后，确实会稀释香港的重要性。在未来的历史进程中，香港迫切需要找准自己的位置。

07

近年来，深圳经济蓬勃发展，其内心深处其实也产生了成为下一个香港的雄心壮志。深圳一直以这个为目标，藏在超级"联系人"的背后奋起直追。不过，政府似乎有意把这个历史性进程交给上海实现。

纵观过去的历史，证券交易所、自贸区、自由贸易账户、科创板等极为重要的举措，都是率先放给上海。在多数情况下，深圳要滞后几年才能拿到类似的正式牌照。

深圳唯一领先的一次试验，是经济特区。但这样做，也有着非常特殊的时代背景。政府考虑到上海作为全国最大的工业中心，这张王牌太重要，不敢轻易冒险。

这一次，上海又是集万千宠爱于一身，在人民币自由兑换和特殊保税区方面先行先试。不知道深圳会等候多少年？

其实，上海是典型的买办经济，深圳是移民经济，深圳有更大的闯雷区冲劲、更强的创新活力。这也是为什么深圳在政策滞后的情况下，仍能依靠自己的努力，创造全球瞩目的奇迹，在很多方面与上海平起平坐。所以，让两个城市同时起跑是不是更好一些呢？

如果说金融的发展需要历史沉淀，百年前上海就是远东的金融中心，选择上海试验无可厚非。那么，在国际科创中心以及航运中心方面，深圳作为全国最年轻的城市是不是会更有试验效率呢？

可以说，在这样一个历史性关口面前，中国顶尖的三座城市同时迈进了一个十字路口。谁胜谁败，都会对中国的经济格局产生深远影响。

深圳,地方"国资系"高歌猛进

2021年3月,一则传闻炸出全球最牛国资委。江湖流传,就在苏宁出现流动性危机,张近东最疲惫的时刻,深圳国资委提供纾困资金高达148亿元。它宛如黑暗中的一束光,让这家头顶"一部中国零售史,半部看苏宁"的巨头,看到了希望。

这几年来,各地国资委汹涌出动。上海、合肥、珠海……在国企深化改革的历史进程中,各地国资委实际上也在反向"混改",入股诸多民营企业,成为商业帝国里的特殊玩家。

有的高歌猛进,成为众多顶级民企背后的大金主,也有的惨痛失败,连底裤都被人揭开。但总的趋势是,这些地方国资委所掌控的财富不断膨胀,造就了一个个实力雄厚的"巨无霸"。它们的一举一动,对中国的经济走向有着深远的影响。

01

首钢集团员工10.8万人,一年营收约2019亿元;华夏人寿员工50万人,一年营收1965亿元;日本电气(NEC)员工11万人,一年营收1964亿元……一般来说,世界500强都是员工动辄十万以上的"巨无霸"。像富士康这样万亿元营收级别的史前"巨兽",更是靠着百万员工才撑得起来。

如果世界上有一家世界500强,公司本部只有一百多名员工,其中还有近一半是35岁以下的年轻人，那么大家会不会特别惊讶？它就是中国版的"伯克希尔·哈撒韦"——深圳市投资控股有限公司，简称深投控。

这一次试图为苏宁解围的，便是深投控的子公司深国际，以及参股公司鲲鹏资本。市场传言它们将用148亿元的巨资换取23%的股权，让中国最大的零售商之一苏宁免于资金链危机，而作为回报，苏宁会把华南总部落在深圳，而不是放在国际枢纽中心的广州。①

尽管力量如此之大，但是在此之前，有很多深圳当地人都没有听说过这家企业。没办法，它的发展速度实在太快了，仿佛是一夜之间崛地而起的。

五年前，在世界500强的名单上根本找不到它的身影。其营业收入大概428亿元，不到苏宁的1/9。五年后的今天，它的营收已经翻了近五倍，总资产7000亿元，可以跟万科这种老牌500强企业平起平坐了。

深投控就是这样一家企业。等众人反应过来的时候，已经需要仰视它了。不过与伯克希尔公司不同的是，深投控并非由巴菲特、芒格这样的天才型商业巨子所掌控。作为一家国有独资企业，它背后的顶头上司其实是深圳国资委的一群技术型官员。

看起来是不是很神奇？向来以稳健、保守出名的国有资本，竟然能够缔造这样的商业奇迹。深投控已经非常厉害了，不过，它还不是深圳国资委的全部。在深圳国资委旗下，总共有30家直管企业和30家上市公司（部分见表1–9）。

---

① 几个月后，深圳方面宣布与苏宁易购股东未能达成最终协议，决定终止潜在收购事项。深国际退出后，转而由江苏国资委牵头，联合产业资本战投联手入局，为苏宁纾困。

表 1-9 2021 年深圳国资委旗下一级子公司

深圳国资委	深圳市特区建工集团有限公司
	深圳市盐田港集团有限公司
	深圳市食品物资集团有限公司
	深圳市人才安居集团有限公司
	深圳市机场(集团)有限公司
	深业集团有限公司
	深圳市智慧城市科技发展集团有限公司
	深圳市投资控股有限公司
	深圳市特区建设发展集团有限公司
	深圳市国有免税商品(集团)有限公司
	深圳市地铁集团有限公司
	深圳市中大产业投资集团有限公司
	深圳市城市公共安全技术研究院有限公司
	深圳交易集团有限公司
	深圳市资本运营集团有限公司
	深圳市环境水务集团有限公司
	深圳市深能能源管理有限公司
	深圳巴士集团股份有限公司
	深圳市税务(集团)有限公司
	深圳市鲲鹏股权投资管理有限公司(上市公司)
	深圳市燃气集团股份有限公司(上市公司)
	深圳市特发集团有限公司
	深圳东部公共交通有限公司
	深圳市创新投资集团有限公司
	深圳市振业(集团)股份有限公司(上市公司)
	深圳市鲲鹏股权投资有限公司
	深圳国资协同发展私募基金合伙企业(有限合伙)

资料来源:《每日经济新闻》。

凭借着这些发达的触角以及复杂的股权构架，深圳"国资系"在资本江湖上四处出击，远近闻名。

2020年年底，华为深陷美国制裁令的围剿，无芯可用的困境火烧眉毛。危急时刻，深圳国资委果断接盘，联合其他代理商全面收购荣耀资产。这个举动，不仅给进退维谷的华为带来了宝贵的现金弹药，也让荣耀得以用"寄养"的身份曲线救国。

同样是2020年，那场轰轰烈烈的恒大债务风波中，深圳市人才安居集团拿出250亿元驰援，从山东高速手里接过了恒大地产5.8797%的股权。这笔资金，在恒大1300亿元战投中占了近1/5。

还有2017年的宝万之争，深铁集团动用了663.72亿元的天文数字，先后受让华润和恒大所持股份，成为万科第一大股东，最终结束了这场腥风血雨般的武林恩怨。

…………

当大家还在纠结，这两年到底是"国退民进"还是"国进民退"的时候，深圳"国资系"用行动证实，"国进"并非一定就会吞食民间的利益。

深圳"国资系"在出击的同时，其实某种程度上也充当了一个居间调停的角色，为一众顶级民企接盘，帮助华为、苏宁、恒大、万科等储蓄好力量再战。作为社会主义先行示范区，深圳似乎示范了一种"国进民进"的可能性。

02

在整个中国的资本市场里，深圳"国资系"都堪称大佬级别的存在。在近几年的中美杯葛，以及神仙打架般的资本厮杀中，深圳"国资系"都是故事的核心角色。它总是在民营巨头危难之际，雪中送炭，力挽狂澜，它在某种程度上已经展现出了一种老大哥的色彩。

深圳是一个人口超过一千万、GDP比肩一个国家的准世界级城市，无论是市场规模还是行政级别，深圳的实力都远非内陆普通地级市所能相比。

因此，深圳国资委掌握的资源也非常多，可以帮助它的商业合伙人整合上下游资源，打通全产业链。民营企业的大佬们自然愿意成为其座上宾。而且深圳是计划单列市，财政上直属中央，平常有大把财政盈余，不需要把国有资本的收入拿出来反哺基建、医疗教育。

财政充裕，也就有能力驰援和救火，这跟深圳市的体量是分不开的。如今在一系列投资并购之后，深圳国资委已成为很多巨头背后的大金主：万科、恒大、平安、中集集团、国货航、怡亚通、天音控股……这些行业龙头，给了深圳国资委非常丰厚的回报。

举例来说，2020年深投控有40家主要子公司（见表1-10），15家主要参股公司（见表1-11），一年净利润共207.92亿元。

表1-10　深投控主要子公司及其营收

单位：亿元

序号	公司名称	持股比例	营业收入	净利润
1	国信证券股份有限公司	33.53%	1876496.96	661828.61
2	深圳市高新投集团有限公司	31.12%	278186.05	120087.39
3	深圳担保集团有限公司	52.28%	244256.67	96760.35
4	深圳会展中心管理有限责任公司	100%	28708.14	872.50
5	深圳国际控股有限公司	43.37%	1687107.39	523730.01
6	深圳市通产集团有限公司	100%	41667.90	22283.57
7	深圳市环保科技集团有限公司	47%	87509.54	11511.55
8	深圳市纺织(集团)股份有限公司	46.1%	210896.47	4349.76
9	深圳市城市建设开发(集团)有限公司	100%	230540.68	39650.61
10	深圳市物业发展(集团)股份有限公司	56.96%	410437.46	73133.79
11	深圳经济特区房地产(集团)股份有限公司	63.55%	161500.97	28996.28
12	深圳市深福保(集团)有限公司	100%	55863.48	4822.34
13	深圳市建筑设计研究总院有限公司	100%	203554.11	4150.35

（续表）

序号	公司名称	持股比例	营业收入	净利润
14	深圳市深投文化投资有限公司	100%	8671.70	-4075.01
15	深圳市深投物业发展有限公司	100%	18947.95	2243.94
16	深圳市公路客货运输服务中心有限公司	100%	28402.62	-8086.19
17	深圳市人才集团有限公司	100%	448753.46	1830.85
18	深圳市水务规划设计院股份有限公司	50%	86358.48	9346.11
19	深圳市体育中心运营管理有限公司	100%	7220.96	-3459.58
20	深圳湾科技发展有限公司	100%	76259.26	24214.04
21	深圳市投控资本有限公司	100%	16827.09	9516.25
22	国任财产保险股份有限公司	41%	558955.32	6001.60
23	深圳市深越联合投资有限公司	100%	6842.66	498.66
24	深圳市天使投资引导基金管理有限公司	60%	4265.78	574.70
25	深圳投控国际资本控股有限公司	100%	87.30	43876.78
26	湖北深投控投资发展有限公司	80%	—	-1318.89
27	深投控（深汕特别合作区）投资发展有限公司	100%	—	-142.38
28	深圳投控香港投资控股有限公司	100%	—	2235.63
29	天音通信控股股份有限公司	19.03%	5978375.52	18240.91
30	深圳清华大学研究院	50%	225696.05	64610.27
31	深圳深港科技创新合作区发展有限公司	65%	18397.43	124.38
32	深圳市怡亚通供应链股份有限公司	18.3%	6825610.15	8449.76
33	深圳湾区城市建设发展有限公司	100%	—	83.90
34	深圳香蜜湖国际交流中心发展有限公司	100%	—	—
35	深圳英飞拓科技股份有限公司	26.35%	523723.21	8182.63
36	Ultrarich International Limited	100%	—	96824.09
37	深圳资产管理有限公司	50.6%	—	4391.97
38	中国深圳对外贸易（集团）有限公司	100%	21414.72	84595.05
39	深圳投控湾区股权投资基金合伙企业（有限合伙）	100%	—	6344.90
40	深圳市赛格集团有限公司	42.85%	427284.51	10417.61

数据来源：2020年深投控年报。

表 1–11　深投控主要参股企业及其营收

单位：亿元

序号	公司名称	持股比例	行业或产品服务	营业收入（亿元）	归属于母公司/上市公司股东的净利润（亿元）
1	华润深国投信托有限公司	49.00%	信托	39.76	27.50
2	中检集团南方电子产品测试（深圳）有限公司	40.00%	认证检测	1.59	0.21
3	南方基金管理股份有限公司	27.44%	基金	56.30	14.30
4	深圳市鲲鹏股权投资管理有限公司	25.00%	基金	1.22	0.59
5	中国国有资本风险投资基金股份有限公司	12.53%	基金	0	26.42
6	招商局仁和人寿保险股份有限公司	11.36%	保险	132.15	-2.42
7	国泰君安投资管理股份有限公司	11.48%	投资管理	0.32	0.04
8	深圳市天地（集团）股份有限公司	6.91%	混凝土	17.83	-0.08
9	国泰君安证券股份有限公司	8.00%	证券	352	111.22
10	深圳市招商平安资产管理有限公司	8.00%	资产管理	16.40	5.84
11	中国平安保险（集团）股份有限公司	5.27%	保险	12183.15	1430.99
12	深圳市铁汉生态环境股份有限公司	4.84%	生态环保	42.11	0.59
13	深圳能源集团股份有限公司	0.14%	电力	204.55	39.84
14	交通银行股份有限公司	不足0.01%	银行	2467.24	782.74
15	深圳市基础设施投资基金管理有限责任公司	30.00%	基金	0.24	0.04

数据来源：2020 年深投控年报。

躺在资本市场的红利中，深圳国资委的财富快速膨胀。截至 2020 年年底，这家巨擘所掌控的资产总额突破 4.1 万亿元，全年实现营业收入 7956 亿元，相比五年前整整翻了 5 倍多。

7956 亿元是什么样的概念？这个营收体量相当于一个宝马集团，排名世界 500 强的第 56 位左右。其在深圳本地纳税 414 亿元，差不多是济南狭义财政收入（指一般公共预算收入）的半壁江山了。

当然，深圳国资委的实力还不是全国最强的。2021年上海"国资系"一年的营收高达39970亿元（见表1-12），比全球第一大企业沃尔玛还要高。

2021年北京"国资系"一年的营收为20000亿元（见表1-12），体量相当于华为、百度、阿里与腾讯的总和。

表1-12　各地国资委资产及营收额

单位：亿元

城市	年份	市管企业资产总额	营业收入额
上海	2021	26950	39970
北京	2021	65000	20000
广州	2021	49100	10047
深圳	2021	46000	8991
杭州	2021	—	3642
重庆	2021（11月）	—	2817
珠海	2021	10576	2490
成都	2021	27400	2440
武汉	2021	25500	2419
西安	2021	25129	1912
无锡	2021	6752	1689
南京	2021	10593	1117
青岛	2021	25700	1025
郑州	2020	13207	1014
长沙	2021	14900	1000
宁波	2021	5460	917
苏州	2021	10741	764
东莞	2021	7695	459
南通	2021	3023	390
泉州	2021	2480	292

数据来源：各地国资委。

03

相比深圳，上海"国资系"没有斩获太多热搜。但是平静的水面之下，其实也是暗潮涌动。

2020年8月，东方国际、张江集团等10家上海国资背景企业战略投资民生证券，这家三十年历史的老牌券商，国资持股比例超过30%。

之前，民生证券最大的股东是房地产企业泛海控股。但是史上最严的房地产调控以来，泛海控股无法为民生证券提供更多的融资支持。

民生证券急需换一个"老大哥"。于是，上海国资对其敞开了怀抱。作为交换，民生证券做出了券商发展史上甚为罕见的举动——实行总部搬迁，由北京迁入上海。

浦东新区愣是从高贵的金融决策中心北京那里斩获一子。这使得注册地为上海的券商机构数量，进一步拉升到28家，远高于深圳的23家，北京的17家。

近年来，中国的地缘政治形势变化极快，为了展示进一步对外开放的决心，我们放宽了金融领域的股比限制，外资控股券商如星星之火，燃了起来。

在这样的历史进程中，作为政府选定的国际金融中心，上海国资委频频出动：新设立的摩根大通证券，上海外高桥集团股份有限公司持股20%；新设立的星展证券以及野村东方国际证券，上海国资委通过旗下公司分别持股49%。

金融是中国经济的命脉，也是系统性安全的最后一道防线。中国政府打开国门，欢迎四方来客。上海则主动出击，掌控更多的话语权和表决权。上与下之间，颇为默契。

上海的几大定位之中，国际贸易中心可说是手到擒来，国际航运中心也是有机会的。但是在国际金融中心方面，却横亘着非常强大的竞争对手——纽约和伦敦。

英国正式脱欧之后，数个金融交易平台纷纷撤离到欧洲大陆，以至于2021年1月，荷兰阿姆斯特丹的日均证券交易额从26亿欧元跳涨至92亿欧元，交易量跃至欧洲第一。而伦敦的交易量则由175亿欧元腰斩至86亿欧元，屈居第二。

金融霸主一夜间跌落神坛，引得大英帝国齐声哀叹。伦敦的失色，正是上海弯道超车的机会。这或许便是上海国资委集中火力猛攻金融的缘故吧。

04

深圳"国资系"和上海"国资系"最大的特色，就是能够跟大佬们做生意。很多情况下，都是稳赚不赔的。既交到了朋友，也换回了资源，令其他城市好生羡慕。

很多地方没有这种顶级朋友圈，就只能豪赌了。西部某市出资6亿元领投锤子，最后啪啪打脸。中部某市的弘芯千亿项目烂尾，牵出招商史上的一大丑闻。河南南阳大力引入青年汽车搞水氢车，最后偃旗息鼓，证实了水变油无非是一场闹剧。江苏徐州等11个城市均布局了非头部新能源汽车整车厂，但十几家造车新势力拿到不少钱之后，或者销量惨淡，或者濒临破产，几近"团灭"。

二、三线城市前仆后继，无所畏惧，希望能够凭借一掷千金的豪赌，从无到有创造新兴产业，为当地撬动庞大而持续的税源。

在风行全国的"投行模式"中，合肥是运气最好的那一个，也是魄力最大的那一个。2020年年初，合肥宣布向濒临生死线的蔚来汽车投资超100亿元，换取蔚来中国总部落户合肥。

当媒体都在讨论合肥是否会成为最惨接盘侠的时候，我顺藤摸瓜，梳理了合肥历史上所有的招商引资项目，写了一篇深度分析合肥模式的文章，在全国范围内第一个指出合肥是"中国最牛风投城市"，引起广泛关注。当天晚上，时任合肥市委主要领导看到文章，主动给我打电话探讨此事。①

之后，各大央媒和自媒体跟进报道，合肥被推向了网红城市的行列。追根溯源，还是智谷趋势扇起的这一下翅膀，产生了蝴蝶效应。

合肥模式简单点来说，就是在全球产业链当中，中国处于第二梯队，发达国家总是把最先进的技术掌控在自己手里，能卖给中国或者跑来投资开厂的，经常是过时的技术或者是落后了一个世代的生产线。而合肥又非沿海发达地区，更是第二梯队中的第二梯队。

如果循规蹈矩，被动承接，合肥永远都不可能站在全球制造业的前沿。这种天生跛脚的出身，逼得合肥不得不在招商引资的过程中，经常作出"冒险性"的决策：以地方融资平台为桥梁，通过政府出钱主导融资的方式引进行业巨头，再撬动上下游企业落地，哪怕这个巨头，正陷入困局或者备受争议。只要看准了，就不惜一切代价。

一个流行的故事是，"2007年，合肥拿出全市1/3的财政收入赌面板，投了京东方，最后赚了100多亿元。2011年又拿出100多亿元赌半导体，投了长鑫、兆易创新，赢了，上市估计浮盈超过1000亿元。2019年，又拿出100亿元赌新能源，投蔚来，结果大众汽车新能源板块落地合肥"。

作为中国区域格局最大的搅局者，合肥的故事仍在继续。2021年年初，合肥市政府拿出20亿元左右投资给零跑汽车，换取零跑汽车在合肥建立第二工厂。"霸都"在押注新能源汽车的路上越走越远。

当然，除了合肥，各地国资委对于新能源产业也都虎视眈眈。

---

① 笔者本无意在书中公开这段故事，奈何写作过程中，发现有一些自媒体大号曾对笔者的文章进行高级洗稿，抄袭成为百万+文后标榜原创，声称是自己率先发现合肥最牛风投模式，并以此进行商业营销，获得了不菲的经营收入。对于这种严重违背商业道德的行为，笔者深感遗憾。为防止有更多企业单位受蒙骗，在此以正视听。原文收录于拙作《谁是中国城市领跑者》，由东方出版社出版。

2019 年，珠海国资委出让格力电器 15% 的股份套现 400 亿元，然后开始疯狂出击。据《证券时报》不完全统计，2019 年至 2021 年年初，珠海国资委买下的上市公司接近 20 家。"卖掉一个格力，孵化多个格力"。

虽然珠海的经济体量不大，但珠海国资委出手颇为狠辣，一点都不含糊。比如爱旭股份、高景太阳能这两家公司，在得到珠海"国资系"华发集团投资后，便落户珠海。这两个项目均规划三期工程，全部建成后，年产值在 600 亿元左右。

短短两三年工夫，一条光伏新能源的全产业链就这样凭空冒了出来，集聚在珠江西岸。江湖上还一度流传，珠海国资委将向 FF 投资 20 亿元，以支持 FF 在珠海建设生产基地。而且 FF 确实已在珠海成立了法汽珠海，注册资本 2.5 亿美元，并已经开始办公。珠海发展新能源汽车装备的决心，恐怕十头牛都拉不回来。

中国"新能源之都"的产业大战，早已拉开序幕。

05

为什么近几年各地国资委纷纷浮出水面，异常活跃？这可能跟经济的底层逻辑改变有关。2020 年中国 20~34 岁的年轻人规模为 2.9 亿人，相比十年前减少了 3463 万人。从绝对值上看，这个年龄段的人口占 2010 年的规模仅有 89.3%，少了 1/10。

专家们担忧地说，中国就要迎来人口负增长了。其实，当一个社会 35 岁以下年轻人在萎缩的时候，讨论全体人口何时负增长已经没有什么意义了。因为，它已经算是实质性的负增长了。3463 万年轻人，比整个澳大利亚国家的人口还要多。

与此同时，社会上不婚主义的女性数量，绝对远超我们的想象。2010 年，全国 20~34 岁的女性为 16119 万人，同年有 2200 万人初婚，简单除以二，就可得知当年有 1100 万女性初次结婚。依据社会常识即可判断，这些初婚的女性绝大部分是 20 岁以上 35 岁以下的女孩子。40 岁、50 岁不是没有，但属于少数，暂时忽略不计。

也就是说，在 2010 年这一年，1.61 亿年轻女性当中大概有 1100 万人结婚了，占比 6.83%。每 100 个适龄女孩当中，有 6.83 个在那一年领了结婚证。

同理，我们可以计算出 2020 年青年女性的结婚意愿是 4.41%，比十年前少了 2.42 个百分点，降幅高达 35.4%。

这意味着，有结婚意愿的女孩子的比例在十年间减少了 1/3！"以前攒钱是为了结婚，现在攒钱是为了不结婚"。

过去十来年，中国一、二、三、四线城市的房价都翻了好几倍，除了三轮大放水，还因为有 3.2 亿年轻人在推动。这群人陆续结婚生子买房，他们作为主力消化了狂飙突进的房地产。

如今，年轻人口萎缩，加上结婚意愿下滑，这意味着我们以后的房子一定不好卖。即便没有"房住不炒"的高压线，重仓下沉市场的恒大也会走下坡路。人口结构的变化，注定世间再无房地产首富。

当房地产被丢进历史的角落之后，地方政府该怎么办呢？以前，各地在推动城市发展的时候，有个非常重要的手段就是成立各种各样的城投公司，并注入资产，让其融资贷款进行土地一级开发。随后拿到市场招拍挂，获取土地出让金。

这些庞大的土地财政，在支付征地和拆迁补偿、土地开发等成本性支出之后，剩下的大部分会投入城市建设，修建道路、公园、学校、通信等基础设施。

这些配套设施又会拉动土地升值，接着滚动开发，进入一条循环通道。以城投公司为平台，地方政府的城市运营搞得风生水起。

如今，房地产告别黄金时代，土地财政难以持续，"城投"已经玩不下去了。所以，地方政府在运营城市的时候，就换成了另外一个核心角色——"国投"。"国投"指各类名字中带有"国投""国控"的地方国企，也包括由地方政府设立的各类投资基金。

截至2021年年底，中国累计设立1988只政府引导基金，目标规模约为12.45万亿元人民币。而且设立基金的主体，正从直辖市、省会城市，逐步下沉到地级市甚至区县。①

全国各地的"投行化"趋势越发明显，通过国有资本的运营来撬动社会资本进入新兴产业，最终实现区域经济发展。甚至可以说，投行模式其实也是当今中国市场体系下的新型举国体制。中央政府与地方政府不单单是权力机关，还是重大科技创新的组织者，以国有资本的运营为支点，加速产业升级。

中国是一个政府主导型的社会，有形之手的宏观调控是中国能够实现快速跨越式发展的关键，也是中国模式区别于其他模式的核心。不过中央也一直在强调，要让市场起到资源配置的作用，两者会产生一个悖论。国资委系的出现，实际上就刚好成了两者之间的纽带。

因为，中国的产业升级并非自然而然发生的，我们有很多先进制造业投入大，回报周期长，风险高，普通民企根本就不敢进入。国资委系作为风投合伙人，以投促引，以投促产，从大方向上引导了中国的产业升级。

这是历史转型过程中，时代交给地方国资委的重任，也是现如今深投控、华发集团、张江高科等登上历史舞台的原因。它们虽然是国有资本的角色，但也必须按照市场规律做事，投不投，成不成，完全是市场说了算，有形之手起到了更精准的调控引导。②

"城投"让位于"国投"，意味着中国的经济发展逻辑，将从房地产拉动变成新产业拉动。各地的注意力，或许会从土地财政逐渐转移

---

① 2022年上半年，又至少有70多只母基金成立，其中有40只超过100亿元规模，总规模超过6000亿元。
② 当然，也有很多中小城市做不到这一点，它要求财政实力较为雄厚，要求地方有眼光，而且地方上有一定的制造业基础，企业落户后可以找到上下游配套等。

到股权财政。

地方政府公司主义已经来到了历史的第二阶段。

06

转眼,又是一个轮回。各地的"国资系"早就摆脱了世纪交接的国企下岗潮中,那个捉襟见肘的尴尬困境,它们日趋强大,举手投足间,无时无刻不在重塑着中国的商业版图和产业版图。

未来在"必须做强做优做大国企"的大环境下,地方政府的意志似乎能够借由所掌控的资本,更加深入到中国经济脉络当中,影响到每一个普通人。

这个大趋势,势必会对手握万金的地方官员,提出更高的技术要求。回报与风险总是对等的,如何避免当年光伏产业政策的大败局,是每一个地方政府的必修课。

广州与重庆，中国第四城争夺内幕

继天津跌出中国前十大城市，南京重返前十之后，又一个区域大变局蓄势待发：偏居一隅的重庆，是否会打败千年商都广州，晋升全国第四城？

这几年，重庆与广州的竞争极其胶着。经过第四次经济普查的修订，外界猛然发现，原来重庆在2017年、2018年的时候，一度以194.6亿元、586.4亿元的优势反超广州（见表1-13），夺得中国城市GDP榜单第四把交椅。

表1-13 广州和重庆2010—2021年GDP对比　　单位：亿元

年份	广州GDP	重庆GDP	广州减重庆GDP
2010	10640.7	8065.3	2575.4
2011	12199.7	10161.2	2038.5
2012	13194.7	11595.4	1599.3
2013	15050.4	13027.6	2022.8
2014	16136.0	14623.8	1512.2
2015	17347.4	16040.5	1306.8
2016	18559.7	18023.0	536.7
2017	19871.7	20066.3	-194.6
2018	21002.4	21588.8	-586.4
2019	23844.7	23605.8	238.9
2020	25019.1	25002.8	16.3
2021	28232.0	27894.0	338.0

数据来源：各市财政局。

此后几年里,重庆一直咬得很紧,广州的领先优势可谓摇摇欲坠,随时有可能再被赶超。果不其然,在 2022 年,重庆以 29129 亿元的姿态再次登上全国第四名,将广州甩在了身后。

为什么广州作为粤港澳大湾区的龙头之一,尽享沿海之便利,会被偏居大西南的山城逼到如此窘迫之地?这里头到底有什么奥秘?我们以数据较为齐全的 2021 年为例进行分析。

01

广州是全国最憋屈的省会城市。2021 年中国 GDP 前十二名的大城市中(见表 1-14),北京、上海、天津、重庆属于直辖市,深圳、宁波属于计划单列市,这两类城市的财政直接对口中央。交够中央后,剩下的都是自己的。

表 1-14　2021 年中国 GDP 前十二名城市

单位:亿元

排名	城市	2021 年 GDP
1	上海	43214.9
2	北京	40269.6
3	深圳	30664.9
4	广州	28232.0
5	重庆	27894.0
6	苏州	22718.3
7	成都	19917.0
8	杭州	18109.0
9	武汉	17716.8
10	南京	16355.3
11	天津	15695.1
12	宁波	14594.9

数据来源:各市统计局。

而苏州、武汉、南京、杭州这一类强二线城市，虽然不是计划单列市，但财政分成上的效果跟计划单列市差不多，它们上缴给省政府的税收较少。唯独广州和成都，需要把大量的财政收入上缴给省一级。

我们来看一组数据，2021年各市税务部门组织收上来的国内税收中：上海15318.4亿元＞北京13990.9亿元＞深圳8299.3亿元＞广州4820.5亿元＞杭州4312.6亿元＞苏州4036.4亿元＞天津3507.6亿元＞成都3275.9亿元＞宁波3067.9亿元＞重庆2889亿元＞南京2863亿元＞武汉2716.3亿元（见表1-15）。

而2021年各市留在一般公共预算中的税收收入却是：上海6606.7亿元＞北京5164.6亿元＞深圳3450.5亿元＞杭州2233.6亿元＞苏州2166.7亿元＞天津1621.9亿元＞重庆1543亿元＞南京1473.3亿元＞宁波1468.5亿元＞广州1394亿元＞武汉1350.5亿元＞成都1272.9亿元（见表1-15）。

表1-15 2021年中国GDP前十二名城市税收情况　　单位：亿元

排序	城市	一般公共预算中的税收收入	税务部门组织的国内税收	占比
1	苏州	2166.7	4036.4	53.7%
2	重庆	1543	2889	53.4%
3	杭州	2233.6	4312.6	51.8%
4	南京	1473.3	2863	51.5%
5	武汉	1350.5	2716.3	49.7%
6	宁波	1468.5	3067.9	47.9%
7	天津	1621.9	3507.6	46.2%
8	上海	6606.7	15318.4	43.1%
9	深圳	3450.5	8299.3	41.6%
10	成都	1272.9	3275.9	38.9%
11	北京	5164.6	13990.9	36.9%
12	广州	1394	4820.5	28.9%

数据来源：各市财政局。

也就是说，不含海关代征进口关税以及剔除出口退税之后，广州所有的企业和个人一年创造了 4820.5 亿元的税收。在全国前十二大城市当中，广州的造血能力是除北上深之外最高的，但广州留给自己支配的税收收入却倒数垫底。

具体来看：广州全口径税收比杭州多 507.9 亿元，可支配税收却比杭州少 839.6 亿元；广州全口径税收比苏州多 784.1 亿元，可支配税收却比苏州少 772.7 亿元；广州全口径税收比天津多 1312.9 亿元，可支配税收却比天津少 227.9 亿元；广州全口径税收比宁波多 1752.6 亿元，可支配税收却比宁波少 74.5 亿元；广州全口径税收比重庆多 1931.5 亿元，可支配税收却比重庆少 149 亿元；广州全口径税收比南京多 1957.5 亿元，可支配税收却比南京少 79.3 亿元；广州全口径税收比武汉多 2104.2 亿元，可支配税收却只比武汉多 43.5 亿元（见表 1-15）。

从留存的比例来看，广州的税收留存简直低到不忍直视——占比仅为 28.9%，远低于北京的 36.9%，成都的 38.9%，深圳的 41.6%，上海的 43.1%，天津的 46.2%，宁波的 47.9%，武汉的 49.7%，南京的 51.5%，杭州的 51.8%，重庆的 53.4%，苏州的 53.7%（见表 1-15）。

在中国前十二大城市当中，广州的留存比例是最惨的，没有之一。为什么会这样？这要回顾到 1994 年的分税制改革了。这场开天辟地的财政体制改革，上收财权至中央，下放事权至地方，并以白纸黑字的方式，明确了中央和省级政府的财政分成。

不过，当时也留下了一个尾巴，就是省以下的财政划分，中央没有统一的方案。所以，就交由各省根据自身实际情况，来安排省内的财政体制。①

而广东人经常自嘲，中国最富的地方在广东，最穷的地方也在广东。粤东西北的穷，连苏北、浙南的人看了也要落泪。

---

① 高琳、高伟华、周塁：《增长与均等的权衡：省以下财权划分策略的行动逻辑》，载《地方财政研究》2019 年第 1 期。

浙江、江苏几乎所有的城市，2021年人均GDP都在7万元以上（见表1-16、表1-17）。但2021年广东省内人均GDP低于6万元的城市就有11个，占了一半，梅州、揭阳、河源、云浮、汕尾更是只有三四万元（见表1-18），远远不及苏北、浙南的平均水平。

表1-16　2021年江苏省各市人均GDP排行

排名	地区	地区生产总值(亿元)	人均GDP（元）
1	无锡	14003.24	187400
2	苏州	22718.3	177500
3	南京	16355.32	174520
4	常州	8807.6	166000
5	镇江	4763.42	148800
6	扬州	6696.43	146306
7	南通	11026.9	142642
8	泰州	6025.26	133323
9	淮安	4550.13	99768
10	盐城	6617.4	98593
11	徐州	8117.44	89634
12	连云港	3727.92	81007
13	宿迁	3719.01	74476

数据来源：各市统计局。

表1-17　2021年浙江省各市人均GDP排行

排名	地区	地区生产总值(亿元)	人均GDP（元）
1	宁波	14594.9	153922.0
2	杭州	18109.0	149857.0
3	舟山	1703.6	146231.0
4	绍兴	6795.0	127875.0
5	嘉兴	6355.3	116323.0
6	湖州	3644.9	107534.0
7	台州	5736.2	86116.0

(续表)

排名	地区	地区生产总值(亿元)	人均GDP(元)
8	衢州	1875.6	82174.0
9	温州	7585.0	78879.0
10	金华	5355.4	75524.0
11	丽水	1710.0	68101.0

数据来源：各市统计局。

表1-18　2021年广东省各市人均GDP排行

排名	地区	地区生产总值(亿元)	人均GDP(元)
1	广东	124369.67	98285
2	深圳	30664.8	173663
3	珠海	3881.75	157366
4	广州	28231.97	150366
5	佛山	12156.54	126464
6	东莞	10855.35	103284
7	惠州	4977.36	82113
8	中山	3566.17	80157
9	江门	3601.28	74722
10	肇庆	2649.99	64269
11	清远	712.39	63227
12	茂名	3698.1	59648
13	阳江	1515.86	58005
14	韶关	1553.93	54377
15	汕头	2929.87	53106
16	湛江	3559.93	50814
17	潮州	1244.85	48427
18	汕尾	1288.04	48095
19	云浮	1138.97	47685
20	河源	1273.99	44886
21	揭阳	2265.43	40470
22	梅州	1308.01	33764

数据来源：各市统计局。

为此，广东省从很早以前就实行"集权"的财政体制，把大量的地方税收抓上来，再通过转移支付输血粤东西北，即中央—省级—市县三级财政。

深圳作为计划单列市，对广东省一级的财政几乎没有什么贡献，广州作为省会老大哥，只好承担起最大的责任。除了上缴中央之外，广州还拿出大量真金白银扶持省内的小兄弟们。

而江浙地区的发展相对来说均衡一些，为了刺激地方经济发展的主动性，江苏、浙江实行了分权的财政体制，即中央—市县两级财政。省政府不"截和"，杭州、苏州、南京自然就有了极大的财政自主权。

至于四川，虽然成都一个城市就占据了全省37%的经济体量，一城独大区域失衡的现象格外突出，其他地级市同样嗷嗷待哺，但是整个四川省得到了中央的天量输血。

比如2016—2020年，四川一般公共预算中得到中央转移支付的金额高达23940亿元（见表1-19），排名全国第一。这减轻了省会成都不少负担，其税收留存比例较广州也要高出十个百分点（见表1-15）。

表1-19 中央对地方一般公共预算转移支付分地区情况汇总

单位：亿元

地区	年份					总数
	2016	2017	2018	2019	2020	
四川	3984	4346	4780	5122	5708	23940
河南	3672	3970	4253	4498	5067	21460
湖南	3070	3262	3470	3657	4111	17570
湖北	2773	2932	3111	3369	4784	16969
云南	2667	3032	3213	3829	4168	16908
黑龙江	2775	2997	3052	3312	3874	16010
河北	2619	2902	3065	3357	3941	15883
安徽	2548	2885	3053	3284	3639	15408

（续表）

地区	年份					总数
	2016	2017	2018	2019	2020	
新疆	2407	2639	2886	3240	3469	14641
贵州	2552	2758	2922	3041	3166	14438
广西	2391	2626	2833	3082	3382	14314
山东	2318	2545	2788	2717	3030	13398
内蒙古	2347	2529	2603	2641	2759	12879
江西	2102	2315	2432	2706	2967	12521
甘肃	2012	2182	2458	2685	2939	12275
陕西	2090	2253	2453	2595	2871	12263
辽宁	2029	2252	2395	2503	2914	12093
吉林	1882	2066	2117	2303	2461	10830
山西	1486	1665	1771	1909	2231	9063
重庆	1508	1713	1771	1853	2081	8926
西藏	1400	1482	1760	1984	1978	8604
江苏	1410	1563	1579	1597	1809	7957
广东	1358	1494	1574	1456	1685	7567
福建	1131	1240	1243	1349	1476	6440
青海	1063	1122	1226	1361	1442	6214
浙江	870	977	1030	966	874	4717
北京	691	826	949	1003	1056	4525
宁夏	729	816	859	908	971	4282
海南	636	698	815	919	1020	4088
上海	477	583	663	627	830	3180
天津	489	550	551	543	613	2746

数据来源：各地财政局。

相比之下，2016—2020年广东一般公共预算收入中得到的中央转移支付为人均1229元/年，排名全国倒数第一（见表1-20）。中央财政"撂挑子"，广州作为省会，自然要挑起最沉重的责任，作出更大的牺牲了。

表 1-20 中央对地方一般公共预算转移支付分地区情况汇总（人均）

单位：元

地区	年份					五年平均
	2016	2017	2018	2019	2020	
西藏	41169	42475	49709	54957	54042	48470
青海	18268	19139	20887	23065	24322	21136
宁夏	10494	11569	12092	12662	13466	12057
新疆	9915	10640	11454	12660	13393	11612
内蒙古	9634	10396	10747	10937	11480	10639
甘肃	7984	8650	9773	10700	11749	9771
黑龙江	8014	8819	9173	10174	12217	9679
吉林	7333	8178	8524	9407	10260	8740
海南	6645	7186	8298	9239	10076	8289
贵州	6790	7252	7645	7902	8207	7559
云南	5702	6460	6832	8122	8826	7188
陕西	5395	5772	6241	6580	7260	6250
湖北	4711	4965	5257	5685	8328	5789
广西	4923	5351	5727	6186	6738	5785
四川	4829	5243	5744	6134	6818	5754
重庆	4848	5450	5600	5812	6485	5639
辽宁	4689	5223	5582	5852	6848	5639
江西	4674	5131	5388	5993	6565	5550
湖南	4634	4917	5230	5507	6187	5295
山西	4229	4744	5058	5460	6393	5177
安徽	4223	4763	5024	5390	5961	5072
河南	3755	4039	4311	4543	5097	4349
河北	3551	3917	4127	4508	5279	4276
北京	3149	3766	4329	4578	4823	4129
天津	3387	3899	3984	3922	4423	3923
福建	2817	3050	3029	3261	3548	3141
山东	2324	2536	2767	2689	2981	2659
上海	1935	2364	2678	2526	3336	2568
江苏	1683	1855	1869	1885	2134	1885
浙江	1432	1584	1642	1516	1351	1505
广东	1141	1230	1274	1166	1334	1229

数据来源：各地财政局。

最后导致的局面便是，全国前十二大城市，大多数地方可以把近一半的税收留给自己，而广州只能留下 1/4 左右。

继 1994 年分税制改革之后，广州默默承受这种"不公平"的竞赛机制长达二十多年。长年累月的负重前行，广州的发展速度焉能不受到影响？

所以，重庆一时超越了一直带着"镣铐"前进的广州，也是正常的。绝大多数唱衰广州的人，都是因为不了解广州真正的实力。广州委屈！

02

回到山城，重庆是大城市与大农村的集合体。渝中等主城区繁荣发达，超高建筑鳞次栉比，号称"小香港"。但是到大重庆跑一圈，外围很多区县还停留在"第三世界"，经济落后。

由于重庆自己提供不了那么多的就业岗位，每年有几百万重庆人背井离乡，外出务工，导致重庆成为唯一一个常住人口和户籍人口倒挂的直辖市。这就是今天的重庆，一个非常复杂的地方。

直辖之初，重庆的困难更是显而易见。当时的重庆虽然是全国六大老工业基地之一，但是近一半的国有企业亏损，资产负债率高达 80%。2440 多万农村人口当中，绝对贫困人口 366 万人。

在重庆的几番争取下，中央同意重庆免予上缴中央财政，一开始时是免上缴 5 年。后来财政体制改革，又继续延缓了。2009 年时任重庆市市长蒲海清撰文回忆直辖历程时透露，重庆到那个时候为止，还没有上缴过中央财政。①

不仅如此，中央每年还通过税收返还、转移支付的方式，给了重庆天量的财力补助。如表 1-21 所示，仅 2013—2020 年这八年间，重

---

① 蒲海清、汪文庆、刘一丁：《我所知道的重庆成立直辖市经过》，载《百年潮》2009 年第 1 期。

庆在一般公共预算收入中拿到的中央补助为 12908 亿元，广州拿到的上级补助（中央＋广东省）为 3422.5 亿元，重庆足足比广州多出了 9485.5 亿元。

表 1-21　2013—2020 年重庆、广州财力补助情况

单位：亿元

年份	重庆中央补助	广州上级补助	差额
2013	1198	304	894
2014	1251	315	936
2015	1351	357	994
2016	1535	408	1127
2017	1720	465	1255
2018	1809	489	1320
2019	1888	525	1363
2020	2156	559.5	1596.5
合计	12908	3422.5	9485.5

数据来源：各市财政局。

这笔资金是什么概念？2013—2020 年，广州国有土地使用权出让金收入总计 9913.3 亿元（见表 1-22）。重庆多拿到的补助收入，快赶上广州同期的土地财政收入了。

表 1-22　2013—2020 年广州国有土地使用权出让金收入

单位：亿元

年份	收入
2013	837.9
2014	965.3
2015	947.7
2016	721.4
2017	1166
2018	1327.3

（续表）

年份	收入
2019	1558.40
2020	2389.30
总计	9913.3

数据来源：广州市财政局。

广州要卖整整八年的地，才凑得齐这个数字，重庆简直是"躺赢"。而且，这还只是统计一般公共预算这本"账"，如果加上国有基金收入当中的补助金额，那么广州与重庆的差距会更大。

这些钱被用于重庆的革命老区、公共安全、社会保障、教育、科学技术、节能环保等民生支出领域，这使得重庆在中央的鼎力"赞助"下，有巨大的财力空间来搞经济发展，尤其是基础设施投资。

2009—2021年这十几年间，重庆在基础设施建设上砸下了56626亿元（见表1-23），相当于3.23个广州的投资量。

表1-23 2009—2021年重庆、广州基础设施建设投资情况

单位：亿元

年份	重庆基础设施建设投资	广州基础设施建设投资	差额
2009	1543	1021	522
2010	1911	1332	579
2011	1926	998	928
2012	2404	1065	1339
2013	2962	1137	1825
2014	3386	1247	2139
2015	4356	1339	3017
2016	5661	1516	4145
2017	5659	1684	3975
2018	6310	1762	4548
2019	6266	2193	4073
2020	6867	2298	4569

（续表）

年份	重庆基础设施建设投资	广州基础设施建设投资	差额
2021	7375	2231	5144
合计	56626	17525	39101

数据来源：各市财政局。

注：2020年重庆按照投资增长9.6%来推算；2021年重庆和广州数据按照增速7.4%和2.9%推算。

投资是拉动经济增长的三驾马车之一。作为基建"狂魔"的重庆，大手笔，大气魄，GDP焉能不上涨？所以，追溯起来就非常魔幻了。

自1997年直辖以来，重庆二十多年里一直没有对中央财政作出过贡献，是一个接受净补助的城市。根据中国社科院的统计，在重庆总财力当中，1998—2017年间中央财力补助占比基本维持在每年10%~40%。

而广州是一个净上缴财力的城市，跟北上深等地一起，撑起了全国财政的半边天。每年广州都把约一半的税收上缴中央，其中就有一部分通过转移支付，变成了重庆的路、重庆的桥、重庆的轻轨和机场。

因此，重庆GDP追齐广州，本身就有广州的助攻，广州资助了自己的竞争对手。可以说，没有中央特殊的扶持和倾斜，单靠自力更生，重庆是很难取得如今2万多亿元的经济体量的。

重庆能跟广州相提并论，跟中央在背后大力推了一把有很大关系。

03

偏居一隅的重庆能紧紧咬住广州，还有一个很重要的原因，就是重庆的房地产依存度特别高。作为一个实质性的"省"，重庆有3000万人口，大概是广州的两倍，本身对房产的需求就比较大。

加之从2008年开始，重庆率先在全国推出地票制度试验，设了中国第一家农村土地交易所。在城乡建设用地增减挂钩的制度下,农民的土地入市更方便了,价格更高了。

此举有力推动了农民进城的积极性,重庆的城镇化飞速发展。直辖至今,重庆减少了 700 万农业人口。

大量农民进城之后,重庆应该如何应对?当然是盖房子。过去十三年,重庆在房地产开发业上的投资总共 42877 亿元,同期广州仅为 27980 亿元,比广州多出了 14897 亿元(见表 1–24)。这说明重庆有较重的房地产投资依存度,山城靠房地产拉动了经济发展。

表 1–24 2009—2021 年重庆、广州房地产开发业完成投资情况

单位:亿元

年份	重庆完成投资	广州完成投资	差额
2009	1239	817	422
2010	1620	984	636
2011	2015	1307	708
2012	2508	1370	1138
2013	3013	1580	1433
2014	3630	1816	1814
2015	3751	2138	1613
2016	3726	2541	1185
2017	3980	2708	1277
2018	4249	2702	1547
2019	4439	3102	1337
2020	4352	3294	1058
2021	4355	3626	729
合计	42877	27980	14897

数据来源:各市财政局。

我们来看 2017 年与 2018 年,也就是重庆 GDP 一度反超广州的那两年(见表 1–13)。2017 年重庆建筑业增加值为 2010 亿元,广州为

689 亿元，重庆在建筑业上比广州多贡献了 1321 亿元的 GDP；2018 年重庆建筑业增加值为 2331 亿元，广州为 651 亿元，重庆在建筑业上比广州多贡献了 1680 亿元的 GDP（见表 1-25）。

表 1-25　2013—2021 年重庆、广州建筑业增加值

单位：亿元

年份	重庆建筑业增加值	广州建筑业增加值	差额
2013	1148	473	675
2014	1256	531	725
2015	1514	551	963
2016	1715	568	1147
2017	2010	689	1321
2018	2331	651	1680
2019	2840	774	2066
2020	3001	911	2090
2021	3296	1045	2251
合计	19111	6193	12918

数据来源：各市财政局。

恰恰就是盖房修楼多干出来的 1000 多亿元 GDP，重庆才能够反超广州 194.6 亿元、586.4 亿元（见表 1-13）。没有如此大的房地产开发投资，那两年重庆的 GDP 不可能超出广州半个身位。

这很值得骄傲吗？当今的城市竞争力，应该是以金融为代表的现代服务业，或者是以科技为代表的高端制造业。拿建筑业来击败另一个城市，似乎并不值得大书特书。

04

一直以来，国家对成渝的扶持可谓不遗余力。2021 年 10 月，中共中央、国务院专门印发了《成渝地区双城经济圈建设规划纲要》，

这不仅标志着成渝地区双城经济圈上升为国家战略，还隐然释放出了一个新的信号，成渝经济圈有望成为继长三角、粤港澳大湾区、京津冀之后的中国经济第四极。成渝的地位被提升到了史无前例的高度！

为什么中央对成渝如此之厚爱？所谓区域均衡、共同富裕只是显而易见的因素，背后有更深层次的经济逻辑。

第一，如果西部的消费力不起来，如何消耗中国过剩的产能？

近些年，每一次经济衰退，凯恩斯主义就会盛行。比如2020年一季度，受疫情影响，全国税收收入同比下降16.4%，地方政府较为依赖的国有土地使用权出让金收入同比下降7.9%。为对冲经济增长下行，中国力推10万亿元财政刺激计划。历史上每次大放水之后，往往会伴随着后遗症，即产能过剩。①

此外，中国工业体系的自动化、智能化，是以肉眼可见的速度在普及，用上机器人和物联网之后，一条生产线的产能会以几倍的速度上涨，而我们的年轻人口在负增长、老龄化程度在深化，这导致制造能力的提升，远远快过消费能力的提升，也会加剧产能过剩。

单单依靠沿海，无法消耗未来中国庞大的生产能力。尽管西部地区有三四亿人口，约占全国总人口的30%，但是不可否认，西部的整体消费力还比较弱。在西部12个省市区当中，除了重庆、内蒙古之外，其余省市区的人均GDP都低于全国平均水平，广西、甘肃甚至全国垫底。

所以，以成渝为代表的西部一定要发展起来，做大中国的内需市场。否则过两年，我们又得来一场艰难的泡沫出清运动，左右为难。

比如，早在2017年中国新能源汽车领域的投资就超过了4000亿元，各个车企规划年产能2000万辆左右，是国家规划量的十倍。一旦

---

① 郭杰、于泽、张杰：《供给侧结构性改革的理论逻辑及实施路径》，中国社会科学出版社2016年版，第64页。

3亿西部人民的消费能力跟不上，这场新能源汽车的大跃进可能就会走向失败。

回想20多年前，中央第一次提出西部大开发战略时，有些部门领导持怀疑的态度，理由是西部地区基础差，投入产出率比沿海低很多，浪费钱。

当时朱镕基的回应一针见血：就建设一个项目来说，东部地区的成本可能低一些，但现在东部地区产业结构矛盾已经相当突出，国家如果不增加对西部地区的投入，东部地区传统产业的产品，如钢材、水泥、玻璃等就没有市场，哪里还有效益可言？[1]

转眼这么多年过去了，这个道理依然适用。只不过那些过剩的产品，从钢材水泥变成了其他形式罢了。

第二，如果西部再不起来，东部可能就要"爆"了。

中国早已告别了高速增长的阶段，经济增长下行压力较大，小打小闹的改革动作很难力挽狂澜。而且，我们很"幸运地"赶上了"修昔底德陷阱"开始显化的周期，与美国展开了贸易、科技再到金融的全面博弈。

要打赢这场关系中国百年命运的艰难战役，以往的发展中小城市、小城镇的思路不管用了，必须做大城市的规模，将人口资源集聚起来，发挥最大限度的规模效应。

这样做有两个好处：一是更多的人共享了外部基础设施，降低了经济运行的边际成本；二是人口集聚，有利于专业化分工，有利于各种思想的交流碰撞，以激发出更多的科技创新。

所以，近来政府一直在加速给户籍制度松绑。早在2019年4月，国家发改委就提出，超大城市要增加落户规模，特大城市要允许租赁房屋的常住人口落户，大城市要全面放开放宽落户限制。2020年

---

[1] 曾培炎：《西部大开发》，中共党史出版社2010年版，第22页。

4月，国务院首次出台要素市场化配置改革的意见，又再次强调了这一点。

无数人用脚投票涌到了沿海城市。2010—2020年深圳、广州、杭州、佛山、苏州五个城市，常住人口就新增了2093万。毫无疑问，未来沿海城市会越来越大，且逐渐逼近北京、上海的人口规模。

但它也激发了另外一个担忧：如果继续允许人口自由迁移，那么未来沿海发达城市会不会都爆满呢？

北京和上海的地铁里程分别列全国第一、第二名，却也不得不在2000多万人口的节点上，有意识地控制人口。这说明只要交通、城市规划、安居工程等基础设施跟不上人口扩张规模，就很容易产生各类城市病，把城市搞得筋疲力尽。

沿海大城市作为中国经济的发动机，承担了大国崛起的最重使命。如果因为人口爆满而瘫痪，那么，中国经济的引擎将会熄火，这反而是得不偿失的。

人口自由迁移是一场有一定风险的国家实验。搞得好飞黄腾达，搞不好折戟沉沙。所以中央有计划地加强西部的发展水平，将农村人口吸引到这些城市，而不是统统挤到沿海城市。

新加坡国父李光耀就透露过，中国计划在非沿海地区建立几个城市群，"每个城市群的人口可以超过4000万"。① 虽然没有直接点名，但基础最好的成渝经济圈一定扮演了必不可少的角色，甚至是最重要的角色。这就是为什么中央会对重庆另眼相待。

根据智谷趋势的统计，2000—2010年，成渝经济圈的44个片区中，有31个是人口净流出（见表1-26）。大量说川普、爱吃辣的川渝人民跑到沿海发达地区务工，造成大面积的城市萎缩，空心村、老人村比比皆是。

---

① 李光耀：《李光耀观天下》，北京大学出版社2015年版，第41页。

表 1-26　成渝经济圈 2000—2010 年常住人口

单位：万人

城市	2000年常住人口	2010年常住人口	人口净增	城市	2000年常住人口	2010年常住人口	人口净增
成都	1124.4	1404.76	293.91	丰都县	77.38	64.92	-12.46
渝北区	84.39	134.54	50.15	合川区	142.01	129.30	-12.71
沙坪坝区	78.82	100.00	21.18	垫江县	86.22	70.45	-15.77
九龙坡区	87.83	108.44	20.61	綦江区	96.34	80.10	-16.24
南岸区	59.29	75.96	16.67	梁平区	85.03	68.75	-16.28
江北区	61.02	73.80	12.78	德阳	378.80	361.57	-17.23
泸州	410.21	421.84	11.63	铜梁区	79.39	60.01	-19.38
大渡口区	24.68	30.10	5.42	忠县	95.35	75.14	-20.21
永川区	98.47	102.47	4	潼南区	85.94	64.00	-21.94
北碚区	64.54	68.04	3.5	遂宁	347.70	325.25	-22.45
巴南区	88.67	91.87	3.2	大足区	90.52	67.12	-23.4
黔江区	44.25	44.50	0.25	开州区/开县	140.81	116.03	-24.78
荣昌区	65.95	66.13	0.18	眉山	320.51	295.05	-25.46
雅安	152.28	150.72	-1.56	云阳县	121.98	91.29	-30.69
璧山区	60.73	58.60	-2.13	达州	579.31	546.80	-32.51
渝中区	66.52	63.01	-3.51	自贡	303.37	267.88	-35.49
涪陵区	113.40	106.67	-6.73	南充	668.34	627.86	-40.48
万州区	164.73	156.31	-8.42	宜宾	488.72	447.20	-41.52
乐山	332.41	323.57	-8.84	内江	416.03	370.28	-45.75
江津区	132.35	123.31	-9.04	绵阳	517.01	461.38	-55.63
南川区	63.29	53.43	-9.86	广安	412.41	320.54	-91.87
长寿区	87.42	77.00	-10.42	资阳	469.76	366.50	-103.26

数据来源：各地第六次全国人口普查、第七次全国人口普查公报。

到了 2010—2020 年，成渝经济圈只有 16 个片区人口净流出（见表 1-27），净流出片区占比从 70% 下滑到了 36%，人口逃离的情况得到了很大改善。

表 1-27 成渝经济圈 2010—2020 年常住人口

单位：万人

城市	2010年常住人口	2020年常住人口	人口净增	城市	2010年常住人口	2020年常住人口	人口净增
成都	1404.76	2093.77	689.01	南川区	53.43	57.23	3.8
渝北区	134.54	219.14	84.6	泸州	421.84	425.41	3.57
沙坪坝区	100.00	147.73	47.73	云阳县	91.29	92.90	1.61
九龙坡区	108.44	152.68	44.24	荣昌区	66.13	66.89	0.76
南岸区	75.96	119.76	43.8	眉山	295.05	295.52	0.47
巴南区	91.87	117.88	26.01	万州区	156.31	156.44	0.13
绵阳	461.38	486.82	25.44	忠县	75.14	72.09	-3.05
綦江区	80.10	101.13	21.03	渝中区	63.01	58.87	-4.14
江北区	73.80	92.58	18.78	梁平区	68.75	64.53	-4.22
璧山区	58.60	75.60	17	合川区	129.30	124.52	-4.78
大足区	67.12	83.45	16.33	垫江县	70.45	65.06	-5.39
北碚区	68.04	83.48	15.44	雅安	150.72	143.46	-7.26
江津区	123.31	135.96	12.65	乐山	323.57	316.01	-7.56
永川区	102.47	114.88	12.41	长寿区	77.00	69.29	-7.71
大渡口区	30.10	42.19	12.09	达州	546.80	538.54	-8.26
宜宾	447.20	458.88	11.68	丰都县	64.92	55.73	-9.19
铜梁区	60.01	68.57	8.56	德阳	361.57	345.61	-15.96
广安	320.54	325.48	4.94	自贡	267.88	248.92	-18.96
涪陵区	106.67	111.50	4.83	遂宁	325.25	281.41	-43.84
潼南区	64.00	68.81	4.81	内江	370.28	314.06	-56.22
开州区/开县	116.03	120.33	4.3	南充	627.86	560.75	-67.11
黔江区	44.50	48.72	4.22	资阳	366.50	230.86	-135.64

数据来源：各地第六次全国人口普查、第七次全国人口普查公报。

可以说，中国人都往沿海挤的情况确实在发生着改变，有的人已经开始从长江珠江出海口向中上游回迁了。

05

当然,重庆也不是干躺着等中央输血,它自己也有主动作为。2011年3月,重庆开出了通往德国杜伊斯堡的首趟"中欧班列",这个伟大的创新,为惠普等电子信息巨头提供了另一种出海的选择。

不久之后,重庆在产业链招商的攻势下,硬生生从区位优势得天独厚的昆山那里,"抢走"了笔记本之都的宝座。如今,全球每三台笔记本电脑和每10部手机中,就分别有1个"重庆造"。从玻璃基板、液晶面板、显示模组到终端产品,重庆在运输成本较高的西部地区成功形成了世界级的电子产业基地。

而重庆的汽车制造业,曾经有一段时间,也是连续好几年产量全国第一。汽车产业是工业中的工业,全面考验一个地区的制造业体系,需要上下游的产业配套做得好才发展得起来。

作为一个内陆城市,重庆竟然能够奇迹般地将电子信息制造业和汽车产业发展成为两大支柱产业,这本身就不简单。

2021年,重庆常住人口比户籍人口少202万人,而十年前这个数值为411万人(见表1-28),人口倒挂已呈现逐年减轻的态势。越来越多的重庆人,在家门口找到了工作。

表 1-28　2009—2021 年重庆常住人口与户籍人口变化

单位:万人

年份	常住人口	户籍人口	差额
2009	2859	3276	417
2010	2885	3303	418
2011	2919	3330	411
2012	2945	3343	398
2013	2970	3358	388
2014	2991	3375	384
2015	3017	3372	355

（续表）

年份	常住人口	户籍人口	差额
2016	3048	3392	344
2017	3075	3390	315
2018	3102	3404	302
2019	3124	3405	281
2020	3209	3412	203
2021	3212	3414	202

数据来源：重庆统计局。

展望未来，重庆在与广州的竞争中，依旧会斩获不少中央层面的特殊关照。广州未必就能稳居全国经济第四城。

这么多年来，广州将被踢出一线城市序列的论调铺天盖地，无论外界如何唱衰，广州似乎都没有组织过力量为自己正面辩解过。我也几乎没有听说过，广州公开为自己叫屈，并动用政治力量卸下自身的财政包袱。这是很有意思的现象。

从这个意义上来讲，广州并不是大家所理解的最弱小的一线城市，而是中国最伟大的一线城市。如果有朝一日，粤东、粤西和粤北能发展起来，不再像今天这般落后，那说不定广东省就有空间改革财政体制，解除广州沉重的上缴压力。到那个时候，广州便能与其他一、二线城市站在同一起跑线上，迸发出超强的发展后劲。

对于广州来说，GDP被重庆超越并不用感到气馁。重庆从科技创新、人均收入，再到国际影响力，未来的路还很长很长。

双方真正的对手，其实都不是彼此，而是自己。找到短板，超越自身，才是广渝在新的历史进程中的重点。中国要构建国内国际双循环相互促进的新发展格局，抵抗未来的惊涛骇浪，广州、重庆都是不可替代的重要角色。

第二章

地理经济学的颠覆

昆明，东南亚的中心城市

2021年12月，全长1000多千米的中老昆万铁路（简称中老铁路）正式开通，从中国昆明出发到老挝首都万象，最快仅需10小时。

修建这条国际铁路并不容易。全线穿越崇山峻岭，地质结构复杂，只有38%在地面，剩下的需要修建167座隧道和301座桥梁，整条线路历时五年，总投资500亿元，相当于半座举全国之力修建的世纪工程——港珠澳大桥。

而铁路另一端连接的是全球最不发达的国家，GDP仅有区区191亿美元，不过是中国一个小县城的体量。

巨大的反差暗示着，这绝不是一条普通的铁路。我们不能把它仅仅看作与周边国家互联互通与象征中老友谊的标志性工程。

纵观历史长河，中老铁路其实是中国突破"修昔底德陷阱"所构建的版图之一。一直以来，马六甲海峡之困犹如大国的"阿喀琉斯之踵"，是中国外循环体系中最脆弱的咽喉。在当今这种波谲云诡的国际形势下，打破该困局已具有越来越现实的意义。

中国急需在内陆寻找一条途经中南半岛的出海新通道作为备选，而昆明无疑就是最好的支点。这是一座很有野心的城市，在国家战略的强力支持下，近年来春城在整个大湄公河流域的影响力不断攀升。如果说上海是中国的"经济首都"，那么，未来昆明要做的就是整个东南亚的"经济首都"。

01

近年来,昆明可谓异军突起。尽管它远离国内经济中心,但在 2021 年昆明仍实现了 7223 亿元的 GDP,在五六年间超越或追平了哈尔滨(5352 亿元)、长春(7103 亿元)、沈阳(7250 亿元)等工业重镇,距离北方明珠大连(7826 亿元)的身价,只有一步之遥(见表 2-1)。

表 2-1 各市历年 GDP 情况

单位:亿元

年份	哈尔滨	长春	昆明	沈阳	大连
2015	4065	4773	4008	5242	5400
2016	4374	5035	4342	5288	5648
2017	4717	5432	4855	5549	6052
2018	5010	5635	6020	6101	6500
2019	5249	5904	6475	6470	7001
2020	5184	6638	6734	6572	7030
2021	5352	7103	7223	7250	7826

数据来源:各地统计局。

不仅如此,2021 年昆明的常住人口达到 850.2 万人,在过去十年中猛增 200 万左右。照这种速度,昆明可能会成为中国罕见的拥有千万人口的沿边内陆省会。应该说,这是一个相当大的经济奇迹。

站在昆明举目四望,除了山还是山。横断山脉与云贵高原将云南全省分割得七零八落,16 个市/自治州挤在仅占全省面积 6% 的盆地上,见缝插针式地开发,造成工业用地价格偏高。

整个云南还几乎不产一滴石油,是全国成品油供应链的末端,仅运输成本每吨就要比别的地方贵出几百元。

由于被紧紧锁在群山峻岭当中,昆明以及整个云南成了名副其实的交通末梢。这样的地理禀赋,向来是建设大型经济中心的"禁区"。

像东南亚的老挝,之所以会成为全球最不发达的国家之一,就是因为其"陆锁国"的天然区位,缺乏外向型的经济大动脉。

反观东北地区,大连、沈阳、长春和哈尔滨沿线可是连片的平原,铁路触网四通八达,百年前便凭借着中东铁路和深水良港,率先嵌入了全球分工体系当中。二十世纪三四十年代,东北更是亚洲工业最发达的地区之一,有着雄厚的历史积淀。

东北中心轴承载了中国的百年荣光,以至于沿线四大城市均是清一色的副省级城市。放眼全国,这样的待遇也是独一无二。然而,昆明仅用几年时间便实现了对这些城市的逆袭/比肩,进而宣告整个大西南板块超越了"共和国长子"。

如图 2-1 所示,2002 年东北三省与西南四省占全国 GDP 的比重都在 8.8% 左右,到了 2021 年,东三省的权重已经萎缩到了 4.92%,西南四省则提高到了 11.34%。

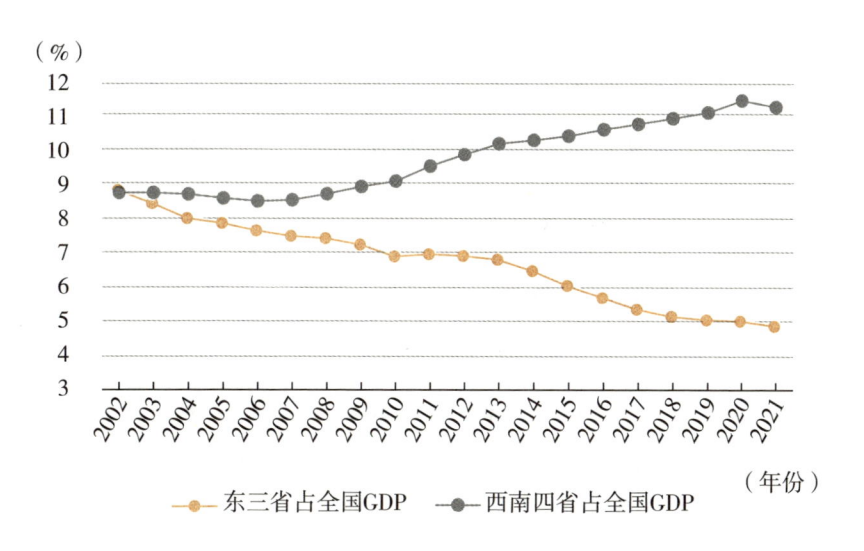

图 2-1 东三省与西南四省占全国 GDP 对比

数据来源:根据各地统计局数据计算。

这一升一降,颠覆了中国的经济格局。当年由日俄争夺东北亚霸权以及中苏结盟所奠定的维持了百年之久的区域版图正在瓦解。很少有人能够察觉到,这个发生在胡焕庸线南北两端的隐秘巨变。

那么,昆明到底是如何逆袭的?答案就藏在国家战略转移当中。众所周知,台湾海峡早晚会成为历史进程的旋涡中心。中国不能将最精华的部分全都布局在沿海地区,更无法将一切都系于马六甲海峡这条"海上生命线"上。

因此,不管是出于备选的需要,还是出于共同富裕,证明中国模式优越性的需求,深居内陆的大西南都必须繁荣强盛起来。而大西南想要真正崛起,并为中国破解马六甲海峡之困,就离不开昆明这个支点。

为此,国家在昆明体内打入了三个楔子,彻底改变了昆明的命运。

02

第一个楔子,是泛亚铁路。

1995 年,马来西亚时任总理马哈蒂尔提出这个震惊全球的蓝图,引起了亚洲人民的无限遐想。

2006 年,包括中国在内的 18 个地区的代表在《泛亚铁路网政府间协定》上签字,横贯亚洲大陆的铁路动脉就此横空出世。它包括东、中、西三条线路,起点都位于昆明(见图 2-2)。

自那时起,中国就开始走向了"高铁外交",全力推行中国高铁"走出去"。虽然东南亚国家大多落后闭塞,但没关系,那就以中国的投资建设为主。

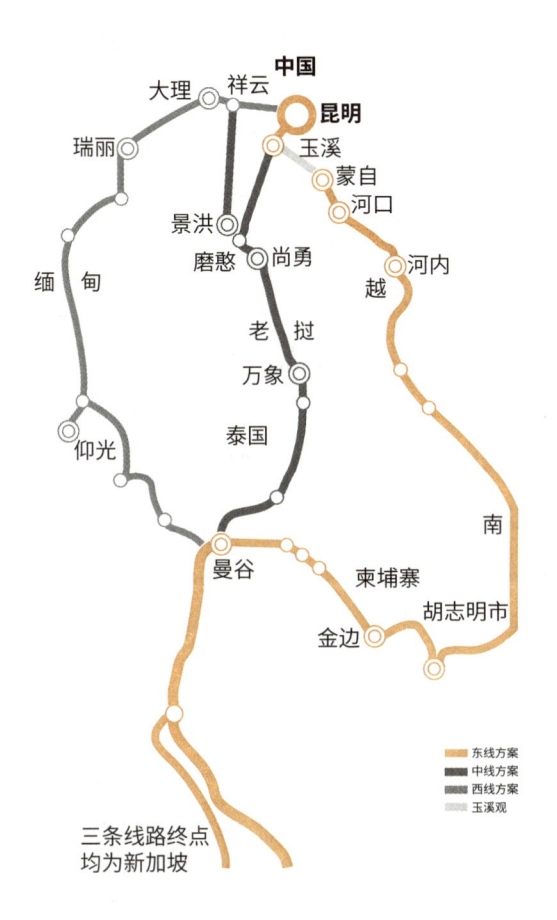

图 2-2 泛亚铁路示意图

如今，中老铁路的正式开通，标志着以昆明为中心向外辐射的泛亚铁路版图初见雏形。

第一，中线方面。中老铁路是一条客货混运铁路，其中昆明至玉溪段设计时速为 200 千米，其余路段 160 千米/小时。中老铁路的开通，不仅让老挝 680 万民众一跃迈入了高铁时代，更代表着泛亚铁路的中线已完成了一半。

而曼谷到呵叻府的高铁已于 2017 年开工，预计 2026 年竣工通车。

呵叻—廊开—万象段正在研究设计中，预计在 2029 年至 2032 年开通整条路线。到那时，从昆明出发便可一路南下直达泰国首都，远期还可以延伸至新加坡。

第二，西线方面。2021 年 7 月 29 日，中国境内的"最后一段"在历时 14 年掘通 14 千米的隧道后，终于彻底打通，预计 2023 年通车。

而缅甸境内的木姐—曼德勒段已完成可行性研究报告，曼德勒—皎漂段签署了可研备忘录。中缅铁路的修建可以说是势在必行！

第三，东线方面。中国境内的昆玉河铁路早已投入运营，时速 160 千米，越南境内虽然尚未动工，但有百年前遗留下来的中越米轨铁路，双方在边境处交会对接。

早在 2017 年，昆明就以昆玉河铁路为基础率先开通了"中国—越南"国际货运班列。装载着化工原材料、矿石的列车从昆明出发，在河口口岸进行准米轨换装后，便可直达云南乃至大西南最近的出海口——越南海防港，也算是泛亚铁路东线的变相运行了。

东中西线均有阶段性突破，取得了不小的成绩。假以时日，当整条泛亚铁路建成时，整个发展走势都会发生深刻改变。

东盟是一个蓬勃发展的新兴经济体。虽然多为不发达地区，但贵在人口结构年轻，劳动力成本低廉，有非常大的潜力承接全球产业转移。单中南半岛就有两三亿人口，潜力无限。

2019 年东盟超过美国成为中国第二大贸易伙伴。2020 年东盟超过欧盟跃升为中国最大货物贸易伙伴，双方进出口贸易总额高达 4.74 万亿元。

泛亚铁路联网后，中国—东盟之间的贸易血管会剧烈扩张，并加速经济一体化发展。

首先，云南、贵州、四川、广西等地区一部分适合铁路运输的货物会向昆明集中，以此为跳板出口到东盟。昆明有机会成为中国乃至亚洲内陆货运集散中心的重要干港。①

其次，借助这条交通大动脉，西南片区的汽车、机电、金属等工业制成品会有更顺畅的出口渠道，反过来东盟丰富的矿产、粮食、基础原材料也会源源不断地涌入。双方专业化分工程度加深，会推动经济的发展。

RCEP（区域全面经济伙伴关系协定）2022年1月1日已经正式生效。这个协定有一个极具突破性的设计，就是统一的原产地规则。

举例来说，中国与韩国、澳大利亚、新西兰签订自贸协定。假定原产地规则的比例要求均是50%，中国从东盟进口原材料搞加工贸易后出口到这些国家，来自中国的增加值就必须超过50%，否则享受不到零关税优惠。

而统一的原产地规则规定，产品的价值成分可在15个成员国内进行累积。换句话说，来自东盟的增加值能叠加在"中国制造"的头上了，进而有非常大的可能性达到免除关税的要求。这无疑会搅动亚太地区的投资版图。

西南片区在泛亚铁路的助力下，拥有中国—东盟之间最为顺畅的贸易生命线，很可能会得到跨国企业青睐，从而吸引那些想要降低供应链生产成本的资金涌入，加速西部崛起。

目前在中国—东盟自由贸易区内，双方90%以上的商品实施零关税。未来伴随着其他行政壁垒的逐渐解除，中国大西南与东盟的货物流动可能会如同"国"内流动一样，越发方便和自由。作为铁路网起点的昆明，优势尽显。

---

① 周路菡：《泛亚铁路，力促亚洲经济一体化进程》，载《新经济导刊》2015年10月。

03

泛亚铁路还有一个更深远的意义,就是为中国打通新的出海大通道。从昆明出发,东线可到越南胡志明港,中线可到泰国曼谷港,西线可到缅甸的仰光港。相比经广西防城港出海运至这些地方,可以分别节省1598千米、2184千米、3926千米,进而让每吨货物减少58元、75元、211元的运输成本。①

其中,缅甸的皎漂港十分关键。相比航道壅塞且仅能停泊万吨级船的仰光港,这里简直是不可多得的天然避风港,其自然水深24米左右,可停泊25万~30万吨级的远洋客货轮船,是中国绕开马六甲海峡转向印度洋的极佳出海口。

十余年前,中国就开始在这里寻求合作开发深水港。经过多年努力,由中信集团组建的联合体于2015年中标皎漂经济特区的工业园和深水港项目,总投资95亿美元。其中港口设计共10个泊位,年吞吐量180万吨散杂货,490万个标准集装箱,总投资73亿美元(约合500亿元人民币)。中缅合资公司获得至少50年的特许经营期,现已有中方建设人员入驻。

这个项目对中国意义非凡。中国80%的石油进口量、23%的天然气进口量以及约一半的进出口物资都要经过马六甲海峡这个狭小的关卡。皎漂深水港建成之后,中国便能分流出一部分进出口货物走这个通道,从而减少对马六甲海峡的依赖。

此外,相比运输到东南沿海港口,中国还可以节约5000千米航程和一周左右的时间,在瞬息万变的市场中增强中国制造的出口竞争力。因此,中国一定会全力推进泛亚铁路的西线落地。

第一,铁海联运的优势是公路运输、内河运输所替代不了的。只

---

① 李佳:《中老铁路贸易货运量预测》,载《中国铁路》2014年5月。

有快速铁路，才能将上千里之外的中国与作为飞地的港口连接起来，在印度洋获得真正意义上的出海口。

第二，中国已经在皎漂经济特区砸入成百上千亿元。如果没有铁路扩大港口的经济腹地，单纯依靠特区工业园的物流体量根本不饱和，那么巨额投资就会打水漂。

泛亚铁路是如此重要。所以，过去几年从中央到省市均大手笔投入巨资，率先在境内修建成轨道上的云南，方便以后与东盟对接，与国内对接。

目前，云南形成了"八出省、五出境"的铁路大通道。无数县市结束了不通火车的历史，无缝接入整个国家的交通大动脉，地方经济蓬勃发展，回过头来也反哺支撑起了省会昆明的经济。

04

第二个改变昆明命运的楔子，是中缅原油管道。

2017年，全长1000多千米的中缅原油管道正式投入运营。这是继中哈石油管道、中亚天然气管道、中俄原油管道后，中国第四大能源进口通道。

有了它，中国从中东等地进口的原油就可以在缅甸皎漂卸下，经由管道运输进入云南昆明（终点延伸至重庆）。相比运至东部沿海，不仅能节约1/3的运输时间，还缓解了中国对马六甲海峡之困的忧虑。

中国每年经由马六甲海峡进口2.3亿吨左右的原油，而中缅原油管道远期设计年输量为2200万吨，占前者近10%，是非常有益的补充。与此相伴随的是中央一定会在经常闹油荒的大西南配套建设一个每年千万吨级的炼油项目。

昆明与重庆两地陷入了激烈的争夺战，最后昆明胜出。于是，在安宁工业园区，一个海拔近2000米的中石油云南石化凭空冒出。这是全中国唯一的高海拔地区千万吨级炼厂，也是中石油旗下26家炼化企业中第二大炼厂。

截至2021年7月8日，中石油云南石化累计加工原油突破4000万吨，为云南省提供了40%的汽柴油、75%的航空用油和70%的液化石油气。昆明一举结束了百年来成品油全部外调的历史，并成了工业血液的新兴输送地，覆盖中国四川、中国贵州、老挝、缅甸等境内外地区。

与此同时，这个千万吨级炼油基地还催生了另外一个企业云天化石化，与云南石化形成配套互补，将炼油项目中联产的丙烯、液化石油气进一步加工成其他产品。

比如，丙烯被云天化石化用来生产五大通用树脂之一的聚丙烯，这种高分子材料经熔融纺丝后可以制成丙纶纤维用于纺织服装产业，也可通过注塑制品用于玩具、包装、家电等领域，在工业界应用非常广泛。

云天化石化项目填补了云南聚丙烯产能空白，有70%左右流向了云南的下游市场，延长了整个工业的产业链条。当然，野心勃勃的昆明不会止步于此。昆明力争"十四五"期间启动炼化一体化，依托中缅油气管道上马百万吨级乙烯，打造西南地区最大的石油化工基地，形成2000亿元产值园区。

可以说，中缅油气管道的落地让春城的产业结构一夜之间发生了翻天覆地的变化。在过去很长时间里，烟草在昆明一枝独大。由于气候、土壤、历史等因素，云南一直是中国烟叶生产的第一大省，年产烟叶占全球20%。红塔烟草与红云红河烟草，常年霸占全省纳税前两名，动辄数百亿元的税收金额无人能及。

昆明更是全国省会城市中第一大烟区。顶峰期时，烟草及配套产业贡献了全市32.1%的工业增加值，带动20万以上的农业人口就业，是昆明最最重要的支柱产业。

中缅油气管道一开闸，昆明就在短短两三年里，凭空冒出了一个石油加工业。2019 年，昆明石油加工业实现产值 600 亿元，同期烟草制品业产值 420 亿元，生物医药制造业产值 289 亿元，汽车工业产值 117 亿元……百年烟草业，终于退出了历史舞台最核心的位置。

如果说之前昆明的经济还笼罩在烟草这种半农半工的阴影中，那么，今天的昆明终于迈入了现代工业体系。以此为标志，缅甸也摇身一变，成了昆明的"西海岸"，融入云南乃至西南片区的工业体系当中。

05

第三个楔子，是打造面向东南亚的辐射中心。

早在修建泛亚铁路之前，中国其实就已在全力开拓昆明的水陆空交通体系了。在水运方面，澜沧江—湄公河长度列世界大河第六位，被誉为东方多瑙河。由于各种原因，这条河流长期不能通航。

2000 年，在云南省多年的努力推动下，中、老、缅、泰四国向全世界宣布澜沧江—湄公河水运正式开通，从云南思茅港到老挝的琅勃拉邦，商船可自由航行，通航里程达 1600 多千米。

自此，蔬菜、水果、成品油在这条"经济走廊"上穿梭如织。2003 年澜沧江—湄公河国际货运量为 32.4 万吨，2016 年增至 148.84 万吨（见表 2-2），翻了 4.59 倍。[①]

---

① 蒋璘晖、李红亮：《澜沧江—湄公河国际航道货运发展需求分析》，载《交通企业管理》2019 年第 4 期。

表 2-2　2003—2016 年澜沧江—湄公河国际货运量[①]　　　单位：万吨

国家	年份										
	2003	2005	2007	2009	2010	2011	2012	2013	2014	2015	2016
中国	23.5	29.7	39.6	30.9	24.1	25.1	23.2	23.1	23.4	36.9	37.2
老挝	8.9	6.8	7	7.1	6.5	6.2	8.8	8.9	10.68	12.82	15.38
缅甸	—	—	—	—	—	0.04	17.4	8.5	11.05	14.37	18.67
泰国	—	—	23.1	18.9	19	25.4	28.7	44.9	53.88	64.66	77.59
合计	32.4	36.5	69.7	56.9	49.6	56.74	78.1	85.4	99.01	128.75	148.84

在陆运方面，由于湄公河中下游大多仍处于天然状态，加之有瀑布拦截，航道其实未及柬埔寨就已经断航了。云南无法走湄公河直接通达江海，因此航运价值偏低。于是，中国在签署《亚洲公路网政府间协定》后，正式启动以昆明为起点的泛亚公路。

2008 年全长 1750 千米的昆曼公路正式建成通车，过去 40 多小时的车程缩短到约 20 小时；2014 年 9 月，650 千米的昆河高速公路全程贯通，过去 19 小时的车程压缩到 8 小时；2015 年中缅公路境内段公路全部实现高等级化。

得益于这些交通大动脉，原本担心因长时间运输导致变质的鲜活产品从此有了可贸易性，推动了双边贸易额的上涨。

云南统计局的数据显示，2013—2019 年，云南对缅甸的进出口总额从 41 亿美元提升到 81 亿美元，对越南的进出口总额从 13 亿美元飙升至 44 亿美元，对泰国的进出口总额从 10 亿美元增加至 15 亿美元，对老挝的进出口总额从 10.49 亿美元提升至 12.61 亿美元。

不仅如此，这些四通八达的"立交桥"，加上泛亚铁路的运输前景，极大地吸引了那些面向东南亚、南亚市场的企业落地昆明。

汽车产业就是典型代表。2016 年 12 月底北汽昆明项目启动建设，

[①] 蒋璘晖、李红亮:《澜沧江—湄公河国际航道货运发展需求分析》，载《交通企业管理》2019 年第 4 期。

填补了云南省新能源乘用车制造的空白。2018年4月江铃集团新能源汽车昆明基地开工建设，规划总产能10万辆……一个千亿级的汽车城拔地而起。

这些车辆从这里出关到仰光、曼谷等地的路程要比从沿海港出发的路程少数千海里，极大地降低了出口费用。

在空运方面，为了把昆明打造成为中国连接南亚、东南亚的门户中心城市，中央对长水机场的支持不遗余力。自2012年投入运营以来，这个偏居一隅的机场航线网络便不断加密，其国际（地区）航线高达92条，南亚、东南亚通航点达45个，数量位列全国第一，成了国内与南亚、东南亚的中转枢纽。

目前长水机场已发展成为全球百强机场，2019年的海内外旅客吞吐量全国第六，比西安、重庆、杭州、郑州都要高（见表2-3）。①

表2-3　2019年部分机场旅客吞吐量排名

机场	名次	本期完成（人次）	上年同期（人次）	同比增速（%）
北京/首都	1	100013642	100983290	-1
上海/浦东	2	76153455	74006331	2.9
广州/白云	3	73378475	69720403	5.2
成都/双流	4	55858552	52950529	5.5
深圳/宝安	5	52931925	49348950	7.3
昆明/长水	6	48075978	47088140	2.1
西安/咸阳	7	47220547	44653311	5.7
上海/虹桥	8	45637882	43628004	4.6
重庆/江北	9	44786722	41595887	7.7
杭州/萧山	10	40108405	38241630	4.9
南京/禄口	11	30581685	28581546	7
郑州/新郑	12	29129328	27334730	6.6

---

① 2020年受疫情影响，地区与地区之间、国家与国家之间的飞行受到很大影响，故采用2019年数据。

（续表）

机场	名次	本期完成（人次）	上年同期（人次）	同比增速（%）
厦门/高崎	13	27413363	26553438	3.2
武汉/天河	14	27150246	24500356	10.8
长沙/黄花	15	26911393	25266251	6.5
青岛/流亭	16	25556278	24535738	4.2
海口/美兰	17	24216552	24123582	0.4
乌鲁木齐/地窝堡	18	23963167	23027788	4.1
天津/滨海	19	23813318	23591412	0.9
贵阳/龙洞堡	20	21910911	20094681	9

数据来源：民航局。

它也托起了两个绿色产业的发展。一个是旅游业，2019年昆明全年接待国内外游客18644万人次，旅游业直接增加值818亿元，占全市GDP的12.64%。

另一个可能会出乎意料，是花卉产业。云南省的海拔落差达到6633米，几乎囊括了从黑龙江到海南岛的各种气候类型，孕育了全球最为集中的花卉种质资源。

然而，鲜花的保质期短且易损，急需航空冷链。如果这些高端花卉运不出去，就只能烂在田地里头。长水机场投入后，对云南花卉业的发展起到了极大的推动作用。正如史基浦机场让阿姆斯特丹一跃成为世界花都一样，长水机场也让昆明成为亚洲最大的鲜切花市场。

每天清晨，这里都要将上百万枝鲜切花空运至海内外各地，鲜花货源占了机场出港货品市场份额的40%左右（2017年数据）。

花卉产业还在昆明创造了超过30万的就业岗位，占全市448万从业人员的6.69%。

从水运、陆运、空运再到如今大力推进的泛亚铁路，昆明在中央的支持下，成了湄公河流域具有影响力的城市。至于能否做整个东南亚的"经济首都"，还有很大的不确定性。"经济首都"除了集聚效应之外，还应该具有扩散效应。"地方"供应原材料进来，在昆明加工为成品后重新出口，只能算是初级形态的工业辐射。

更高级形态的辐射是服务业的辐射，比如纽约是全球的"金融首都"，纳斯达克给全世界各地的科技公司提供直接融资渠道，旧金山是全球的"科技首都"，人才与技术频繁外溢。

春城在工业辐射上还处于初级阶段，距离服务业辐射就更远了，影响力尚不及新加坡。除此之外，昆明还有一个非常大的隐忧。

大家知道全国龙头民企最少的地方是哪个省市区吗？内蒙古？新疆？又或者是东北哪个城市？不，是云南。

根据全国工商联发布的《2020年度中国民营企业500强调研分析报告》，民营企业500强最低的入围门槛为营业收入235亿元。而云南的入围企业只有1家，营收373亿元，整体金额约是黑龙江的40%，不管是数量还是营收，云南在榜单中的排名都是倒数（见表2-4）。

表2-4 2020年度中国民营企业500强情况

排名	所在地区	入围企业数量（家）	营业收入（亿元）
1	浙江省	96	62793
2	江苏省	92	57421
3	广东省	61	65738
4	山东省	53	28983
5	河北省	33	21640
6	北京市	22	33193
7	上海市	21	13332
8	福建省	17	10451
9	湖北省	16	7096
10	重庆市	13	9044
11	河南省	12	5818
12	四川省	8	5842
13	湖南省	7	4415

(续表)

排名	所在地区	入围企业数量（家）	营业收入（亿元）
14	天津市	6	2749
15	江西省	6	2803
16	山西省	5	1891
17	安徽省	5	1628
18	山西省	5	3991
19	内蒙古自治区	4	2183
20	辽宁省	4	2581
21	吉林省	3	1105
22	广西壮族自治区	3	1166
23	宁夏回族自治区	2	897
24	新疆维吾尔自治区	2	2504
25	黑龙江省	1	921
26	贵州省	1	339
27	云南省	1	373
28	新疆生产建设兵团	1	265

数据来源：全国工商联。

也就是说，抛开西藏、青海、海南、甘肃这四个经济体量实在微不足道的地方，内陆31个省市区中最弱的就是云南了。

这是不是很突兀？明明2020年云南省的经济体量24521亿元，在全国位居中游，跟辽宁是差不多的，但是，云南入围民企的营收却只有辽宁的14%。要知道，作为尚未振兴的老工业基地，整个辽宁的经济还处于深度调整之中，入榜的民企营收竟然比云南高出不少。

如果你还没有跌掉下巴，那我们拿遍地钢铁厂的河北来比较。河北重工业色彩浓厚，又缠着"环京贫困带"，跟富裕了上百年的上海完全不在一个层次上。而且2020年河北GDP为3.62万亿元，比上海的3.87万亿元还要矮一头，但是河北入围民企有33家之多，比上海多出12家，总营收是上海的1.6倍。

极度重工业的河北都能闯出一些名堂，为何云南就这么差？很多人没有意识到，云南是有色金属王国，钢、锡、锗、铅、锌等金属锭产量全国第一，矿产资源乃至烟草资源都非常丰富。与之相对应的，是诞生了很多资源型央属和省属国企，进而托起云南的经济。比如中石油云南石化有限公司、云南中烟工业有限责任公司、云南铜业股份有限公司、武钢集团昆明钢铁股份有限公司、中国铁建高新装备股份有限公司、云南煤业能源股份有限公司、中国医学科学院医学生物学研究所、云南滇金、云南白药等。

这些在当地呼风唤雨、地位显赫的国字头企业，很多都集中在了省会昆明。据《昆明日报》报道，截至 2020 年年底，昆明全市规模以上工业企业户数达 965 户，约占全省 1/4。其中，云南中烟、中石油云南石化等 5 户企业产值超 100 亿元，云南滇金、云南白药、贵研铂业等 7 户企业产值超 50 亿元，云铝、云天化石化等 40 户企业产值超 10 亿元。

可以说，国字头企业贡献了昆明全市绝大多数的工业增加值。2019 年，这个数值高达 75.8%！中央及省属企业充当了昆明经济的主力军，导致市场机会、开放程度不太充足，这是昆明未来需要克服的地方。

06

历史上，昆明曾扮演过非常关键的角色。第二次世界大战中，中国为了突破日本的海上封锁，开辟了滇越铁路、滇缅公路、驼峰航线，这三条生命线的起点都在昆明。

如今，时隔半个世纪之后，昆明再次成为国家大战略中的重要棋子，各种资源纷纷涌入。

昆明的崛起，是自身努力与顶层设计相结合的结果。这里头有太多不可复制的经验了，就像那句话说的，"一个人的成功不仅要靠自身的努力，还要考虑历史的进程"。

成都，一座内陆的"沿海城市"

一个新的国家战略悄悄拉开了序幕。估计很多人都没有留意到，中央正在谋划一个计划：把西部内陆变成"沿海地带"。

一直以来，成都、重庆、西安作为沿海中心城市的经济腹地，在融入全球贸易和产业链条的过程中，十分依赖上海和香港等地的深水良港。

如今，泛亚铁路、陆海新通道以及中欧班列不断取得新突破，中国终于构建出了另外一条经脉大通道。西部一些城市正逐步晋升为欧亚大陆的贸易枢纽门户，正逐渐显现出把东南亚等海外地区变成腹地，把自己变成中心城市的趋势。

这是火车对轮船，铁路对航道的反向冲击。一旦成功，将会重塑很多东西：第一，海权时代的游戏规则；第二，内陆与沿海的百年格局。

在这样的历史性巨变中，成都和重庆谁会成为西部之王？

01

成都正在消解重庆作为西部枢纽中心的地位。从地理位置来看，重庆扼守长江上游的咽喉位置，身后是整个四川盆地的水系：涪江、嘉陵江、巴江、沱江、岷江。凭借这种得天独厚的优势，重庆自19世纪末开埠以来，就坐稳云贵川与沿海之间连接器的地位。

经过多年的航道整治工程，如今 5000 吨级货船或者由多条驳船组成的万吨级船队可以直达重庆朝天门。对于西南地区来说，重庆有长江上游最大的港口，从这里进行货物集散，是最为经济的。

成都的重型机械装备和汽车企业有段时间就把重庆港当作唯一的出海大动脉，先公路运输到重庆，再装船出海。为了摆脱这种依附，成都搞了"去重庆化"。

2011 年，成都在 120 千米外的乐山修建了一个飞港成都港，迈出了通江达海的第一步。

2015 年年底，岷江犍为航电枢纽工程开工。到 2021 年 4 月，九台机组全部并网发电，这意味着从乐山到宜宾的岷江航道成功升级，实现了 1000 吨级船舶常年通航，3000 吨级船舶丰水期通航。此后成都从乐山出海，相比于重庆港可节省约一半的陆路运输费用。

不过，成都港的崛起并不会冲击重庆的航运中心地位。我最担心的问题是，随着海上航运时代切换到空中航运时代，世界高端产品贸易越来越依赖空港机场，而不是海港码头。在这样一个全新的赛道里，重庆的水运优势可能会慢慢衰减，这才是最可怕的。

02

二十年前，西部很穷，主要依靠纺织、皮革、鞋、农产品、矿产等产业。这一类产品货值不高，有时候一吨也就几千、几万元，利润极薄。所以水运极其重要，只有水运才能提供最便宜的运输成本。在这方面，成都的竞争力确实不及重庆。仅公路运输到 260 千米外的重庆港，每吨就要多花一百元。

二十年后的今天，西部产业在沿海梯度转移下逐步迈向中高端，涌现出越来越多的高附加值产品，体积小，重量又轻。对于这些高端产品来说，运输成本并不是最敏感的，时间成本才是。尽快抢占市场比节省运输成本更为重要。

例如,一批货值几百万元的芯片,从重庆走长江水路到上海要半个月,从上海转运到东南亚,全程下来要 40 天左右,资金沉淀的周期很长。如果用飞机运输,几小时就能抵达,资金回笼的速度非常快。

从财务的角度来讲,一笔钱的周转次数越多,企业启动新一轮生产的周期就会越短,赚取的利润也就更多。所以富士康落地郑州的时候,就专门落户在新郑机场旁的空港经济区,以无缝对接飞机货舱。2018 年,富士康旗下企业出口 300 亿美元,占郑州市出口总额的八成以上。

早在几年前,全球贸易中通过飞机航运的货物重量不到总重量的 1%,却占据了贸易总值的 40%,价值超过 5 万亿美元。这一比例仍在稳步增长。

未来有没有大型空港,能不能更快地接轨世界,对于一个想要挤占产业链上游的城市来说,极其关键,甚至比水运优势还要重要。换句话说,在即将到来的航空大都市时代里,规模经济会让位于速度经济,我们的头号货币或从美元让位于时间。①

2021 年 6 月,成都天府国际机场正式通航,成都成为继北京和上海之后,中国第三个拥有两个国际机场的城市。作为丝绸之路经济带中等级最高的航空港,天府国际机场远期将满足 9000 万人次旅客吞吐量,200 万吨货邮吞吐量。这个货邮吞吐量是 2019 年西安咸阳机场的 5.2 倍,重庆江北机场的 4.8 倍,武汉天河机场的 8.2 倍。

如此,成都就有了更大的空间来发展航空维修和制造、电子信息、生物产业、绿色能源、可穿戴设备、高端花卉等典型临空产业,刺激经济发展。

以新一代电子信息产业为例,如今电子信息产业已经成为成都和

---

① [美] 约翰·卡萨达、格雷格·林赛:《航空大都市:我们未来的生活方式》,河南科学技术出版社 2013 年版,第 367 页。

重庆最大的经济支柱之一。全球每两台笔记本电脑就有一台搭载着"成都造"的 CPU，每 10 部手机就有一部"重庆造"。

京东方、中电熊猫、天马微电子、精电国际等巨头也纷至沓来，拉动了半导体、集成电路、新型显示等新兴产业。这些产业的上下游环节多、链条长，对经济的拉动作用远比传统行业要大。

未来是否有更多新企业涌入投资，老企业是否愿意增资升级迭代，一定程度上也要看有没有更多的空运航线，更大规模的运输通道，更少的排队时间。

很明显，成都拥有更大的优势。尽管重庆也在谋划第二机场，但从立项到批复，从开工再到投入使用，整个过程会非常漫长。因此，成都可能会拥有最长十年的先发优势。

总之，当西部的产业还停留在劳动密集型时，重庆是西部之王，因为它能够提供最低的运输成本，牢据贸易中心地位。以此为支点，重庆可以发展成西部最大的工业基地。当西部的产业转型为中高端时，空港的作用相比航道会变得更加突出。重庆相对于成都的水运优势会逐步弱化，这是历史的必然，是不可抗的大趋势。

03

在未来的西部龙头之争中，我个人更看好成都一些。过去十年，成都狂飙突进不是没有道理的。这个城市虽然地处大西南，却有堪比沿海的营商环境。

如表 2-5 所示，在"2019 中国企业 500 强"榜单中，成都仅有 11 家本土企业入围，南京有 15 家，杭州有 24 家。而且成都入围企业的平均营收额为 605 亿元，南京是 988 亿元，杭州是 1114 亿元。

表 2-5　2019 中国企业 500 强

单位：亿元

城市	公司	营收
成都	新希望集团有限公司	1312
	四川省铁路产业投资集团有限责任公司	908
	通威集团有限公司	706
	市场华西集团有限公司	566
	蓝润集团有限公司	561
	四川省川威集团有限公司	530
	四川省交通投资集团有限责任公司	469
	四川省能源投资集团有限责任公司	438
	成都兴城投资集团有限公司	437
	四川科伦实业集团有限公司	412
	中国东方电气集团有限公司	323
南京	苏宁控股集团	6024
	南京钢铁集团	1182
	中国石化金陵石化公司	1009
	江苏银行股份有限公司	918
	福中集团有限公司	854
	中国石化扬子石油化工有限公司	782
	弘阳集团有限公司	763
	江苏苏美达国际技术贸易有限公司	605
	金浦投资控股集团有限公司	432
	五星控股集团有限公司	428
	南京中电熊猫信息产业集团有限公司	390
	上汽大众汽车有限公司南京分公司	373
	红太阳集团有限公司	371
	南瑞集团有限公司（国网电力科学研究院有限公司）	347
	南京汽车集团有限公司	347
杭州	阿里巴巴集团控股有限公司	3768
	浙江吉利控股集团有限公司	3285

（续表）

城市	公司	营收
	物产中大集团股份有限公司	3005
	浙江荣盛控股集团有限公司	1285
	中国石化股份有限公司浙江石油分公司	1149
	万向集团公司	1121
	浙江省兴合集团有限责任公司	1105
	杭州钢铁集团有限公司	1031
	杭州汽轮动力集团有限公司	953
	浙江省能源集团有限公司	936
	中天控股集团有限公司	900
	杭州锦江集团有限公司	889
	浙江中烟工厂有限责任公司	873
	杭州滨江房产集团股份有限公司	869
	传化集团有限公司	851
	广厦控股集团有限公司	812
	浙江省建设投资集团股份有限公司	656
	浙江省国家贸易集团有限公司	583
	杭州市实业投资集团有限公司	550
	杭州海康威视数字技术股份有限公司	498
	杭州娃哈哈集团有限公司	468
	浙江富冶集团有限公司	430
	富通集团有限公司	401
	浙江昆仑控股集团有限公司	323

数据来源：中国企业联合会、中国企业家协会。

不管是数量还是体量，成都本土的头部企业都全面落败于南京和杭州。按理说，本土经济矮人一等，GDP 也会相对弱一点，可事实恰好相反。2019 年成都的 GDP 比杭州、南京分别高出 1640 亿元、2983 亿元，排名全国第七。

为什么会出现如此诡异的一面？因为成都的外来经济更强。从英特尔到吉利,从马士基到京东方,成都总是能够凭着接轨沿海地区的营商环境,从众多强二线城市当中虎口夺食,赢得一次又一次产业争夺战的胜利。相关的媒体报道有很多,最鲜明的一个案例就是2020年期间成都率先允许临时占道经营,保障了近8万人就业。最后自下而上,推动了全国性的地摊经济运动。

成都与其他内陆城市的分野,其实就是开放思维与城墙思维的区别。在这方面,成都可以说是一个深藏内陆的"沿海"城市。这种公务员队伍"服务员化"的沿海特质,推动成都一步步走向中国的"第二总部收割机"。

而每一个巨头的落地,本身就是本土营商环境的成功营销。成都借此可以招引更多产业内分工的企业落户,快速形成产业集群。以汽车行业为例,1997年重庆挂牌成立直辖市时,带走近八成汽车(摩托车)产值,如国企长安、民企力帆就划入了重庆,几乎掏空了四川汽车工业。

截至2010年,成都的汽车产量仅有9.4万辆,不及重庆的6%(见表2-6)。随后成都用了短短九年时间,就包揽了大众、丰田、吉利、沃尔沃等11家外来整车企业,一跃成为中国的汽车重镇之一。

2019年成都生产了102.6万辆汽车,产量已相当于重庆的74%[①](见表2-6)。而且相较于重庆,"成都造"的汽车档次更高。

表2-6 成都与重庆汽车产量对比

单位:万辆

年份	成都汽车产量	重庆汽车产量
2010	9.4	161.6
2011	18.2	172.2
2012	39.2	184.5

---

① 此后成都汽车产量口径有所调整,2020年、2021年汽车产量分别为60.5万辆、62.6万辆。与此同时,重庆汽车产量则有所回升,2020年、2021年分别为158万辆、199.8万辆。按照调整后的新口径,2021年成都汽车产量约为重庆的31.3%。

（续表）

年份	成都汽车产量	重庆汽车产量
2013	75.9	215.1
2014	93.4	262.9
2015	92.8	304.5
2016	115.4	315.6
2017	133.0	299.8
2018	128.8	205.0
2019	102.6	138.3

数据来源：各地统计局。

在 2020 年 3 月之前，"重庆造"汽车单车均价才 8 万元。国际豪华汽车品牌林肯落户重庆并投产之后，"重庆造"汽车单车均价才终于历史性地突破 10 万元大关。

因此，在前两年消费分化的浪潮中，重庆汽车产业遭受了比成都更大的重创。力帆变卖资产求生，北汽银翔汽车停工待产、长安汽车销量骤降……

04

一座城市的天花板的高度，取决于它是不是门户城市，以及是什么等级的门户城市。等级越高，所汇集的贸易、金融和人流也就越多。

重庆是连接四川盆地与长江出海口的门户城市，本质上是"内—内"要素流动的控制中枢。所以，它注定只是中国的二线城市。而香港、上海是连接中国跟世界的门户城市，属于"内—外"要素流动的枢纽节点，便有资格跃升为全球一流城市。

过去这么多年，西部地区一直追不上东部沿海地区，一个很重要的原因就是成都、重庆、西安等重要城市不沿海，不沿边，十分依赖上海等跳板来融入全球贸易和产业链条当中。

换句话说，成都、重庆这类腹地城市，永远都是沿海中心城市的影子。经济从属关系决定了两者的强弱。

地理位置是不可变更的，所以这看上去像是一个无解的问题。不过，近来事情正悄悄发生着变化：中央和地方政府正在展开一个雄心勃勃的计划，想要把西部打造成亚欧板块的贸易中心。一旦成功，内陆地区将"沿海化"。①

第一，连接欧洲的大陆桥打通了。

自加入世贸组织之后，沿海的劳动力成本快速攀升，远在深圳的郭台铭寻思着生产线西迁的可能性，但前提是能否有可行的中国—欧洲的铁路运输方案，方便从西部直接出口。

在鸿海集团负责物流战略的罗纳德·克莱维特，想起了第一座欧亚大陆桥。2008年，在克莱维特将信将疑的目光下，一趟载着富士康产品的测试班列，从深圳静悄悄地出发了。②它一路向北，取道蒙古和俄罗斯直至东欧，没有引起任何人的注意。除了额外的过境入关检查之外，线路运行良好。

一贯低调的鸿海，甚至连新闻发布会都没有召开，外界无从知晓，这趟普普通通的列车，即将改变中国的地缘格局。

一年后，克莱维特转投美国巨头惠普。惠普想把生产线迁至重庆，但面临一个巨大的困难，即江北国际机场无法支撑庞大的货运容量，而重庆距离出海口将近2000千米，按传统海运模式意味着长达数月的消耗。此时最好的方式就是像深圳富士康一样，打通中欧间的铁路运输。

克莱维特考察过中国—哈萨克斯坦—乌克兰—捷克斯洛伐克的西行铁路路线，隐约觉得可行。他与重庆政府官员一行人，举着地图大致画出了一条从重庆至德国的线路。随后，两边就分头行动了起来。

惠普向外出击，从哈萨克斯坦阿斯坦纳到俄罗斯莫斯科，从基层

---

① 李瑞雪：《内陆城市"沿海化"：中欧班列的战略意义》，载《大陆桥视野》2018年第5期。
② 单靖、张乔楠：《中欧班列：全球供应链变革的试验场》，中信出版集团2019年版，第25页。

到中央，不厌其烦地介绍这个天方夜谭式的方案，寻求沿线每一个节点的支持。重庆对内疏通，向海关总署和原铁道部提出请求，希望能开行重庆至欧洲的"五定班列"。

2011年3月19日，首趟"渝新欧"班列运载着惠普电子产品从重庆出发，历经16天抵达德国杜伊斯堡。人类第二条欧亚大陆桥，就此横空出世。

随后在"一带一路"倡议的加持下，中欧班列越发成熟，定班定时，直通免检。这个历史性的创举，让西部多出了一条摆脱海运依赖的新途径。

放在十几年前，这条欧亚大陆桥是不可想象的。因为铁路运输到欧洲虽然比海运快上一倍，但是成本也更高，只有较高附加值的产品才负担得起。所以，中欧班列其实也是内陆产业升级下应运而生的一个产物。

第二，连接东南亚的大陆桥即将打通。

中越铁路有变相的通道，中老铁路2021年已经开通，为铁路直达新加坡创造了条件，中缅铁路还在紧锣密鼓地勘探地段。长远来看，中南半岛将通过泛亚铁路跟中国连为一体。

在全球产业转移的第四次大浪潮中，越南、泰国、马来西亚等国慢慢摆脱了农耕经济，成为中国和西方发达国家的加工厂。

当地出口欧洲的货物，不再纯粹是初级农产品，而是出现了一部分具有较高附加值的工业制造品，开始要求较快的运输速度。

目前，这些产品的体量还是比较小的，经常撑不起一个完整的班列。一趟火车至少有40个集装箱，但有时候一个批次就几个集装箱的货。所以，中南半岛的产品只要对时效性有要求，但又负担不起十倍于海运的航空运输成本，就必须来到中国进行集拼中转，与内陆的集装箱上同一趟列车发到欧洲。

那么，谁是最合适的货物集散中心？答案就是西部地区的成都、重庆和西安。

如今，内陆除西藏、海南外，绝大多数省市都开行了中欧班列。其中西安、成都、重庆、义乌是数量最多的，2020年分别是3700列、2800列、2177列、1399列。

2020年，成渝两地中欧班列开行数量近5000列，历年累计开行量达14000列，占我国中欧班列开行总量的40%以上，开行线路可通达欧洲百余个城市。

日行一班的常态化运营，高频率运营，意味着运输通道的稳定预期，可以吸引周边省市的产品来此周转，为更大范围的跨境货运集散打下基础。

早在2018年，韩国LG集团就在越南运了八个集装箱的电子产品，经铁路到成都进行国际铁路中转，最终运往欧洲，媒体惊呼"全线铁路通道测试成功"。

当然，泛亚铁路不是一朝一夕就能建成的。所以中央也推出了一个代替型的通道，叫作陆海新通道，推动东南亚的产品，先通过一段海运送达广西北部湾港口群，再通过铁海联运的方式，北上成都、重庆中转。

未来伴随着中国制造业从低端到中高端的进一步攀升，以及东南亚经济的快速增长，这条横跨欧亚大陆桥的流量肯定会越来越高。

第三，连接东北亚的通道也顺畅了。

除了南向通道之外，成都也不遗余力地打通东向通道，去争抢日韩的货流。通过与上海、宁波、日照等东部沿海地区签订合作协议，吸引了日韩等过境箱源，经铁海联运的方式发送至成都，并直接对接蓉欧班列运往欧洲。以往日韩货物要35~40天才能海运到欧洲，如今通过中欧班列只需要20天左右。

所以，不管是欧洲、东南亚还是日韩的企业，都可以通过四向班列在成都中转，成都一跃成为欧洲、俄蒙、东盟以及日韩四者之间的

"十字枢纽"。

2013年进出成都国际铁路港的货值还不足百亿元，2020年已达1507亿元，增长了十几倍。其中，2/3的货源来自四川本地，1/3来自外地。

近至云贵川，远至国外的货物，都能在成都进行集聚中转，成都作为欧亚大陆贸易中心门户，雏形已现，它自己就是一个"沿海化"的超级无水港。

当前，在进出欧洲方面，中欧班列承担的角色已经比海运还重要。早在2017年，川渝进出欧洲方向的货物中，航空货值比例稳定在50%左右。海运货值占比则由43%跌到24%，中欧班列从无到有，货值占比提升至22%以上，跟海运平分秋色。目前这个数据还要更高。

也就是说，海权时代的游戏规则在成都身上衰落了，成都不一定非得东向到长江出海口中转了。这是火车对轮船，铁路对航道的反向冲击。

交通方式的大变革，往往会引起颠覆性的化学反应。1850年，路透社创办于德国亚琛，一开始是用信鸽来传递金融新闻。得知一年后，横贯英法海峡的海底电缆会投入使用，路透社就马不停蹄地把总部搬到了伦敦。因为当时的伦敦，是全世界电报通信枢纽中的枢纽。站在巨人的肩膀上，路透社可以将快讯发送到千里之外的证券交易所、银行、股票经纪人、贸易商。它喊出了一句口号，叫作"跟着电缆走"。

如今，成都正逐渐摆脱对沿海港口城市的单一依赖，站在全球贸易和产业分工的前沿，这也会帮助它汇集更多的金融、信息和人流。

很多海内外巨头，如阿里巴巴、苏宁云商等企业，因为看好成都中欧班列持续释放的通道红利纷纷落户成都。

2019年年底，康佳将欧洲业务中心放到深居内陆的成都，并建立了一个智能终端出口生产基地，从这里进军欧洲市场。

原先TCL的成都工厂是内销生产基地，蓉欧快铁开通后，立地转化为外销基地，并将公司 80% 的欧洲订单从总部广东惠州转移至成都，把成都打造为最大的生产加工基地。截至 2020 年，TCL 通过成都中欧班列发运 12528 个货柜。

伴随着通道的持续深化，未来的产业集聚效应将会更加突出。这对成都来说无疑是如虎添翼，从血肉到骨架，从营商软环境到基建硬环境，进一步坐实了成都"沿海城市"的地位。

在以往的认知中，我们总觉得海洋是一个地方晋升为全球城市的必要支点。像美国最繁华的城市群基本跟海岸线有关系，金融中心坐落于东海岸，科技中心在西海岸，能源中心休斯敦在墨西哥湾。

成都模式无疑颠覆了我们的传统认知。这座城市，为中国内陆的崛起提供了一条充满想象力的新路径。

05

2020 年 5 月，中央发布了《关于新时代推进西部大开发形成新格局的指导意见》（下文简称《指导意见》），时隔 20 多年，再次打响了新一轮的"西富"运动。

细读这份全文达一万多字的重磅文件，不得不感慨中央真的是诚意满满！不管是在土地政策、财政政策还是税收政策上，都非常明显地倾斜向了西部：

西部贫困地区企业首次公开发行上市、新三板挂牌、发行债券、并购重组等适用绿色通道政策；

中央财政在一般性转移支付和各领域专项转移支付分配中，继续通过加大资金分配系数、提高补助标准或降低地方财政投入比例等方式，对西部地区实行差别化补助，加大倾斜支持力度；

对西部地区鼓励类产业项目在投资总额内进口的自用设备，在政策规定范围内免征关税；

支持在西部地区建设无水港；

支持西部地区按程序申请设立海关特殊监管区域，支持区域内企业开展委内加工业务；

加快内陆开放型经济试验区建设，研究在内陆地区增设国家一类口岸；

考虑西部地区普遍财力较为薄弱的实际，加大地方政府债券对基础设施建设的支持力度，将中央财政一般性转移支付收入纳入地方政府财政承受能力计算范畴；

提高西部地区直接融资比例，支持符合条件的企业在境内外发行上市融资、再融资，通过发行公司信用类债券、资产证券化产品融资；

……

政策红利很多，其中有一个点特别重要，就是税收。通常来说，中国的企业所得税是按25%征收。自2000年中国吹响西部大开发的号角之后，国家就赋予了西部地区税收优惠。

只要把公司注册在西部，做的是西部地区鼓励类产业，且主营业务收入占企业收入的总额达到一定程度以上，就可以按15%的税率征收企业所得税。单这一项一年就可以节省很多成本。

该项优惠政策以十年为期，中间延续过一次，所以原本到2020年12月31日就该截止了。如今，《指导意见》提出"对设在西部地区的鼓励类产业企业所得税优惠等政策到期后继续执行"。这就意味着，西部享受税收上的实质性利好，前后至少将长达三十年。

沿海的公司想要获得同等的企业所得税优惠，就必须成为国家高新技术企业，而西部根本就不用戴上这个帽子。只要属于国家发展方向，符合中国产业结构调整指导目录①，但凡上点规模的企业，到了西部就很容易享受到税收优惠，而不用管是不是国家高新技术企业。

相比沿海地区，西部享受企业所得税优惠的边界真的广泛太多了。比如在陕西省做音乐艺术及技能培训，在云南省开办花卉和观赏苗木培育公司，在广西开办蔗渣等副产品综合利用机构，在四川成立公路旅客运输企业，在甘肃建立葡萄种植与酿造基地，都能按 15% 征收企业所得税。

但对大多数沿海地区来说，这些根本算不上有科技含量。这就是赤裸裸的照顾！成都之所以能成为第二总部收割机，15% 的企业所得税优惠政策同样不可或缺。搭配上良好的营商环境，成都才能如虎添翼，虹吸海内外巨头落户。

未来成都在招商引资的时候，税收优惠仍旧是一大杀器。搭上新一轮的"西富"运动，成都或许又要腾飞了。

06

其实，西部的企业所得税优惠政策至少还会再延续十年，这是很耐人寻味的。自 2013 年在上海启动第一个自贸区后，中央就一直在强调不搞政策洼地，只建"改革高地"。

这样做主要是基于以下担忧：一些没有拿到政策红利的地方，可能会为了打赢产业争夺战，变相出台各类本土税收减免政策，最终侵蚀了国家税基，影响了中央的宏观调控。

此外，部分省市成为政策洼地，或使其他省市区心理失衡，导致各地争相"跑部钱进"，中央与地方之间不断博弈，加大了内部交易

---

① 这个范围特别广，涵盖了农林业、水利、汽车、煤炭、电力、新能源、钢铁、有色金属、石化化工、建材、医药、机械、船舶、航空、轻工、纺织、建筑、信息产业、物流、金融服务、科技服务、旅游业、邮政业、教文卫体等。

成本。所以，中央对于区域优惠一直很慎重，更愿意突出产业优惠和全行业优惠，这样每个地方都有潜在机会雨露均沾。

按道理说，区域优惠是会慢慢淡化并退出历史舞台的。在启动新一轮西部大开发之前，就有不少企业担忧15%的所得税优惠是否会取消，恢复到25%的正常水平。

但是这一次，西部12个省市区又再次拿到了"免死金牌"。不仅如此，主营业务收入占企业收入总额70%以上的主体要求，还直接降到了60%，进一步降低了入围门槛。不排除未来在少数西部城市中，享受优惠的企业户数会出现成倍增长。

真的是史无前例！中央对西部大开发是下定了决心的，是一定要把西部扶持起来的。

为何中央不惜为西部一再打破纪录？当前，印度、越南、泰国等后发国家正在日渐崛起，那里有比西部地区更加低廉的劳动力和土地。有些地区甚至有着西部梦寐以求的港口资源，可以无缝接入世界经济的大循环当中。加之美国和日本呼吁制造业回流，以及贸易摩擦下关税加征，也让一些企业家有了转移到第三国避战的冲动。

所以，不少沿海的工厂并不是从东部转移到西部，而是直接出了国门。再这样下去，很多流水线就会从中国的土地上流失，造成中国"过剩产业消失，新兴产业未起"的经济断档！

整个大西部如果没有特殊的政策优惠，其在招商引资时可以说并不具有绝对竞争力。产业在梯度转移时，会对偏远的西部产生畏惧感。

赋予所得税优惠，有利于大西部弥补自身的区位弱势，参与全球产业争夺战。按照"资源劳动密集型产业——资本密集型产业——技术密集型产业"的产业梯度转移顺序，将沿海的制造业更多地留在大后方，遏制住中国制造业的空心化。

伴随着产业崛起，西部才能创造出更多的社会财富，提高人均收入，帮助中国构建以国内大循环为主体的新发展格局。

福州，历史转折中的台湾海峡

台湾海峡或许会迎来特殊的历史进程。

第二次世界大战前后，日本曾推出惊世骇俗的"弹丸列车计划"。日本研制像子弹一样快的高速列车，并幻想穿越对马海峡，修建一条200千米长的海底隧道到韩国，将孤悬海外的日本岛与东亚大陆连接起来，实现东京直达北平。后来帝国主义的灰飞烟灭，让这个耸人听闻的设想一夜梦碎。

近百年过去了，一个新版本的"弹丸列车计划"横空出世，而其主角，正是长期被遗忘的中国省会城市——福州。

从世界工厂广东到装备制造业基地辽宁，中国东部沿海一万多千米的海岸线上，基本上只要是省会城市，就都拥有超然的"副省级"地位，而福建省是少有的缺口之一。

为了打破这种尴尬，福州历史上曾三次递交升格为副省级市的申请，可三次都石沉大海。这导致福州成为全国唯一省内有城市比自己行政级别更高的省会。①

这种匪夷所思的格局，让横跨数省的海峡西岸经济区，自始至终都缺少一个中心。整个福建陷入了厦、泉、福长达数十年的"三足鼎立"局面。

论名气和影响力，福州不如厦门。论人口和经济总量，福州长期

---

① 中国的副省级城市共有15个，包括宁波、青岛、大连、深圳、厦门、杭州、武汉、沈阳、长春、哈尔滨、南京、济南、广州、成都、西安。

不如泉州。不过，十几年前，福州在中央的部署下已悄悄实施一个大胆的工程——"再造一个厦门"。

借助新版本的"弹丸列车计划"，福州有望从亚洲的边缘变成舞台的中心。

虽然只是一个普通地级市，但是它的战略价值已超过了济南、长春等副省级城市，有一定机会在未来的亚太经济圈扮演非常重要的角色。

福州，正步入历史上的三峡。

01

在理解福建版图巨变之前，我们可能需要先揭开台湾海峡西岸存在着的几个巨大谜题。

第一个谜题，为什么福州的房价能长期盘踞全国前十？

早在 2010 年，福州的房价就率先迈入万元时代，位列全国第七名，仅次于四大一线城市以及杭州、厦门。但是同年福州的 GDP 排在全国三十名开外，水平并不高。

时至今日，福州的房价仍能徘徊在十名上下，这简直不可思议。福州人的收入非常低，2020 年，福州的城乡全体居民可支配收入为 40464 元，排在全国第 45 名，比马鞍山、嘉峪关、湖州这些中小城市还要低，仅为第十名无锡的 70%（见表 2-7）。

表 2-7 2020 年城乡全体居民可支配收入 50 强

单位：元

排序	城市	全体居民可支配收入	排序	城市	全体居民可支配收入
1	上海市	72232	26	镇江市	46180
2	北京市	69434	27	包头市	45879
3	深圳市	64878	28	乌海市	45133

(续表)

排序	城市	全体居民可支配收入	排序	城市	全体居民可支配收入
4	广州市	63289	29	武汉市	44815
5	苏州市	62582	30	天津市	43854
6	杭州市	61879	31	三沙市	43726
7	南京市	60606	32	嘉峪关市	43389
8	宁波市	59952	33	济南市	43056
9	厦门市	58140	34	南通市	42608
10	无锡市	57589	35	马鞍山市	42392
11	绍兴市	56600	36	鄂尔多斯市	42374
12	东莞市	56533	37	东营市	42204
13	佛山市	56244	38	成都市	42075
14	珠海市	55936	39	沈阳市	41973
15	舟山市	55830	40	大连市	41880
16	嘉兴市	54667	41	合肥市	41619
17	温州市	54025	42	乌鲁木齐市	41368
18	中山市	52754	43	威海市	41137
19	常州市	52080	44	泉州市	40772
20	湖州市	51800	45	福州市	40464
21	长沙市	51478	46	惠州市	39745
22	台州市	50643	47	泰州市	39701
23	金华市	50580	48	阿拉善盟	39518
24	青岛市	47156	49	南昌市	39427
25	克拉玛依市	46963	50	烟台市	39306

数据来源：国家及各地统计局。

收入低，房价却贵到离谱，你不觉得这很诡异吗？

第二个谜题，为什么福州的产业结构远远落后于厦门？

1980年，厦门晋升为特区，福州1984年入选第一批沿海开放城市，享受特区某些特殊政策，两者的起步时间其实是差不多的。但经过几十年的演变，两者形成了迥异的产业结构。

2018年，福州的纺织化纤产业完成规模以上工业总产值2812亿元，轻工食品产业完成规模以上工业总产值1870亿元，机械制造产业完成规模以上工业总产值1580亿元，电子信息产业完成规模以上工业总产值1378亿元，冶金建材产业完成规模以上工业总产值1117亿元，能源产业完成规模以上工业总产值797亿元，石油化工产业完成规模以上工业总产值393亿元。

堂堂一个省会城市，第二大支柱产业竟然是轻工食品。而最大的产业，同时也是福州首个超2000亿元的产业集群则是纺织化纤。两大支柱产业合计4682亿元，占全市规模以上工业总产值的48%。

而厦门2018年电子信息产业完成规模以上工业总产值2520亿元，是福州的近两倍；机械行业完成规模以上工业总产值1923亿元；新材料产业完成规模以上工业总产值888亿元；生物医药与健康产业完成规模以上工业总产值589亿元；半导体和集成电路产业完成规模以上工业总产值417亿元。

作为最大的两个支柱产业，电子信息产业和机械产业合计4443亿元，占厦门全市规模以上工业总产值的69.5%，而其他战略性新兴产业也有不俗的表现。

为什么外界普遍觉得厦门比福州发达？其根源就在这里。当福州在为纱锭长丝产量问鼎天下感到骄傲时，厦门在忙着吞吐平板显示器和芯片，跟摩尔定律打交道。

尽管经过四十多年的改革发展，福州形成了近1万亿元的工业总产值，但这种大而不强的制造业，使得福州在国家发展大局中存在感一直不强，以至于经常有人误以为，厦门才是福建省的省会。

同样的起跑时间，同样都是与台湾隔海相望的有着地缘优势的城市，为什么福州没有移植到台湾的电子信息产业，反而让纺织化纤、轻工食品这种听起来有点低端的产业成了其最大的支柱产业？

02

第三个谜题，为什么从中央到省市，都在拼命往一个小岛砸钱？

有个边远落后的省级贫困县：无任何矿产资源；偏离任何经济走廊的主轴，处于交通末梢；淡水和电力资源非常匮乏，需要外部调入支援，电价要比其他地方贵一倍；人口仅有30万，主要靠渔业为生；生态环境还特别恶劣，每年7级以上大风超过200天，是世界三大风口之一，"狂风过处风沙起，一夜沙埋十八村"，到了冬天，村民连家里的锅都不敢揭。

按理说，这样的不毛之地，任何重大投资都应该绕道而走才对。不，福州平潭专治各种不服。

历史上，关于谁是中国第一牛县曾经众说纷纭。有人推崇江苏昆山，作为全球光电产业高地，昆山一感冒，全球都要打喷嚏。由于制造业极其发达，昆山的GDP高达4276亿元，超过全球63%的国家。

也有人认为是浙江义乌，作为全球最大的小商品集散中心，只要有人的地方，就有义乌的小商品。由于掌控了财富的流动，这里也是中国豪车最密集的地方之一。

还有人说是海南陵水县，作为全国房价最高的县城，这里二手房均价3.49万元/平方米。不管你在北上广多么傲气，陵水分分钟教你做人。

其实，争得这么激烈，都是因为没有碰见平潭。在我眼里，它就是中国第一大县。虽然平潭经济上不怎么样，但要是从政治的角度看，恐怕就没有比它更顶级的了。

据《人民日报》（海外版）报道，过去来访平潭的官员，连处级干部的身影都罕见。但是自2010年起，短短两年内平潭就迎来了20位党和国家领导人、130多位副部级以上的干部，还有国家发改委等30多个中央部委入岛调研。

2014年，这个在中国经济版图上可有可无的县城，被纳入了全国第二批自贸区试点,时间顺序上仅次于上海,而同期全是天津、深圳、广州以及珠海这样的一、二线城市。

这样的规格史无前例!伴随着中央的高度关注,各种超级工程从天而降。可供 10 万吨级集装箱船停靠的港口、计划填海造陆投资 30 亿元的海上机场、占地 21 个足球场大的高铁站、国际邮轮码头、地铁、大桥……这些高等级的基础设施要么已拔地而起,要么在来的路上。①

一夜之间,平潭彻底脱胎换骨。从一个遗世独立的小岛,变成了准海陆空立体交通的超级热土。

其中,最复杂的工程莫过于 2013 年动工的平潭海峡公铁大桥。作为中国首座跨海公铁两用桥,它的建设难度前所未有,超过了杭州湾大桥、胶州湾大桥和港珠澳大桥。这不仅仅是因为它是世界上最长的跨海峡公铁两用大桥,还因为这里所处的位置,是与百慕大、好望角齐名的世界三大风口海域之一。

海坛海峡每年 6 级以上大风超过 300 天,7 级以上大风超过 200 天,简直就是建桥禁区。但是,中国愣是投入 147 亿元,用掉 124 万吨钢,294 万方混凝土,突破了这一片魔鬼海域,使得平潭一跃接入了首都北京的"始发终到"高铁网。

根据智谷趋势的统计,2011—2020 年十年间,平潭的固定资产投资总额高达 3842.9 亿元,平均一天一个亿。这是什么概念?同期福建省的地方一般公共预算收入为 24903 亿元,平潭的固定资产投资总额占比可达到 15%(见表 2-8)。

表 2-8　2011—2020 年平潭固定资产投资额与福建省地方一般公共预算收入情况

单位:亿元

年份	平潭固定资产投资额	福建省地方一般公共预算收入	占比
2011	193.5	1501	13%

① 据说,今天平潭的下水道工程能够开进卡车。

(续表)

年份	平潭固定资产投资额	福建省地方一般公共预算收入	占比
2012	334.4	1776	19%
2013	337.5	2119	16%
2014	275.9	2362	12%
2015	345.2	2544	14%
2016	396.8	2654	15%
2017	464.8	2809	17%
2018	511.7	3007	17%
2019	519.9	3052	17%
2020	463.2	3079	15%
总和	3842.9	24903	15%

数据来源：平潭历年统计公报、福建省财政厅。

这样的投资力度，或许只有当年的深圳和现今的雄安可以比拟了。那么，这里到底藏着什么样的雄心蓝图，让国家不计一切代价地投入？

03

上述谜题盘旋在福建的上空很久了。看似隔着十万八千里，实则彼此关系交错。解开它们，就等于拿到了一把打开福建的钥匙。

先回答第一个问题，为什么福州的房价能够长期盘踞全国前十？

首先，这跟福州特殊的地形有关。福州地貌属于典型的河口盆地，周边全是山……山地丘陵占了全区土地总面积的72%，只有中间和沿海一小块平原。人多地少的失衡关系，导致房价高昂。

其次，福州的房价并不单单由本地人决定。全球其实有两个福州，从宋元时期的海上丝绸之路开始，福州就有移民传统；改革开放以来，福州人的出国潮更是澎湃。

坊间流传，"日本怕福清，台湾怕平潭，美国怕亭江，英国怕长乐，全世界怕福建"，说的就是福州人的劳务输出。2021年中新社有篇报道指出，福州的海外华侨华人多达300余万人，这绝对是全国前十大侨乡。

当中西部人口蜂拥至沿海地区打工时，大量福州人漂洋过海到国外去打工，造就了一大批新侨。他们省吃俭用，将赚到的钱源源不断地汇给国内的亲人。比如2003年，仅通过有关金融机构流入长乐区的外汇就达到4.46亿美元，每天平均120多万美元，这还不包括邮政、私人等其他的渠道。

不过，这些热钱回到福州之后，更多的并不是进入投资领域而是进入消费领域。要知道，留守在国内的家人普遍缺乏经商、开厂的经验，要找到生产性投资的途径其实挺难的。①

而且，福建人衣锦还乡、光宗耀祖的文化特别浓厚，这就导致大部分"侨汇"进入福州之后多流向了楼市：要么建豪宅，要么买商品房。所以，福州的房地产价格并不完全由本土福州人的收入决定，而是由海内外两个福州共同决定。

从楼市消费力来讲，它的"常住人口"远不止几百万，而是上千万。这些人全涌在巴掌大的福州城内，房价自然就高了。而且，福州人喜欢到日美等发达国家打工，这些地方的工资长期高于国内数倍，汇入福州，就等于将福州的楼市购买力逼向一线城市。

举个例子，2007年，作为县级市的福清，每年的海外侨汇高达200亿元人民币。一个福清人在日本打工一年，平均能汇回15万元人民币。

这是一个什么概念？当时福清本地在岗职工平均每个月的工资也就两千元，一年能存下万元左右就算不错了，与侨汇差距十多倍。

侨汇大量涌入的结局就是二线的福州拥有一线城市的房价。

---

① 林善炜：《福建侨乡民间资本发展问题探析》，载《福州党校学报》2005年第1期。

04

第二个谜题,为什么福州产业落后于厦门?

先来看福州。改革开放初期,福州的基础是非常薄弱的,因为过去它长期处于海防前线,政府的重点投资项目极少。直至1997年,整个福建省才仅有一条出省铁路。可以想象,无缘"宠爱"的福州有多么落寞。

当财大气粗的央企们纷纷涌入宁波,自上而下托起一条连绵20多千米的化工产业带时,福州只能自力更生,苦苦奔波。想要从农业经济转向工业经济,应该选择什么先导产业呢?答案一定是靠山吃山,靠海吃海。

比如,福州有丰富的水产资源,那就可以发展远洋捕捞、近海养殖,水产品加工,发展轻工食品。

又比如,福州有充沛的廉价劳动力,那就发展最初级的产业——纺织业。作为草根经济的代表,这种低端产业不需要任何技术和庞大资本就能搞起来。

于是,福州冒出了很多家庭手工作坊。经过多年的栉风沐雨,它们逐渐演变成了恒申集团、长源纺织、金源纺织等巨头。福州长乐也成了全国最大的锦纶民用丝、经编花边面料及化纤混纺纱生产基地,其产能分别占到全国的1/3、3/5和1/2。

等到完成原始积累之后,福州又开始向上游原材料的供应端化学纤维制造业进军,从劳动密集型产业变为资本密集型产业。由此,纺织化纤、轻工食品就奠定了其在福州产业支柱的地位。这是时代的选择,也是历史的无奈。

正如前文所述,福州是中国著名的侨乡。"侨"在福州的历史进程中,一直扮演着非常重要的角色。除了寄回侨汇影响楼市之外,那些在海外耕耘多年,有雄厚实力的侨胞(尤其是老侨)也会直接回故乡投资，深刻影响福州的经济发展。

据不完全统计，改革开放以来，共有约4000家侨资企业落户在福州。福州累计利用外资约327亿美元，其中侨资占七成以上。不过，这些侨资主要来自印度尼西亚、马来西亚等东南亚国家。

而东南亚的产业处于工业化前期，半农半工的色彩比较浓厚，以吃穿住行为主，属于劳动密集型，科技含量不高。所以，侨资进入福州后，很多是投资在轻工食品、冶金建材、纺织服装等行业，对高端价值链环节的投入不多（见表2-9）。

表2-9 福州部分侨资企业

名称
福建名味食品有限公司
闽清启源大酒店有限公司
闽侯闽兴编织品有限公司
福建顺邦集团
福州永顺达体育发展有限公司
福建恒达建材有限公司
福建白岩矿泉水有限公司
福建省闽清顺发养殖有限公司
宏东渔业股份有限公司
福建省新魁强禽业发展有限公司
福州市新聚丰食品发展有限公司
福建坤兴海洋股份有限公司
福建磊丰家居集团
福州开发区正泰纺织有限公司
福州福胜春茶业有限公司
福建元泰茶业有限公司
福建闽威科技股份有限公司
福建省博那德真木房屋有限公司

数据来源：根据公开资料整理。

外来侨资与本土民资同频共振，巩固了这几个产业的优势地位，最后它们便成了福州的重点支柱产业。

05

我们再来看厦门。20世纪70年代末，中央准备在全国选址几个经济特区的时候，福建其实推荐了两个地方，一个是福州琅岐岛，一个是厦门岛。前者位于闽江出海口，是一个距离市区30千米的荒滩孤岛，基础设施条件十分薄弱。

或许是出于省会城市的本位主义，福建尤其主张在琅岐岛搞出口特区，把它放到了优先考虑的地位①，甚至还与香港一家集团达成合作协议，让其整体开发琅岐岛。不过该方案被中央否决了。

福州是闽东语系，而厦门与台湾同属闽南语系，语言相同，距离金门县更是仅有区区数千米。在厦门建设特区，更有利于吸引对岸的资金和技术。事实证明，厦门在吸引台资方面确实做得还不错。

20世纪80年代初期，由于新台币升值、本土劳动力成本上升等诸多因素，台湾岛内产业寻求向外转移。当时台商来厦门投资，还不敢大张旗鼓。等到1987年台湾当局解除了戒严令，厦门才开始进入一个以台商投资为主，外向型经济迅速发展的阶段。多威电子、信华科技、友达光电、达运精密、冠捷科技、宸鸿科技、宸美光电、玉晶光电、旗胜科技、联芯、星宸等陆续落户。截至2021年6月，厦门累计批准台资项目8645个，合同利用台资193.8亿美元，实际利用台资116.7亿美元约占全国台资的16%，以及厦门实际利用外资的1/3。

台湾的百大企业，至少有20家在厦门投资落地。台企的工业产值

---

① 钟坚:《大试验：中国经济特区创办始末》，商务印书馆2010年版，第143页。

约占厦门规模以上工业总产值的 1/4，放在十余年前，这个数字还要更夸张，大概可以占到半壁江山。

不同于掉入中等收入陷阱的东南亚，亚洲四小龙的台湾很早就从"雨伞王国""玩具王国"蜕变成了"资讯王国"，在全球电子信息产业链当中享有很高的地位。

作为台资最密集的地区之一，厦门自然也成了电子信息产品制造业的先进城市。以光电显示为例，在友达光电、冠捷科技、宸鸿科技、宸美光电这四家年工业总产值超百亿元的台资巨头的推动下，厦门成了全球最大的 LED 光源类高端产品基地，产量占全球 1/3，出口占全国近 40%。

福州与厦门的差距，其实某种程度上可以说是外资的区别。如果说福州的关键词是侨资，那厦门的关键词则是台资。这是两股完全不同的力量。

06

可能有人会问，福州离台湾这么近，难道就没有吸引过台资进入吗？答案是有，而且还一度辉煌过。

历史上全国第一家台资企业、第一个台湾个体工商户、第一张电子台胞证都诞生在福州。凭借地缘相近，台资企业于 1999 年成为继港澳之后第二大境外投资来源，是福州市一个新的经济增长点。

到 2003 年，福州市累计共批准台商投资项目 1703 项，实际到资 19.38 亿美元，大概占所有外资的 14%。其中，冠捷电子、中华映管、东南汽车公司纳税超过上亿元，是全国 500 大外资企业。当时福州市主要的大企业都是台资企业。

不过，有几个因素制约了台商在福州的进一步投资，导致其集聚速度远远慢于厦门，规模和产业层次也偏低。

第一，福州的政策洼地面积十分有限。

1984 年，厦门经济特区从 2.5 平方千米扩大到全岛共 131 平方千米（包括鼓浪屿）。随后八年里海沧、杏林与集美地区相继被批准设立为台商投资地区。

"特区"范围由岛内延伸到了岛外，扩大到 329 平方千米。在这里投资的台商，可以享受 15% 的企业所得税优惠。①

中央对厦门的厚爱，可见一斑。而福州经济技术开发区 1993 年扩容后也只有 10 平方千米，加上马尾台商投资地区的 1.8 平方千米，福州保税区的 1.8 平方千米，能享受同等税收优惠的"特区"范围总共才 13.6 平方千米，不到厦门的 1/24。

当时国家规定，在沿海经济开放区所在城市的老市区设立的外商企业，满足一定条件后也可以享受税收优惠，虽然福州的实际"特区"面积要大一些，但也大不了多少。

因为福州老市区周边全是崇山峻岭，南北最宽处不足 20 千米。地域狭窄，驻厂困难，可利用的空间并不多。地盘这么小，台资怎么大规模涌入？

第二，台湾是个浅碟子经济体，岛内市场狭小，倒逼许多台商企业形成出口导向型的特色。即便迁移到了福建，也是"台湾接单，大陆生产"的出口模式，对于远洋运输的要求很高。

而福州的港口一开始集中在闽江内河，航道水深有限，仅能乘潮、单向行驶 2 万吨级海轮，严重制约了港口的发展，不少货物要跑到厦、沪等地出口，增加了企业的负担。直至 2002 年年底江阴港投入使用，福州才拥有第一个海港。

不过，随后不管是深水泊位的等级、远洋运输干线的数量还是可挂靠船舶的吨位，福州的发展总是滞后于同时段的厦门。因此，福州

---

① 邵志强：《从总部经济窥探厦门的发展模式》，载《市场论坛》2010 年第 4 期。

对于台资电子企业的吸引力，低于四大国际航运中心之一的厦门。

这从数据上可得到印证。截至 2021 年 6 月，福州市累计实际利用台资 59.65 亿美元，不到厦门的 1/3。

尽管在电子信息产业方面，福州也吸引了捷联电子、华映显示科技、华映光电等平板显示台企，以及福顺微电子、福顺半导体等集成电路台企，但政治劣势与地理短板导致台资流入相对较少，产业链条短。

而厦门相较于福州，延伸电子产业链的速度更快，形成完整配套体系的时间更早。产业集群的存在，反过来又增强了台湾几大光电巨头流入厦门的可能性。

所以，最后呈现的画面就是福州电子信息产业的发展速度，远远慢于侨资助力的纺织化纤和轻工食品。可以说，失去"特区"与"台资"这两张王牌，福州就失去了历史的眷顾。

我们来看一组数据。2018 年厦门、福州、泉州的全口径税收总收入（扣除海关代征）分别为 1159 亿元、1037 亿元、811 亿元[①]，同期厦门、福州、泉州的 GDP 分别为 4791 亿元、8516 亿元、8467 亿元。这意味着，厦门、福州、泉州每创造 1 亿元的 GDP，就分别产生约 2400 万元、1200 万元、950 万元的税收。

厦门的创税能力竟然是福州的两倍！为什么会如此悬殊呢？

第一，福州的产业结构没有厦门那么现代化，劳动密集型产业的比重较大，所以对税收的贡献相对较小。

第二，厦门的总部经济特别发达。

四大经济特区最可怕的地方在于，除了国有银行等少数主体之外，内外资企业均能享受 15% 的企业所得税。不仅外企愿意落户，内资也想来分一杯羹。

---

① 福建省税务学会课题组：《区域经济协同发展的税收竞争与协调》，载《发展研究》2019 年第 9 期。

中国从 2008 年起才开始逐步统一内外商税率，直至 2012 年才完全取消了特殊的税收待遇。也就是说，在长达三十多年的时间里，厦门一直在"开外挂"。加之厦门风景优美，城在海上，海在城中，很多福州、泉州的企业都愿意将总部迁移至此。

比如福建中烟工业公司、中国工艺福建实业有限公司、鸿星尔克、七匹狼、361°等。厦门观音山商务区内，密布着 30 多栋企业总部大楼，来自泉州的民企总部大楼就达 28 栋之多。

总而言之，当初特区花落厦门岛，而不是琅岐岛，就注定了两座城市不同的命运，进而把整个福建推向了"南重北轻"的经济地理格局——以厦门、泉州为代表的闽南经济带，因台资的大量涌入而成为全省经济中心，以福州为代表的闽东经济带发展相对滞后，仅掌控着政治中心。几十年前中央的一个试验，塑造了福建全省的经济版图，奠定了今天海峡西岸的产业格局。

07

福州跟经济特区失之交臂，最后沦为一个没有什么存在感的省会，但历史并不是永恒不变的。从全国来看，平潭的地理位置都是独一无二的。

早在 2004 年，国务院就通过《国家高速公路网规划》，这是中国历史上第一个"终极"的高速公路骨架布局，其中规划了一条从北京到台北的放射线。

2008 年的《中长期铁路网规划（2008 年调整）》中，预留了北京经福州到台湾的铁路通道。

此后，历年的国家交通规划中，京台通道都赫然在目。而福州平潭，便是里头最重要的假想性支点。

这里是祖国大陆距台湾本岛最近的地区，离台湾新竹约 130 千米，而且沿途地质稳定，历史上未发生过超过 7 级的地震。如果真的要修建跨越台湾海峡的高铁或者公路，那么从平潭出发是最经济、最安全的方案。

事实上，国家老早就已经行动起来了。2020 年年底正式通车的平潭海峡公铁大桥，属于京台高铁大陆部分的最后一段铁路——福平铁路。

国家费了那么大劲把高铁修到平潭，去连接这样一个交通末梢的县城不是没有意义的。它的落成意味着我们离台湾又近了 88 千米。所以，台海通道是一定会建的。

放眼全球，这都是梦幻级别的超级工程。从长度看，台海通道超过全世界所有的跨海通道：日本青函隧道全长 53.85 千米，海底部分 23.3 千米；英吉利海峡隧道全长 50.5 千米，海底部分 37.9 千米。

从投资看，它的预算造价超过 3000 亿元人民币，这个价格足以采购 400 多架全球最先进的 F-35 战斗机，再造整个美国空军。虽然听起来有些天方夜谭，但千万不要觉得它遥不可及。

欧洲曾经流传一句话，"英吉利海峡只要起雾，欧洲就被切割"。1802 年，法国工程师马提尔曾经向拿破仑建议修筑一条穿越海底的隧道，后来因战争爆发戛然而止。

1880 年，维多利亚女王由于无法克服晕船，同意了这个工程，两国工人操作钻掘机，各自行动。然而，英国议会对欧洲大陆的恐惧从未消失，在其阻挠下，工程只挖了 2000 米。

第二次世界大战之后，欧洲一体化加速发展。特别是二十世纪七八十年代，英吉利海峡的综合运输量世界第一，每年有 20 万艘船舶，超 100 万辆车辆要通过这片狭小的海域，简直不堪重负，迫使两个宿敌下定决心，携手同行。

1994 年，英法海底隧道在历经 200 年的坎坷之后正式落成。从此，时速 300 千米的欧洲之星以及众多汽车摆渡列车，将英伦三岛和欧洲大陆紧紧联系在一起。伦敦到巴黎缩短到 2 小时 15 分。

在人类的进步下，没有什么海市蜃楼会永远停留在纸面上。平潭，早晚会成为前往台湾的第一站。

08

为迎接这一天的到来，中央提前谋划，把平潭打造成为大陆对台唯一的综合实验区。

2011 年国务院正式批准《平潭综合实验区总体发展规划》后，平潭的开发建设上升为国家战略：全岛封关运作，成为全国面积最大的特殊监管区域。境外进入平潭的生产物资免税，内地的生产物资销往平潭视同出口，实行出口退税。

鼓励性产业按 15% 的税率征收企业所得税。在东部地区，仅有福州平潭、珠海横琴、深圳前海、上海临港、海南自贸港少数几个片区享有，极为罕见。

今日平潭之特殊，犹如昔日之厦门。当地有不少大胆的设想，涉及台湾汽车通行、货币流通方式、台湾媒体落地等方面。简而言之，就是要把平潭打造成为台湾同胞的"第二生活圈"。

前期在经济合作领域，两岸共同规划、共同开发、共同经营、共同管理、共同受益，以后会扩展到社会领域，最后甚至可能延伸到政治领域，使平潭成为名副其实的"特区中的特区"。这些都是在为平潭未来承接台湾产业做准备。

台海通道一旦落地，两岸格局就会重新改写。

第一，台海通道的右侧极有可能落在台湾硅谷新竹。

作为世界级产业中心，2020 年新竹科学园区仅有区区 6.8 平方千米，却以 13.4 万就业人数和 393 家厂商，创造了 2528 亿元人民币的 GDP。亩产值比"宇宙最牛街道办"粤海街道还要高出一倍。

平潭与新竹形成一个半小时生活圈之后,新竹的集成电路、光电、生物科技等高新技术产业有望延伸过来,再重新复制一个福建硅谷。

未来台湾之于平潭,就类似香港之于深圳。香港是如何辐射带动一个小渔村的,台湾同样可以。作为通道起点的平潭乃至福州,有机会成为海峡西岸经济区的新龙头。

第二,台海通道一旦建成,将成为两岸最便捷的"经贸脐带"。

根据台湾"交通部门"的数据,2021年,有1.8万艘直航船舶(见图2-3)往返于两岸,吞吐了259万个标准集装箱(见图2-4)、1.1亿吨货物(见图2-5),体量非常庞大。这还只是海运的方式。

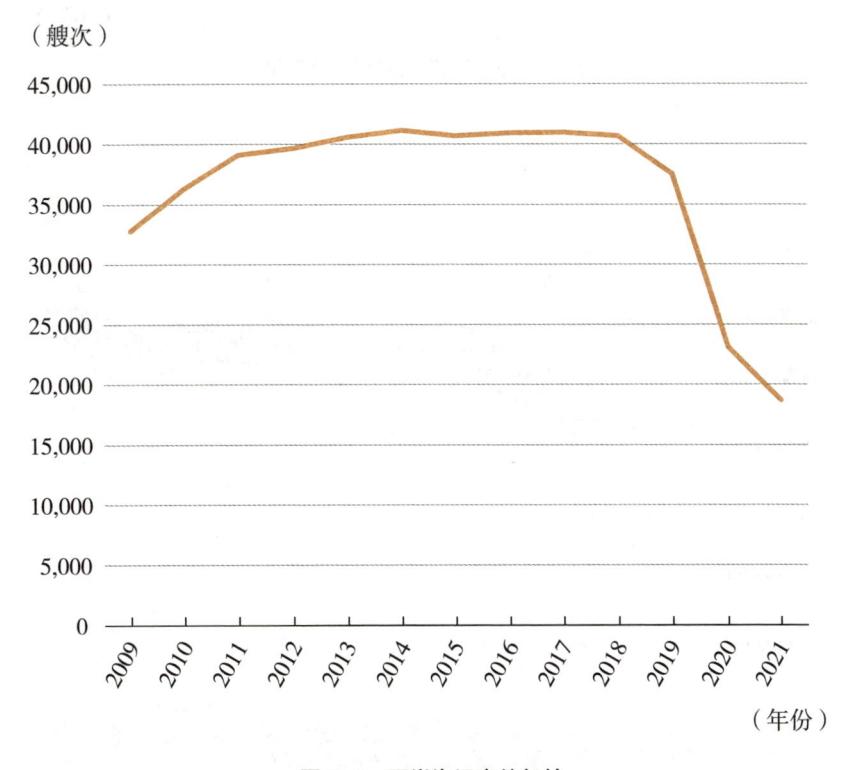

图 2-3　两岸海运直航船舶

数据来源:台湾统计资讯网。

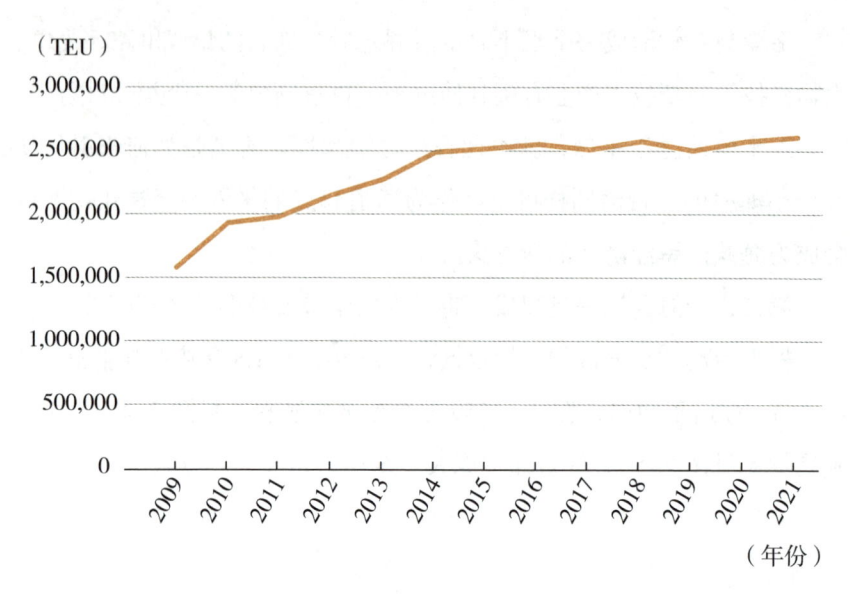

图 2-4　两岸海运直航货柜装卸量

数据来源：台湾统计资讯网。

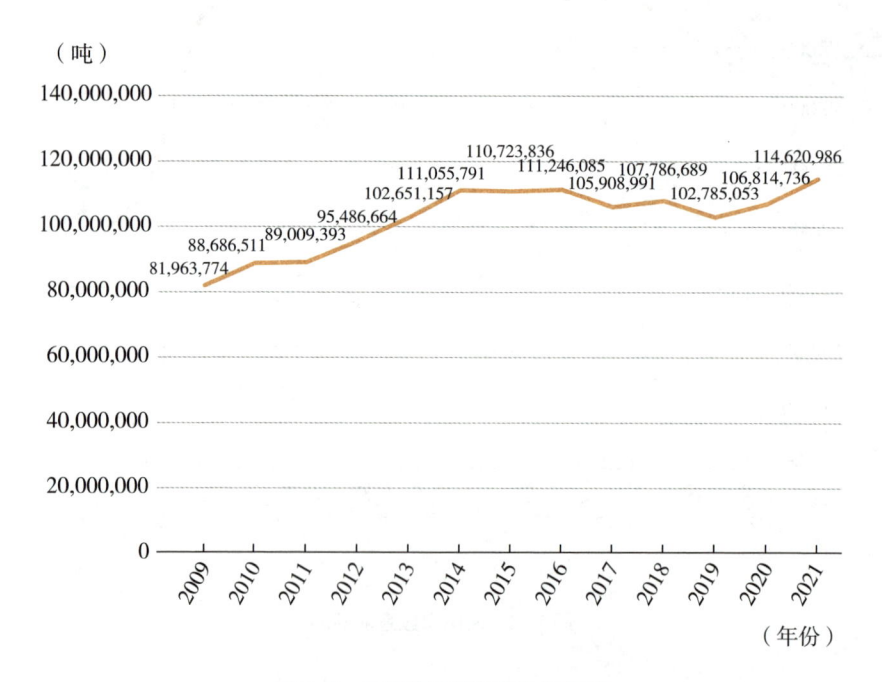

图 2-5　两岸海运直航货物装卸量

数据来源：台湾统计资讯网。

2021年，台湾地区对大陆出口总额达2499亿美元，自大陆进口总额为783亿美元，大陆持续位居台湾地区最大出口市场和最大顺差来源地。

其中，台湾出口最大宗的单一货品是芯片，占了1/3的份额。这些芯片有不少是通过空运的方式来到深圳、上海、厦门、苏州等地的。

台海通道建成后，相信不少货物会改道走铁路/公路运输。福州将一跃成为欧亚大陆与台湾之间的十字路口，就如百年前中东铁路曾经让哈尔滨成为世界的十字路口一样。

当然，台湾的区位条件也将焕然一新。一方面，宝岛台湾可以借助中欧班列接入欧亚大陆桥，直抵发达的欧洲市场，全面融入"一带一路"经济版图。另一方面，台湾还可以通过铁路融入泛亚铁路网，加速与东盟的区域合作一体化。

海峡两岸的国际竞争力有望上升，共同托起亚洲东方一个新的经济支撑点。

09

四十多年前，因为厦金海峡只相隔几千米，厦门受到了历史的垂青，成为四大经济特区之一，一举改变了命运。

如今，随着大国崛起，跨越上百千米的台湾海峡不再是遥远的梦，福州或因为平潭这个实验特区，重演一遍厦门的历史。

当年琅岐岛做不到的事情，由平潭接棒顶上。目前，平潭的体量看上去微不足道，但时任福建省委书记曾说过：我们希望经过20年或更长一点的时间，再造一个厦门。这个设想，或许并非纸上谈兵。不过，它确实也要取决于台海通道的建成时间。

当前，福建省的GDP跟台湾省旗鼓相当，都是四五万亿元的水平，但是在科技方面，福州滞后了好几个档次。像台湾的半导体产业，有全球最先进的芯片代工厂台积电坐镇，整个福建望尘莫及。

我们必须赶在两岸产业极差还没有消失殆尽之前，建好这条跨海大通道，这样才能让福州及时去承接宝岛的产业转移。否则，它可能就会像连通大连与烟台的渤海湾大桥（研究当中）一样，由于两个城市的发达程度齐平，过道效应或大于辐射效应。

如果可以，就由福州掀开亚洲新的一页吧！

南宁，平陆运河会带来什么变局

千年之后，又一条世纪运河来了！2022年8月28日，平陆运河在广西壮族自治区钦州市正式开工建设。这是中华人民共和国开辟的首条江海联运战略大通道，预计最快2030年投入使用。

就在浙赣粤大运河还处于专题研究，全江西焦虑等待之时，广西各族人民的百年运河梦，提前照进了现实。这个静态总投资680亿元的超级工程，将让中国又多出一个"沿海省份"，并从根本上改变珠江流域的发展版图。

平陆运河的影响，甚至波及东盟。号称会成为"下一个韩国"的越南，其命运也跟这条运河息息相关。它将延缓越南挑战中国作为世界工厂地位的时间。

01

中国的沿海省份大抵都富得流油，广西却是一个十足的例外。从地理上看，广西坐拥中国大陆距离马六甲海峡最近的港口，发展海洋经济得天独厚。但是2021年，广西GDP为2.47万亿元，比深居内陆的江西省还要低4800多亿元（见表2-10）。

表 2-10　2021 年各省市区 GDP 情况

单位：亿元

排名	省市区	GDP	排名	省市区	GDP
1	广东	124369.7	17	辽宁	27584.1
2	江苏	116364.2	18	云南	27146.8
3	山东	83095.9	19	广西	24740.9
4	浙江	73516.0	20	山西	22590.2
5	河南	58887.4	21	内蒙古	20514.2
6	四川	53850.8	22	贵州	19586.4
7	湖北	50012.9	23	新疆	15983.7
8	福建	48810.4	24	天津	15695.1
9	湖南	46063.1	25	黑龙江	14879.2
10	上海	43214.9	26	吉林	13235.5
11	安徽	42959.2	27	甘肃	10243.3
12	河北	40391.3	28	海南	6475.2
13	北京	40269.6	29	宁夏	4522.3
14	陕西	29801.0	30	青海	3346.6
15	江西	29619.7	31	西藏	2080.2
16	重庆	27894.0			

数据来源：各地统计局。

4800 多亿元是什么概念？广西首府南宁的 GDP 为 5120 亿元，这几乎等于广西比江西"少"了一个省会城市。

为什么广西的发展如此落伍呢？原因之一就是整个广西其实并不是真正的沿海省份，而是一个假装沿海省份的内陆边疆——从中央到省里花费巨资打造的北部湾港口群，缺乏大江大河连接，经济腹地十分狭窄。

唯一具有通航价值的钦江，全长仅有 195 千米，还没有跨过钦州这座港口城市的辖区，就已经断在了底下的灵山县。

广西其他城市想要从北部湾出海，只能是通过陆路方式，成本甚高。比如一辆载重 20 吨的重型卡车，从柳州运水泥到防城港出海，按照一吨水泥450元算的话，满载货值不过9000元，而高速过路费可能就逼近500元了。

这对于企业来说非常不友好。要知道，广西目前仍处于工业化前期，很多城市停留在林浆纸、煤炭、水泥、砂石、糖业、果蔬业等产业，这些大宗商品对运输成本很敏感。所以，广西从产业结构来看，是很需要水运体系的。半农半工的广西，对于水运的需求远远大过技术密集的广东、资本密集的山东，它比东部任何一个沿海省份都更需要便捷且便宜的出海通道。

然而，广西却恰恰最为缺乏。所谓出海口，其实更像是一种摆设。看似近在咫尺的港口，实则遥不可及。不少广西货会舍弃自己区内的出海口，沿着西江主航道，千里迢迢地奔向珠三角的港口。

"广西货不走广西港"，导致了沿海城市的尴尬：尽管北部湾有三个海港，但发展到今天所有的货物吞吐量加起来，也就跟一个内河港口泰州港差不多（见表2-11）。

表2-11　2021年全国港口货物吞吐量

单位：万吨

排名	港口	1—12月货物吞吐量
1	宁波舟山港	122405
2	上海港	76970
3	唐山港	72240
4	广州港	65130
5	青岛港	63029
6	苏州港（内河）	56590
7	日照港	54117
8	天津港	52954
9	烟台港	42337
10	北部湾港	35822
11	泰州港（内河）	35291
12	江阴港（内河）	33757

（续表）

排名	港口	1—12月货物吞吐量
13	大连港	31553
14	黄骅港	31134
15	南通港（内河）	30851
16	深圳港	27838
17	福州港	27352
18	连云港港	26918
19	南京港（内河）	26855
20	湛江港	25555

数据来源：交通运输部。

注：上海港货物吞吐量包含上海港及上海港内河数据；广州港货物吞吐量包含广州港及五和、新塘、番禺三个港口数据。

地理上的短板，成了拖住广西经济发展的沉重脚镣。这也是为什么广西明明是一个毗邻广东的沿海省份，却会被纳入西部大开发政策当中。而平陆运河修建后，广西的交通格局将焕然一新。

早在一百年前，《建国方略》中就曾有建造一条连通珠江、西江及北部湾的运河的提议。这是平陆运河的最早构想。

1949年至1979年，广西至少勘察了五次，但是碍于资金、技术等原因，运河之梦始终停留在纸面之上，沉沉浮浮。

2021年12月，国务院印发的《"十四五"现代综合交通运输体系发展规划》明确提出"研究建设平陆运河"，这个世纪工程才算一锤定音。

按照规划，该运河全长约140千米，会充分利用现有的河道。线路北起南宁市西津水库的平塘江口，顺着江口的沙坪河一路向南，然后开挖6千米，翻越一道分水岭连接到钦州的旧州江，再经陆屋镇，便可沿着钦江干流南下进入北部湾了。

整条运河可以达到Ⅰ级航道水平，行驶3000吨级货船，兼顾5000吨级船舶。

根据权威机构的预测，平陆运河以煤炭、金属矿石、水泥、粮食、矿建材料、集装箱的运输为主，2035 年货运需求量将达到 1.08 亿吨。1.08 亿吨是什么概念？2020 年广西运营铁路为 5206 千米，全年铁路货运总量达 9269 万吨。这意味着，一条平陆运河的运量将超过全广西的铁路网。

这条水上大动脉将深刻影响广西乃至大西南的经济版图。

02

我们先来看北部湾。北部湾很早以前就纳入了国家发展战略，被寄予了大港口、大工业的殷切期待，该给的政策一点都不含糊。

然而，北部湾始终都没有腾飞。钦州、北海、防城港三个城市的 GDP，2021 年分别为 1647 亿元、1504 亿元、815 亿元。不管人口还是工业产值，都很低。

最大的原因就在于上文所说的，北部湾能通过水运触达的经济腹地特别有限。港口与背后广阔的经济空间被硬生生割开了。北部湾长期处于有港无货的尴尬，没有充分发挥出深水良港的价值。

而平陆运河一旦开通，北部湾的腹地将"宇宙大爆炸"，一下子延伸到上千里之远。广西北部的城市如柳州、桂林，如果是出口到东盟、大洋洲、中东与欧洲，走北部湾会比到珠三角缩短 100 千米以上的行程。

对于广西南部的南宁、百色、崇左、来宾、贵港来说，平陆运河同样具有距离优势。

只要北部湾港口的通关效率和服务水平能提上来，便能吸引大半个广西片区的货物到此集散。

北部湾有望缓解过去的孤岛效应，加速崛起。整个广西也将打通"任督二脉"，变成一个真正意义上的沿海省份，一洗往日的"屈辱"。

我们再来看云南和贵州。很多人不知道，珠江活得非常憋屈。明明是中国第二大河流，全长 2400 千米，流域覆盖粤、桂、滇、黔四省，但是由于广西境内的几个大坝，珠江水系愣是被拦腰斩断，惨遭数十年的断航之痛。

1975 年起，红水河相继建成大化、龙滩等多个水电站，部分枢纽因为错综复杂的属地之争、水电之争，未能同步建设过船设施，形成了"肠梗阻"。贵州黔西南、六盘水、安顺、黔南 4 个市州的出海通道就此轰然坍塌。

2001 年，右江开始修建百色水利枢纽。同样的情况，过船设施迟迟未能上马，导致上游的云南富宁县含泪告别"海洋梦"。

幸运的是，如今这一个个铁锁就快要被解开了。

第一，2021 年 6 月总投资 50 亿元的百色水利枢纽通航设施正式开工，预计 2028 年建成。

云南撂荒了十年的文山州富宁港，有望起死回生，一跃成为云南第一大港。云南 1000 吨级的单船，从这里经平陆运河走向大海，比北上昭通市水富港，走长江出海，能缩短约 2000 千米的航运里程。

这无疑是致命的诱惑。云南的不少大宗商品可能会就此抛弃长江，至少云天化、昆钢、普阳煤矿等企业早已饥渴难耐。别看富宁港偏居东南一隅，云南其他城市的货源都可以通过陆水联运聚集于此，并一起涌向北部湾，就像它们当初经水富港、长江出海口一样。

第二，2021 年 12 月龙滩水电站 1000 吨级升船机工程签订了合作建设框架协议书，力争 2025 年前彻底打通。贵州人民期盼已久的红水河以及南北盘江复航，终于迎来了曙光。

此前据贵州省水运规划货运量分析，红水河的断航，直接影响贵州南部 4 个市州每年 1500 万 ~2000 万吨货物南下珠江。未来这些货物将不再被困于大山之间。

众所周知，云南素有"有色金属王国"之称，贵州煤、磷、铝、石灰石等矿产资源丰富，而两省的产业经济又不够发达，消耗不完，大量资源有出省出境的运输需求。

奈何铁路的运力已严重饱和，导致当地工矿企业"以运定产"的现象非常普遍。如云南省出入运输主要依靠铁路，而全省铁路运输只能满足需求量的20%（2017年数据），运力矛盾十分突出。

铁轨就那么多，大量"金矿"埋在地下没有大规模开发，就算挖出来了也不知道如何运出去。一旦解锁了上述两个大坝，并开通平陆运河，无异于再造一条干线铁路，能够释放珠江上游沿线的工矿企业产能，刺激云贵经济发展。珠江航运正处于历史性大扩张的前夜！

不仅如此，北部湾的水运腹地也将历史性地跨出广西，直抵云贵，有利于其成为中国西南方大港。这个宏伟蓝图最快将在十年内显现。

03

广西经常会被拿来跟越南一起比较。2021年越南GDP实现3626亿美元，广西是3835亿美元左右，两者处在同一水平线。

不过近十年来，越南的经济突飞猛进，GDP增速经常保持在6%~7%，成为亚洲发展最快的经济体之一。前两年越南就雄心勃勃地提出，要在2045年即国家独立100周年之际，一举跃入发达国家。

这个地方的制造业尚不强大，但特别热衷于与发达地区签订自由贸易协定，如欧盟、日本、澳大利亚、新西兰……也不知道是谁给了越南如此大的勇气，它是全世界签订自由贸易协定数量最多的国家之一。

起初日本、韩国、中国的崛起，均是通过高关税排挤外国产品的竞争，扶持本土民族工业。最后有能力实现进口替代后，再一步步降低关税，全面融入全球化。

很明显，越南走的是另外一条道路。它试图大尺度地打开国门，让全世界的外资纷至沓来，在越南投资建厂发展外向型经济，以取得爆发式的增长。

这种选择很像当年的苏州。坏处是丢失了本土部分科研活力，沦为跨国公司的加工厂；好处是经济迅猛发展。

越南如今已成为世界第三大纺织品出口国，仅次于中国和印度。世界上每 10 部智能手机中就有 1 部在越南生产……

近年来，中国就一直有产能转移到越南。2010 年，越南取代中国成为耐克鞋最大的生产基地，结束了中国连续十年耐克鞋产量第一的霸主地位。

2019 年三星关闭了在中国的最后一家手机工厂，跑到越南生产。现在，三星在越南的公司一年可创造逾 600 亿美元的出口金额，占越南全部出口总额的 1/4。

在传统地缘政治崩塌的大背景下，未来可能会有越来越多的中国企业把工厂转移到越南，借助原产地规则绕开大国之间的贸易壁垒。

有些人担心，再这样下去，越来越多的企业会在中国"消失"，加剧制造业空心化，而越南则会崛起成为下一个世界工厂，远远甩掉广西。甚至还有人说，越南会发展成下一个韩国。

这种顾虑有一定的道理，这里我们暂且不论正确与否，但有一点是可以肯定的，就是平陆运河的出现，一定程度上会延缓越南挑战中国作为世界工厂地位的时间。

接下来，我们将以广西首府南宁为例进行说明。

04

2022 年 2 月，《南宁日报》突然刊登了市委书记、市长、各县区一二把手等 46 位党政领导干部的电话号码，给企业反映诉求建立了直接渠道。

这个罕见的举动引起了全国舆论的高度关注。其实，南宁有如此之大的魄力，也是被逼无奈。很多人不知道，南宁是所有省会城市当中少有的"空城"。根据戴德梁行的统计，2020年南宁的甲级写字楼存量为218.1万平方米，空置率高达48.9%，在统计的19个重点城市当中排名第一（见图2-6）。

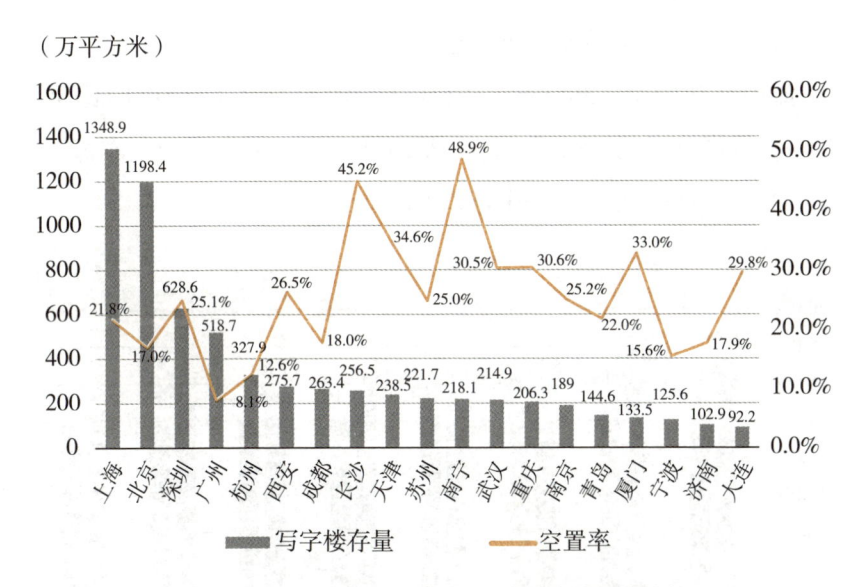

图2-6　2020年部分城市甲级写字楼存量及空置率

数据来源：戴德梁行。

不仅如此，南宁还曾经在当地一档电视问政栏目中自曝，有多个工业园区出现了闲置现象。像南宁三大国家级开发区之一的广西—东盟经开区，截至2019年7月，标准厂房空置面积共483740平方米，空置率高达60.91%。横县六景工业园，标准厂房闲置率达58.41%。

产业空心化问题，令南宁倍感着急。公布领导干部手机号码，无非是希望借此优化营商环境，吸引更多市场主体聚集。

在我看来，南宁实体经济的欠发达，根源还是在于南宁的工业不够强大。要知道,现代服务业和制造业犹如硬币的两面。没有朝气蓬勃的工业,就不会有繁荣的都市型服务业。

作为一个人均收入还比较低的城市,南宁不可能跳跃工业发展的阶段,直接进入现代服务业阶段。那么,为什么南宁的工业没有发展起来呢?有以下几个瓶颈。

第一个瓶颈,是水运不够发达。

如图 2-7 所示,2013 年广西社会物流总费用占 GDP 的比重为 17.4%,同期江苏为 15.2%。此后从 2014—2020 年,广西基本都要比同期的江苏高近一个点或一个点以上。

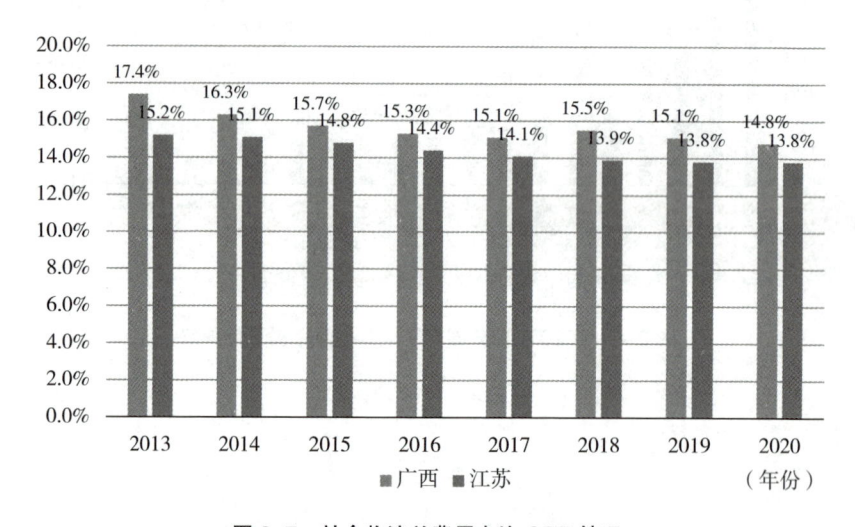

年份	广西	江苏
2013	17.4%	15.2%
2014	16.3%	15.1%
2015	15.7%	14.8%
2016	15.3%	14.4%
2017	15.1%	14.1%
2018	15.5%	13.9%
2019	15.1%	13.8%
2020	14.8%	13.8%

图 2-7 社会物流总费用占比 GDP 情况

数据来源:根据公开报道整理。

同样是沿海省份,广西的运输成本就是要偏高一些。这里头既有广西作为落后地区,制度性成本相对较高的主观因素,也有广西内河航运不够发达的客观原因。

早在 2015 年,江苏的干线航道就纵横交错。全省内河航道总里程

24371千米，航道密度24.2千米/百平方千米，两个指标均居全国34个省级行政区之首。这一个省的内河航道里程，占了全国的1/5。其中等级航道8707千米，是广西的2.38倍。

在江苏，京杭大运河与长江十字交叉形成骨架，剩下的河流分支犹如毛细血管不仅彼此相连，还直通沿海港口群，使得江苏的出海通道数量暴增，远远不止一个长江出海口。加上3万多艘内河船舶来来往往，江苏所有的内陆城市都能快速通江达海。距离最远的省会南京，离出海口也不过437千米。

这是什么概念呢？表面上，广西首府南宁距离海岸线只有100千米，并不算很远，但是它所有的粮食、建材等货物想要通过水运出口，其实需要一路向东。绕过贵港、梧州、肇庆、佛山，然后才能抵达出海口，搬到广州海轮的货舱里。整个行程854千米，所耗时间是相当之长的。

放在长江经济带当中，南宁的位置其实就相当于湖北黄石，是一个被深深锁在内陆的城市，市场响应时间比绝大多数沿海省会都要滞后。

2020年，江苏省货运量总计288513万吨，其中公路运输174624万吨，水运93467万吨，水运占了货运总量的近1/3。同期广西全社会货运量187456亿吨，其中公路运输145323万吨，水运32851万吨。公路运输占比77.5%，比江苏高出大概17个百分点。可见，包括南宁在内的广西内陆城市是多么依赖公路运输。

上述几点，相当不利于南宁承接发达地区的产业转移。以珠三角为例，虽然广西与粤港澳大湾区一衣带水，产业互补，劳动力又低廉，理论上具有优先承载珠三角产业梯度转移的优势。但实际上，前些年粤港澳大湾区的不锈钢、陶瓷等传统制造业大举外迁的时候，更多的是集中到广西东部的梧州、桂平，让梧州的藤县一跃成为南国新陶都。剩下的，有不少干脆迁到其他发展中国家去了。

为什么会这样？因为梧州、桂平一带距离粤港澳大湾区最近，有西江黄金水道直接相连，水路距广州仅 300 千米左右，简直就是大湾区的后花园。不仅出海方便，周期还比较短，能较好地满足外国客户急订单的需求，进而跟大湾区形成"前店后厂"的产业格局。而南宁这样的内陆城市，动辄七八百千米，实在是太远了，难以得到珠三角企业的青睐。

05

第二个瓶颈，是南宁的工业用地指标总体偏紧①。

这个听起来可能有点颠覆常识。按理说，越穷的地方，土地越不值钱，工业用地应该是一抓一大把，随便挥霍才对。可南宁偏偏不是这样。

很多人可能没有留意到，南宁是"喀斯特圣地"。该市的岩溶区面积高达 7960 平方千米，占全市国土面积的 36%。这种地貌被称为"九分石头一分土"，不大适合人类居住生存，也不适宜工业开发。而且，南宁虽然比较穷，但由于首府集聚了全省的资源，虹吸了很多人口，人口非常稠密。②

这些因素最后都导致了南宁符合"两规"，即城市规划和土地利用总体规划的剩余建设用地严重不足。紧张到什么程度呢？如表 2-12 所示，在 31 个省会 / 直辖市中，南宁平均每一万人能够"享用"的城市建设用地面积为 0.37 平方千米，排名倒数第二。

---

① 汪东明、周民良主编：《推进南宁工业高质量发展研究》，经济管理出版社 2019 年版，第 21 页。
② 早在 2005 年，南宁人均农用地面积就只有 3.68 亩，不到全国平均水平的一半。耕地后备资源不足，使得南宁的耕地红线丝毫不能放松。《南宁市土地利用总体规划（2006—2020 年）》规定，至 2020 年全市耕地保有量不低于 615400 公顷；基本农田保护面积不低于 516200 公顷。但是 2015 年又出了一个调整方案，改为至 2020 年全市耕地保有量不低于 677580 公顷；基本农田保护面积不低于 542190 公顷。也就是说，调整之后，耕地保有量目标增加 62180 公顷，基本农田保护面积增加 25990 公顷。本来随着经济的不断发展，对耕地的征用需求会越来越大，南宁却不减反增，这也侧面反映了南宁人口之稠密。

表 2-12　各地城市建设用地情况

序号	城市	城市建设用地(平方千米)	"七普"人口(万人)	平方千米/万人	序号	城市	城市建设用地(平方千米)	"七普"人口(万人)	平方千米/万人
1	乌鲁木齐	456	405	1.13	17	合肥	515	937	0.55
2	拉萨	80	87	0.92	18	海口	157	287	0.55
3	南京	841	931	0.90	19	西安	701	1295	0.54
4	上海	1945	2487	0.78	20	杭州	645	1194	0.54
5	银川	223	286	0.78	21	成都	1074	2094	0.51
6	兰州	332	436	0.76	22	南昌	321	626	0.51
7	天津	1041	1387	0.75	23	哈尔滨	485	1001	0.48
8	沈阳	644	903	0.71	24	重庆	1453	3205	0.45
9	呼和浩特	243	345	0.70	25	长沙	424	1005	0.42
10	武汉	865	1233	0.70	26	西宁	103	247	0.42
11	太原	347	530	0.65	27	福州	326	829	0.39
12	长春	593	907	0.65	28	广州	722	1868	0.39
13	贵阳	378	599	0.63	29	南宁	320	874	0.37
14	郑州	774	1260	0.61	30	石家庄	216	1124	0.19
15	济南	560	920	0.61	31	北京	—	2189.3095	—
16	昆明	501	846	0.59					

数据来源：中国城市统计年鉴、各地统计局。

2020年，南宁的常住人口为874万人，比昆明多28万人，但建设用地少181平方千米。比贵阳多275万人，建设用地却少58平方千米。

昆明、贵阳都是赫赫有名的山城，可开发空间本来就不大，但南宁才是最受掣肘的省会城市。螺蛳壳里做道场，南宁的工业用地规模自然就会偏小。毕竟，城市建设不单单有工业，还有居住、商业、道路、绿地广场、公共管理、公共设施等，还需要把有限的用地指标分配给工业以外的领域。这是南宁相当无奈的一面。

当然，南宁自己也犯过错误。如表 2-13 所示，历史上，有相当一部分工业用地被以工业配套的名义，拿来盖住宅、建绿地广场、建办公楼……粗放利用的现象比比皆是。①

表 2-13　南宁市区国家级、自治区级工业园区用地结构状况

单位：公顷

分类	南宁高新区		南宁经开区		良庆经开区		仙葫经开区		江南工业区	
	面积	比例	面积	比例	面积	比例	面积	比例	面积	比例
住宅用地	91.15	13.17%	324.46	34.29%	21.08	14.30%	114.09	19.27%	26.63	39.18%
工矿仓储用地	137.24	19.83%	328.74	34.74%	99.69	67.65%	8.16	1.38%	21.02	30.92%
交通用地	142.42	20.58%	171.61	18.14%	20.07	13.62%	155.65	26.28%	15.46	22.74%
商服用地	22.58	3.26%	22.98	2.43%	1.71	1.16%	4.5	0.76%	0.96	1.41%
公共用地	218.58	31.59%	88.48	9.35%	4.28	3.27%	309.81	52.31%	3.29	5.76%
其他城镇建设用地	79.96	11.56%	10.02	1.06%	0	0	0	0	0	0
合计	691.93	100%	946.29	100%	147.37	100%	592.21	100%	67.99	100%
工业用地率	19.83%		34.74%		67.65%		1.38%		30.92%	

数据来源：2010 年国家级、自治区级工业园区土地集约利用评价更新成果。

当前南宁的四个自治区级开发园区，规划工业用地的比重仅有 31.15%，远远低于其他省份的同类开发区。级别更高的三个国家级开发园区就更夸张了，规划工业用地占比只有 21.13%，不到全国平均水平的一半。在这种情况下，南宁的工业空间就更受到挤压了。

从绝对值来看，2020 年，南宁的工业用地面积只有 19 平方千米，

---

① 黄玉莉、陈江宁、苏志军：《浅议城市建设用地节约集约利用——以南宁市区为例》，载《中国国土资源经济》2011 年 10 月。

是天津的7.9%、长春的14.4%、太原的26.4%、南昌的31.1%。在31个省会/直辖市中，仅仅高于西宁、海口以及拉萨，排名倒数第四。从相对值来看，南宁工业用地占城市建设用地比重仅有6.0%，排名全国倒数第三（见表2-14）。①

表2-14 2020年各市工业用地情况

单位：平方千米

城市	工业用地	城市建设用地	工业用地占城市建设用地比重	城市	工业用地	城市建设用地	工业用地占城市建设用地比重
上海市	538	1945	27.6%	合肥市	88	515	17.2%
广州市	194	722	26.9%	西安市	110	701	15.7%
武汉市	218	865	25.2%	成都市	162	1074	15.1%
兰州市	81	332	24.3%	南京市	126	841	15.0%
天津市	239	1041	22.9%	拉萨市	11	80	14.4%
长春市	132	593	22.2%	昆明市	65	501	13.0%
乌鲁木齐市	101	456	22.2%	石家庄市	26	216	12.0%
哈尔滨市	107	485	22.1%	福州市	37	326	11.4%
沈阳市	141	644	21.8%	长沙市	46	424	10.7%
太原市	72	347	20.8%	银川市	23	223	10.5%
重庆市	299	1453	20.6%	郑州市	70	774	9.0%
杭州市	123	645	19.1%	呼和浩特市	19	243	8.0%
南昌市	61	321	19.1%	南宁市	19	320	6.0%
济南市	106	560	18.9%	海口市	9	157	5.9%
贵阳市	65	378	17.2%	西宁市	5	103	4.5%

数据来源：中国城市统计年鉴。

所以，即使有企业愿意投资南宁，也没有多少土地空间可以容纳。土地紧缺的硬伤，直接导致了大型工业项目难以落地南宁。这极大地

---

① 住建部、国家质量监督检验检疫总局曾联合发布《城市用地分类与规划用地标准（GB50137—2011）》，对工业用地占城市建设用地比重的规定为15%~30%。南宁远远不达标。

限制了南宁的工业集聚。

而没有大规模的产业集聚，没有相对完整的产业链条，又会影响上下游企业落地的意愿，因为它找不到给自己配套的工厂，这又形成了恶性循环通道，加剧了产业园空置率的问题。

06

那么，平陆运河开通后，会对南宁造成什么样的影响？首先，南宁的水运腹地进一步扩大了。

原本广西境内河流以梧州为中心扇形分布，南宁几乎是交通末梢。等十年后平陆运河竣工，单一中心会转为南宁与梧州的双核心。作为运河的起点，南宁是西南大宗商品出北部湾的必经通道之一，将一跃成为广西出海大通道上的黄金节点。

借助这条水上高速公路，南宁与西南矿业城市之间的货物交换通道得以扩容，贸易往来更加密切，南宁可以更便宜地输入原材料，更快地输出制成品，成为一个加工中心。

铁路曾经拖来一个郑州，一个石家庄，平陆运河同样有概率拖来一个新的区域生产中心。

其次，它将彻底颠覆南宁的地理格局。

南宁从北部湾出海的里程仅291千米，较由珠三角出海缩短560千米，一下子成为广西内陆中最接近出海口的城市，甚至比梧州还要近。放到长江经济带中，就相当于从湖北黄石变成了江苏泰州，时空效应焕然一新，大幅降低了货运成本和时间。这种区位优势，会吸引东部产业沿着运河航道向南宁等广西内陆地区转移。

目前，中国东部沿海形成了无数个中低端产业集群，诸暨市大唐镇被称为中国袜业之乡，温州永嘉是中国纽扣之都，广东顺德是中国家电之都，中山古镇是中国灯饰之都，福建晋江是中国泳装产业名城，浙江海宁是中国皮革之都……这些地方早晚有可能会因为综合性成本上升而外迁，如果南宁能够顺势而为，就有可能推动工业进一步集聚。

南宁现在的本地配套率还很低，相当部分企业的零部件仍需从广东采购，像南宁富士康的产品本地零部件配套率不足5%。所以，我们并不奢求南宁能一下子搞来多高端的项目，这不现实。它更实际的路径是吸引一些组装加工大厂等龙头企业落地后，再慢慢把配套产业找齐，一点点地补齐产业链。

当然，这些都建立在南宁能够突破土地瓶颈的基础上。近年来，南宁对准低效工业用地开刀，对供而不建、建而不用的土地进行处置，如有偿收回、置换、鼓励转让等，以盘活存量土地，增加工业发展空间。如果一切顺利的话，那未来南宁承接产业转移还是颇有看点的。

总而言之，平陆运河有望成为一道水闸，在一定程度上拦截住外迁到越南的产业洪流，把一部分本来要迁走的劳动密集型和资源密集型产业留在国内，留在广西，缓解中国低端制造业受发展中国家威胁、高端制造业受发达国家遏制的"双重挤压"。

它就像一个支点，影响着中国产业转移浪潮的方向，这就是平陆运河在全国经济版图中的最大价值。

07

广西是中国唯一沿海、沿边、沿江的省份，是全国唯一与东盟既有陆地接壤又有海上通道的省区。但碍于越南的顾虑，泛亚铁路的东线至今还没有着落，堵塞了广西陆路连接东盟的大通道。

而从内河航运的角度看，它过去实际上需要以广东为跳板，才能连接到东盟，某种程度上算是广东的附庸了。

中国和东盟的贸易有95%左右都是通过海运，海上通道极其重要。像广东与东盟的贸易额之所以能占全国的1/4，远远超过广西与东盟的经贸体量，就跟广东发达的水运体系脱不开关系。

广西过去作为一个假的沿海省份，相当吃亏，只能眼睁睁看着东盟成为广东进出口的第一大贸易伙伴。最快于十年后开通的平陆运河，将构建起一条广西直通东盟的便捷水运大动脉，加速广西与东盟经济一体化。因为这个超级工程，中越之间的产业争夺已发生了一定的变数。

第三章 被隐藏起来的真相

长春，是下一个底特律吗[①]

2022年8月底，31个省会/直辖市几乎都公布了上半年的GDP。中国最大的两个中心，北京增速仅有1.1%，几乎垫底，上海增速-3.8%，直接跌穿地板。但最倒数的，还要算长春，上半年GDP为3073.8亿元，同比下滑了10.5%，是全国唯一一个负增长的省会城市（见表3-1）！

表3-1　2022年上半年各市GDP和增速

单位：亿元

排序	城市	GDP	增速	排序	城市	GDP	增速
1	太原	2524.0	15.7%	17	天津	7620.6	4.3%
2	银川	1189.1	14.9%	18	杭州	9003.0	4.1%
3	石家庄	3511.0	11.0%	19	昆明	3769.7	4.1%
4	贵阳	2241.0	9.7%	20	乌鲁木齐	2103.7	4.1%
5	福州	5442.7	8.7%	21	成都	9965.6	3.8%
6	呼和浩特	1663.7	8.1%	22	南宁	2685.3	3.7%
7	南昌	3409.5	8.0%	23	广州	13433.8	2.5%
8	武汉	8904.1	7.9%	24	西宁	828.1	2.1%
9	郑州	6740.1	6.7%	25	哈尔滨	2316.6	2.0%
10	济南	5481.3	5.4%	26	南京	7879.4	1.7%
11	长沙	6711.3	5.4%	27	北京	19352.2	1.1%
12	西安	5359.6	5.1%	28	兰州	1716.8	1.0%
13	海口	904.2	4.9%	29	上海	19349.3	-3.8%
14	沈阳	3460.9	4.8%	30	长春	3073.8	-10.5%

---

① 本文作者为黄汉城、刘馨阳。

(续表)

排序	城市	GDP	增速	排序	城市	GDP	增速
15	重庆	13511.6	4.7%	31	拉萨		
16	合肥	5430.4	4.4%				

数据来源：各地统计局，截至 8 月 30 日。

原因显而易见，数十天的疫情封控期，长春市基本全部停工，产量和投资大幅下滑。尤其是一汽集团在长春的五家主要制造工厂，全部处于停工状态。当作为唯一支柱产业的汽车产业全面停摆时，长春乃至整个吉林省的经济便处于低迷状态。

这恰恰暴露了东北的"阿喀琉斯之踵"。作为早已深深嵌入吉林省经济脉搏的央企，一汽集团贡献了全省 1/6 的税收。一汽打喷嚏，两千多万吉林人都得感冒。任何风吹草动，都会直接作用在长春这座城市身上。

疫情只是短期波动因素，只要不卷土重来，长春的经济就能步入正轨。然而，相比当前，我更担忧的是"未来"。

01

1953 年 7 月 15 日这一天，长春孟家屯迎来盛事。主席台两侧的红旗徐徐升起，那块镌刻着"第一汽车制造厂奠基纪念"的汉白玉基石被抬入会场，长春与汽车的故事，从这一刻开始。

距离建厂三周年还剩两天之际，一汽人在苏联专家的指导下，优化改造吉斯150，下线了新中国成立后第一辆"解放"卡车。身披红花的卡车群，浩浩荡荡驶入长春主干道，意味着中国不能批量制造汽车的历史已经结束。

1956 年 10 月，长春第一汽车制造厂建成并通过国家验收，原定四年建成的一汽，提前整整一年竣工投产。两年后，一汽参照法国西姆卡和德国奔驰 190 的设计，造出了新中国第一辆东风牌小轿车，取名为东风 CA71。[1]

一个接一个的"第一"在万众期许中诞生,那是说不尽的"一汽荣光",更是道不完的"长春辉煌"。时至今日,长春已成长为"东方底特律"。2021 年全国所有城市当中,只有广州、上海、长春三市的汽车产量超过 200 万辆(见表 3–2),妥妥的汽车之都。

表 3–2　五大汽车城汽车产量情况

单位:万辆

年份	广州	上海	长春	重庆	武汉
2015	221.0	243.0	219.7	304.5	142.6
2016	262.9	260.8	254.0	315.6	176.7
2017	310.8	291.3	282.4	299.8	189.8
2018	296.5	297.8	276.8	205.0	170.52
2019	292.0	274.9	288.9	138.3	154.9
2020	195.2	264.7	265.5	158.0	141.6
2021	300.0	283.3	242.1	199.8	139.4

数据来源:各地统计局。

中国第一汽车集团也一跃成为全球赫赫有名的工业巨兽,旗下拥有自主品牌红旗、解放、奔腾,以及合资品牌大众、奥迪、丰田等。近 70 年来它日夜不息,吞吐出 5000 万辆汽车。在铁与火的沐浴中,登顶《财富》世界 500 强第 66 位。可以说,长春即一汽,一汽即长春。我从来没见到过,一个人口快逼近 1000 万的大城市,会将自己的命运深深绑定在某个单一企业身上。

2019 年,在中国大规模减税降费的大背景下,长春市汽车制造业税收从 353.6 亿元降至 303.4 亿元,其中,一汽集团贡献了约 300 亿元。[2]这是一个什么概念?要知道,2019 年长春二十多万户企业干一年,也

---

[1] 央广网:《长春第一汽车制造厂奠基》,2021 年 7 月 15 日。
[2] 李秋滕:《吉林省汽车制造业税收分析》,载《财金观察》2021 年第 1 辑。

就创造 973 亿元全口径税收，一汽集团一家公司就占了 31%。关键是，一汽集团员工总人数也才 12 万人。

是不是很吃惊？更吃惊的还在后头——2019 年吉林省税务部门组织全口径税收收入 1778.5 亿元，一汽集团占全省份额高达 16.9%！

长春的经济，对于汽车这个单一传统支柱产业的依赖度，已经到了相当夸张的程度。

2020 年，长春汽车工业企业资产和利润总额分别为 6300 亿元、466.8 亿元，分别占全市规模以上工业企业的 63.9%、81.6%。剩下的一小部分，再由农产品加工、光电信息、生物医药等产业瓜分。面对汽车产业这个庞然大物，其他产业明显相形见绌。

2020 年，长春实现 6638 亿元的 GDP，其中工业增加值为 2327.6 亿元。而汽车工业完成增加值 1291.9 亿元，占全市 GDP 的 19.46%，工业增加值的 55.5%。换句话说，汽车制造业支撑起了长春一半的工业，1/3 的税收，1/5 的 GDP。

说是一业独大，一企独大，一点都不夸张。然而，这种状况也存在着一定的隐忧。如今，当笼罩着滚滚浓烟的工业革命逐渐远去，长春的传统汽车工业也已走到了命运的十字路口。

02

在碳中和的历史趋势下，传统燃油车的生存空间会逐步归零，欧美、日、韩以及中国的市场只会对清洁能源汽车开放。未来，一定是属于新能源汽车的时代。而这个全新的赛道，玩法已经完全改变了。

传统燃油车最核心的部分是发动机，这个零部件的水平直接代表了品牌的价值和档次。为什么布加迪威龙一台能卖几千万元？因为人家是全世界最快的顶级跑车，一踩油门就能飙到 400 多千米/小时，比高铁还要快。这对汽车的动力性、制动性、稳定性、平顺性等工艺要求非常之高。

一台传统燃油车有几万个零部件，是大规模生产的民用产品之中最为复杂的制成品，综合考验一个国家的冶金、机械、材料等基础学科，堪称工业中的工业。

海外汽车产业走过百余年的历史，拥有无可匹敌的技术优势和品牌优势。长春，便是依靠奥迪、大众、丰田等合资品牌赚得盆满钵满。

到了新能源汽车，一切都变了。它最核心的部件不是发动机，甚至不是电池组，而是各种各样的软件。它们直接决定了你的智能座舱和自动驾驶技术有多厉害。一句话，新能源汽车时代比拼的其实不是有多快，而是有多智能。

现在盖房子的、做家电的、卖手机的都来造车了，搞得新能源汽车好像很廉价，谁都能造一台。但其实，这种一拥而上恰恰反映出了当前各行业大佬的焦虑：新能源汽车的未来，一定是一台架在车轮上的电脑。

等到L5级自动驾驶运用后，汽车会解放双手，成为万物互联的核心平台。失去这个入口，一切传统行业都将失去意义。所以华为、小米、恒大等才会疯狂抢滩。

摩根士丹利预测，未来汽车的价值构成，硬件比例将下降到40%，剩余60%由服务、软件及内容主导。比之机械工程师，未来算法工程师、电子架构设计师可能还要更重要一些。所以，从2016年开始，上汽不再去武汉理工的南岭校区招聘了，而直接去南区校招。因为前者是汽车学院所在地，后者是计算机专业所在地。

如果说过去是机械定义汽车，是硬件为王，那么今后一定是软件定义汽车，智能化为王。汽车产业的底层逻辑已被重塑，在这个新的赛道上，强如奔驰、宝马、奥迪等燃油车巨头，也优势不再，更遑论那些低层次的自主品牌了。

庞大的传统产能，其实存在着随时崩塌的可能性。所以，从燃油车到新能源汽车，是转型，更是一场生死时速的追逐。一旦落伍，那就是"柯达式"的悲剧。当初就是因为在影像产业上没有抓住数码的新赛道，以胶卷见长的柯达帝国才一夜倾覆。

产业结构单一的长春，实在无法高枕无忧。

03

早在 100 多年前，美国就诞生了全球第一个"汽车之城"底特律。从第二次工业革命的集大成者，到人口流失锈迹斑斑的鬼城，这座城市的衰落历史清晰地映射出产业结构单一的巨大隐患。

底特律位于密歇根东南部，毗邻北美五大湖之中的伊利湖和圣克莱尔湖，西接加拿大的温莎。因优越的区位条件，底特律早在 18 世纪就成了英法殖民者眼中的必争之地。而"底特律"的地名就源自法语，意为"海峡"。

随着伊利运河以及第一条横跨北美大陆的太平洋铁路的开通，底特律摇身一变成了真正的交通枢纽，航运、造船和制造业迅速崛起，吸引了以福特、道奇兄弟为代表的一批汽车先驱汇聚于此。

1896 年，亨利·福特在麦克大道的厂房里制造出第一辆汽车。到 20 世纪 30 年代，底特律发展成为五大湖区仅次于芝加哥的第二大工业城市。这里集合了克莱斯勒、通用和福特三大汽车巨头，汽车产量占据美国的 80%、全世界的 70%，是名副其实的汽车之都。

直至第二次世界大战前，白人在底特律仍占据着绝对优势地位。不过，繁荣兴旺的产业吸引了大批外地居民涌入。这些怀揣淘金梦来到底特律的劳动力中，有大量是来自南方的非洲裔，他们悄然重塑了底特律的人口结构。

当市政府雄心勃勃地按照 300 万人口的规模设计规划城市之时，种族矛盾所酝酿的危机，其实已一触即发。1967 年 7 月 23 日，一场

"南北战争以后最大规模的国内暴乱"席卷了美国32个州114座城市,在底特律则达到了顶峰。①

熊熊烈火燃遍城市各个角落,三大汽车巨头全部停工停产,白人中产阶级开始大量外迁。曾经的繁荣也被大火吞噬,化作灰烬笼罩在城市的上空,底特律从天堂坠入地狱。高素质人才的不断流失,对于汽车业的发展是致命的。

没过多久,全球爆发了两次石油危机。日系汽车以价低节能的优势、精益求精的性能大受欢迎,逐步抢占美国市场。自1973年开始,日本一跃成为汽车出口第一大国,而长期以来缺乏创新动力的底特律三大汽车巨头受到沉重打击。②

内外交困之下,底特律的汽车工业急速萎缩。接下来发生的一切,就像被推倒的多米诺骨牌。汽车业的衰退带来了税收的锐减,也造成了大量失业。而失业,又与犯罪紧密联系在一起。动荡不安的社会,进一步加速了人口的逃离。

城市人口从鼎盛时期的185万人下降到2010年的71万人,成了60余年来美国人口减少最多的城市之一。如今,底特律约36%的城市人口处于贫困线下,住房空置率达到27.8%。8万多栋废弃的建筑在风雨的侵蚀下变得斑驳,死寂的街区,看不见一丝活力,任由混合着酒精和毒品的不安气息肆意滋长……

整座城市,陷入了"汽车业收缩—失业—人口流失—城市颓败—人口加速流失"的无限循环之中,繁荣永远地成了历史。

表面上看,是种族矛盾的内因与日本崛起的外因联起手来干掉了底特律的未来,引起了城市的破产。但归根结底,底特律走向深渊的原因只有一个,就是太过于依赖汽车这根救命稻草,抵御宏观变化的能力极其脆弱。

---

① 梅新育:《底特律破产谁之过?》,载《社会观察》2013年5月。
② 刘艳艳:《底特律汽车产业转型失败及启示》,载《世界地理研究》第21卷第3期。

要知道，底特律巅峰时的经济总量，八成依赖汽车及相关行业①。汽车集群不景气，根本就没有其他产业能够及时替补上来，地区经济直接硬着陆。

城市兴衰与单一产业深度捆绑，这才是美国第一个汽车城大溃败的症结所在。那么，被称为"东方底特律"的长春，又能否彻底解开拖垮底特律的莫比乌斯环，走向一个新的未来？

04

为了不被时代所抛弃，一汽集团很早以前就开始谋划转型了。千禧年的钟声刚刚敲响，一汽集团作为国家第一批863新能源项目牵头单位之一，就率先成立了电动车项目组，比特斯拉的出世早三年。

2011年，马斯克第一辆Model S还在襁褓之中时，一汽集团就发布了"蓝图战略"。这个涉及98亿元巨资的宏图大业，包含了13款新能源乘用车和3款新能源商用车的研发生产。

三年后，广州的何小鹏跳进了造车这个时代旋涡。他从广汽、上汽、宝马、兰博基尼等车企招来一大帮年轻人，一起为梦想奋斗。这些人每天挤在民宅里，打着赤膊讨论未来的汽车应该长什么样子。邻居以为遇到了传销窝点，还报警把派出所的人喊了过来，闹了个乌龙。最后，他们东拼西凑，终于把三电系统塞进了一台雷克萨斯SUV，在燃油车的骨架上装出了一辆电骡车，内核十分粗犷。

而此时，一汽集团已野心勃勃地提出，到2020年要占15%以上的市场份额，并顺手上市了四款新能源汽车。大多数人还在酣睡时，一汽集团已起了个大早，头顶鱼肚白前行。

最后效果怎么样呢？我们来看一组数据。2021年，一汽集团在全国的生产基地共造出了334万辆汽车，营收首次突破7000亿元大关。

---

① 刘翰波：《美国底特律破产事件的回顾和启示》，载《地方财政研究》2015年第9期。

长春作为大本营占了 72.4%，为 242.1 万辆。其中，新能源汽车经过二十年的不懈奋斗，产量终于提升至 10.7 万辆，仅占全部产量的 4%！而且，这 10.7 万辆还是所有的车型加在一起，分散到各个车型上，数据更是微乎其微。比如，2021 年奔腾 E01 仅售出 133 辆，红旗 E-HS3 售出 929 辆，奥迪 e-tron 是 3815 辆，表现最好的红旗 E-QM5，也不过 16631 辆。

2021 年，一汽集团定下"十四五"规划，未来五年收入要超 1 万亿元，销量 650 万辆。蓝图无疑超级宏大，且不说这个目标能否顺利实现，等未来传统燃油车被电动车颠覆之后，长春想要维持当前的汽车规模，生产出 200 多万辆新能源汽车本身就非常具有挑战性。

它无非两条路径。第一，存量转型。逐步停产燃油车，全部转型生产新能源汽车，但这条路并不容易。

2022 年 6 月，总投资 300 亿元的奥迪一汽新能源汽车有限公司在长春汽车经济技术开发区正式奠基，这是奥迪在华首家纯电动车型生产工厂。

新工厂预计 2024 年年底建成，生产 A6 e-tron、Q6 e-tron 等三款车型，规划产量为 15 万辆/年。很明显，这是为了取代当前在华六七十万辆奥迪燃油车产量所做的准备。

但是在新的赛道上，传统汽车巨头跟蔚小理以及特斯拉是站在同一起跑线上的，甚至说还要落后半个身位。受到这些新势力的围剿，2021 年奔驰三大主力车型 C 级、E 级和 GLC 的销量，同比跌掉了 14.8%、9.3% 和 17.7%，电动车就卖得更差了。

全球顶级的车企都这样了，奥迪、大众、丰田以及红旗、奔腾等，能否突破重围更是一个疑问。

此外，央企转型很容易受到大企业病的困扰。2000 年一汽集团成立了电动车项目组，可此后十余年，财大气粗的一汽集团并未在相关技术上有重大突破。

2014年，一汽集团终于上市了四款新能源汽车，但这四款产品没有掀起多少波澜。又过了三年，连此前规划投资 43 亿元的新能源汽车工厂也宣告正式停工。

可以发现，从 2015 年到 2018 年，一汽集团在新能源汽车上的进展和表现并不算特别突出。这也是为什么当中国车企在全球新能源汽车销量前二十中霸占八个席位，比亚迪以 59.38 万辆的销量位居全球第二时，一汽集团根本不见踪影。可见大象转身，殊为不易。

05

第二个路径，是引入增量。把外来的和尚引进来，比如小鹏、蔚来、理想、零跑、特斯拉、吉利、比亚迪等，都是具有市场竞争优势的新能源汽车。但是这条路，同样并非坦途。

20 世纪 50 年代，随着《中苏友好同盟互助条约》的签订，中苏两国关系走向蜜月期。与苏联商定的首批 50 个援建项目中，包含了一个现代化载货汽车制造厂。

苏联很大方，"斯大林汽车厂有什么设备，中国就有什么设备；斯大林汽车厂有什么样的生产水平，中国就有什么水平"[①]。

建车厂需要雄厚的供电供水实力和大量钢铁能源资源，放眼全国，只有东北最符合条件。

曾经的东北，是全中国都离不开的东北。抗日战争结束后，东北是中国经济最发达的地区，生产了全国 41% 的水泥、76% 的电力、92% 的钢铁、95% 的煤矿（见表 3–3）。

---

① 严鹏：《简明中国工业史（1815—2015）》，中国工信出版集团 2018 年版，第 142 页。

表 3-3 资源委员会接受敌伪企业资产总值[①]

单位：法币千元

产业	东北	台湾	华北	华中	华南	合计	总值(%)
电力	190596803	46790049	9700251	970	555891	247643964	21.4
钢铁	230652835	—	8261361	3098059	6321107	248333362	21.5
煤矿	190516559	—	8486236	—	—	199002795	17.2
机械	30283593	3329514	775963	1363070	—	35752140	3.1
化工	10253568	4954945	410115	1040339	—	16658967	1.4
水泥	6312073	8929000	—	—	—	15241073	1.3
电工	2864931	—	405027	1700234	—	4970192	0.4
金属矿	17254688	13860762	181697	2448745	—	33745892	2.9
石油	—	5742476	544748	1353693	242353	7883270	0.7
糖业	—	103785023	—	—	—	103785023	9
纸业	195383520	12763511	5277840	—	—	213424871	18.5
其他	24550384	—	5172889	607969	—	30331242	2.6
总计	898668954	200155280	39216127	11613079	7119351	1156772791	100

长春有优良的城建基础，对东北资源的获取近水楼台。更关键的地方在于，它处于欧亚第一座大陆桥沿线，通过中东铁路能直达莫斯科，方便接受苏联的援助，从而获得了命运的垂青。

一句话，一汽集团之所以能够落户长春，最重要的原因是靠近苏联，这主要是地缘政治主导的。此后长春汽车制造业发展壮大的背后，一直离不开有形之手的助攻。

1988年，国务院发布的《关于严格控制轿车生产点的通知》明确提出，国家只支持一汽、二汽和上汽三轿车生产基地，支持北京、天津和广州三个轿车生产点，原则上不再批准任何其他的生产点。

这是历史上著名的"三大三小"战略。直到世纪之交，该布局一直不曾被逾越。而按照当时的政策，国际汽车巨头想要通过在华建设

[①] 郑友揆、程麟荪、张传洪：《旧中国的资源委员会（1932—1949）：史实与评价》，上海社会科学院出版社1991年版，第155页。

整车厂来吃下中国市场的蛋糕，就必须找一家中国车企合作，以合资公司的方式落户，不能独资进来。

这也意味着，海外车企进军中国的通道非常狭窄，其合作对象的范围就局限于这几家屈指可数的国企。一汽集团就是在这样的契机之下，抓住大众的"大腿"的。

20世纪80年代末大众董事长哈恩走进长春一汽集团，从铸造机加工到总装线全部参观了一遍，大吃一惊，"天啊，我怎么没有早一点发现中国有如此大的汽车厂"。① 由此一汽集团拿下了15万辆捷达、高尔夫项目，一度成为国内最大的轿车基地。

长春汽车产业在合资时代真正走向规模化和集中化，得益于国家的"三大三小"战略。如今到了市场经济时代，一切都变了。自然经济规律才是影响企业布局的最重要因素。长春深居内陆，交通运输条件不便利，又远离汽车主要消费市场，哪个造车新势力愿意跑到冰天雪地的北国春城投资建厂？

最近十多年里，东北内陆地区还没有新增一家从埠外过来的整车厂。唯一的恒驰，许家印在沈阳画了一个圈后也没有什么大动静了。

计划经济时代的馈赠，到了市场经济时代不一定就有，这不由得令人为长春捏了一把汗。长春最大的幸运是拥有一汽集团，最大的死穴是只有一个一汽集团。若转型失败，长春的经济就要越发"东北化"了。

事实上，抓不住时代新风口的何止长春一个。远在千里之外的湖北武汉，由一汽集团援助成立、同样是中央直管的特大型汽车企业东风汽车集团，近年来举全集团之力打造高端新能源品牌蓝图。

在它身上，集合了东风汽车集团超50年的造车技术和优势资源，但发展远未达预期，每月销量不过1000余辆，甚至几百辆，处境十分

---

① 李安定：《车记》，生活·读书·新知三联书店2011年版，第55页。

尴尬。

2021年，安徽省、湖北省、吉林省的新能源汽车产量分别为25.2万辆、15万辆、10.7万辆。安徽一省的产量，已大致相当于一汽集团坐镇的吉林再加东风汽车集团所在的湖北。

在电动车的赛道上，常州、合肥、西安、长沙等新兴崛起城市，大有取代长春、重庆、武汉的汽车王国之势。传统五大汽车城的格局，正在迎来新一轮的大洗牌。

06

在东北，一业独大、一企独大的现象其实比比皆是。央企经济撑起了不少东北老工业城市。

2015年《经济日报》曾报道，央企一旦出现亏损，不仅拉动地方经济总量下滑，而且还少了一大块难以填补的税收窟窿，形成一个城市经济的"塌陷"。比如大庆油田，每年若减产150万吨，相当于东北一个中等城市的GDP，仅此一项就拉低了黑龙江全省工业增加值1.5个百分点。

而结构单一化，也造成长期低迷的经济活力，人口逃离现象格外突出。对比第六次、第七次全国人口普查数据可知，2010—2020年，东北三省总人口从1.09亿人下滑到0.9851亿人，流失了1101万人，在全国的占比也由2010年的8.18%降至6.98%，少了1.20个百分点。

这对房价造成直接的拖坠效应。2020年全国有12个地级市房价跌到10万元以下，其中东北就占了8个，包括黑龙江鹤岗、双鸭山、鸡西、七台河、佳木斯、大兴安岭，以及辽宁省的阜新、铁岭。

可以说，全东北都在忍受产业结构单一的疼痛。不过，在所有老工业基地中，长春的产业多元化需求可能是最为迫切的。

2021年，长春GDP占吉林省高达53.7%，省会城市的经济首位度位居全国第一，比南京、济南要高出近 40 个百分点（见表 3-4）。吉林全省的经济与税收，过度依赖一个城市长春、一个行业汽车制造业、一户企业一汽集团。①

表 3-4　2021 年省会城市经济首位度

单位：亿元

地区	GDP	所在省市区 GDP	GDP 占全省比重
长春	7103.1	13235.5	53.7%
银川	2263.0	4522.3	50.0%
西宁	1548.8	3346.6	46.3%
成都	19917.0	53850.8	37.0%
哈尔滨	5351.7	14879.2	36.0%
西安	10688.3	29801.0	35.9%
拉萨	741.8	2080.2	35.7%
武汉	17716.8	50012.9	35.4%
海口	2057.1	6475.2	31.8%
兰州	3231.3	10243.3	31.5%
长沙	13270.7	46063.1	28.8%
昆明	7222.5	27146.8	26.6%
合肥	11412.8	42959.2	26.6%
沈阳	7249.7	27584.1	26.3%
杭州	18109.0	73516.0	24.6%
贵阳	4711.0	19586.4	24.1%
福州	11324.5	48810.4	23.2%
乌鲁木齐	3691.6	15983.7	23.1%
广州	28232.0	124369.7	22.7%
太原	5121.6	22590.2	22.7%
南昌	6650.5	29619.7	22.5%
郑州	12691.0	58887.4	21.6%

① 于颖哲：《新常态下提高吉林省经济对税收贡献率的思考》，载《税收经济研究》2015 年第 2 期。

（续表）

地区	GDP	所在省市区 GDP	GDP 占全省比重
南宁	5120.9	24740.9	20.7%
石家庄	6490.3	40391.3	16.1%
呼和浩特	3121.4	20514.2	15.2%
南京	16355.3	116364.2	14.1%
济南	11432.2	83095.9	13.8%

数据来源：各地统计局。

六十余年风雨同舟，别说长春了，整个吉林省都与一汽集团不可分割了。那么，吉林省产业多元化的出路到底在哪里？很多人会下意识地把目光投向图们江出海口。

07

1860 年前后，沙皇俄国趁着第二次鸦片战争，与江河日下的清政府签订了《瑷珲条约》《北京条约》，强行割让黑龙江以北、外兴安岭以南约 60 万平方千米、乌苏里江以东（包括库页岛）约 40 万平方千米的土地。

中国丧失了大片领土，吉林、黑龙江一带从沿海地区沦为了内陆地区。彼时，这个问题的严重性还未暴露出来，因为中国的经济尚处于陆权时代。

19 世纪末，沙皇俄国为了更方便入侵东北，攫取东北资源，顺着西伯利亚大铁路将铁轨修到了亚洲的尽头，把海参崴、大连两个港口与帝国的中心莫斯科连接了起来。

位于满洲境内的丁字形支线，叫作中东铁路。这条贸易大动脉，让人烟稀少的小渔村哈尔滨一跃成为世界的十字路口[1]，沈阳、长春、

---

[1] ［美］迈克尔·麦尔：《东北游记》，上海译文出版社 2017 年版，第 123 页。

满洲里这些边缘之地也进入了全球经济体系。

借助于这些发达的铁路网，东三省从1903—1978年一直是中国经济版图上最耀眼的明珠。后来，集装箱点燃了世界航运的标准化革命，铁路、公路和海路运输之间，历史性地实现了无缝对接，引发船舶的大型化趋势。

穿梭于全球各个港口的主角，从1万吨的散货船逐渐跃升为20万吨级的集装箱船。船型越大，贸易的成本就越低。便宜到什么程度？2006年前后，如果从上海运输货物到纽约，上万千米的海运成本竟然比从哈尔滨到大连900千米左右的陆路运费还要便宜3/4。

中国东部沿海依靠大港口大码头，深度嵌入全球产业分工链，而位于海权体系边缘的东北则走向了衰落。曾经是陆权之王的东北人，如今像渴求中东铁路一样渴求着出海大通道。仿佛只要沿海，一切问题都能迎刃而解。毕竟，东北与日本海的距离，其实就在咫尺之间。从吉林省珲春市的防川村沿着图们江而下，15千米便可以直达日本海。站在这个中国东方第一村，甚至可以闻到海洋的气息。

奈何，它位于中朝俄的交界处，地缘政治错综复杂。诸多历史遗留问题，彻底堵死了东北的图们江出海口。

第一，图们江最后十几千米的河道，分属朝鲜和俄罗斯。朝鲜战争期间，俄罗斯为了给朝鲜运送援助物资，修建了铁路大桥。桥面仅有7米高，它就像一根低矮的门梁，拦住了一切大型船只。

第二，朝鲜只允许中国渔船出海，货轮以及军舰出不去，整条图们江失去了商用价值。

很多人觉得，如果当年改革开放后，中国能够拔掉铁路大桥，并跟朝鲜协商沟通好出海事宜，东北就能以"最低的成本"融入世界经济大循环当中，搭上全球产业大转移的顺风车。不仅轻工业能发展起来，实现产业多样化，还能利用区位条件优势，撬动日、韩、美多达数亿人的发达消费市场。

所以，不管是中国的官方智库还是民间智库，都设想出了很多种领土互换、另建俄朝铁路大桥等解决方案。似乎只要搞定那座桥和那个国，东北的经济就会飞黄腾达。

事实真的是这样吗？不。如果有人真的抱有这样的想法，那他一定是对图们江有什么误解——不是所有的江，都叫长江。

被东北寄予厚望的图们江，并非什么大江大河。整条图们江唯一能够通行千吨级内河船的地方，只有出海口到防川这段15千米的航道。略加治理，可以通行300~2000吨的河海型船。

但是越往里走，可通行的船只就越小。从防川到甩湾子村，枯水期水深仅有1~3.5米，疏浚后只可航行100~300吨内河驳船。从甩湾子村再到图们市，枯水期水深0.7~2米，航行吨位直接下降到100吨以下。①

这百来吨的载重量是什么样的概念？我们来看看长三角，宁波港航道水深为30~100米，30万吨级巨轮可自由进出，40万吨级以上的巨轮可候潮进出。长江下游水深为12.5米，10万吨级海轮可减载抵达南京港，5万吨海船直达。长江上游浅一点，5000吨级货轮、1万吨级船队也可以直达重庆朝天门。

没有对比就没有伤害！区区这点通航能力，对于吉林省的经济发展来说不过是边际性改善，并不能起到力挽狂澜的作用。

一些重型装备，比如东方电气生产的潮汐发电设备单体就达200~300吨重，这要是放到载重100吨的船上会怎么样？直接就跪在河床成为"泰坦尼克号"了，拉都拉不走，东方电气会敢深入图们江腹地投资建厂吗？

再比如，很多汽车厂都是依赖汽车滚装船来降低运输成本的，这种船能一次性装载几千辆汽车，但载重量上万吨起跳，人家会选择在图们江上游开设整车厂？

---

① 丁士晟：《图们江内河海港开发设想》，载《东北亚论坛》1993年第1期。

长江经济带之所以能够成为横贯中国的黄金水道，将深居内陆几百上千千米的武汉、重庆都带动成为特大城市，就是因为人家的径流量够大，足足有 9857 亿立方米/年，吃水够深。

即便我们不惜一切经济代价，不考虑对生态环境的破坏，将全线航道强行挖深到几百上千吨。可是一到冬季，图们江就会封冻千里，寸步难行，这也是一大自然制约因素。

航道的吃水深度，直接关系到城市发展的天花板。小小的图们江只是百吨级别，我们就不要指望它能像万吨级的长江一样，能辐射出一条产业高度发达的经济带了。

所以，即使把朝俄铁路大桥给炸了，通过外交手段获得商船出海权，东北的经济也不会迎来翻天覆地的变化。它只是一种边际性的改良，而不是一种颠覆性的革命。

在我眼里，能救东北的只有东北自己。东北是全国体制桎梏最齐全、体制坚冰最深厚的地方，吉林人对于"不找市场找市长"的信仰比较浓厚，反映到商品经济中，就是对市场的反应迟缓。

1956 年，第一辆解放牌卡车诞生。此后解放牌卡车 30 年如一日，没有任何的变化。直到深圳经济特区横空出世之后，一汽集团才下了决心要弄出点新花样。他们对汽车做出的第一个最大改变，是把汽车的深绿色涂成蓝色。①

归根结底，长春或者说吉林最大的问题，或许并非缺乏物理上的出海口，而是思想上的出海口。没有思想上的出海口，有再多的深水良港也是无济于事的。

---

① 冬宁、宁一：《东北咋整：东北问题报告》，当代世界出版社 2004 年版，第 65 页。

长沙，毗邻广东的不幸

长沙身上有很多标签，娱乐之都、中国工程机械之都、网红之城……妥妥一座被神话所包围的城市。它生动地阐释了自然地理区位是如何深刻影响一座城市的命运的。

01

大家可能想象不到，这两年长沙竟然蜕化成了中国烂尾楼之都。2021年长沙尚未交付的问题住宅为28139套，涉及总面积446万平方米。在所统计的24个重点城市当中，位列第一（见表3-5）。这是什么概念呢？当年长沙成交的套数总共13.6万套，成交套数与未交付的问题住宅比值为4.8∶1。

表3-5 2021年年末24个重点城市已停工、延期交付问题项目情况

排序	城市	尚未交付问题项目总面积（万平方米）	尚未交付问题项目总套数（套）
1	长沙	446	28139
2	重庆	331	23729
3	武汉	274	24275
4	郑州	271	25249
5	昆明	143	10976
6	广州	143	9184
7	南宁	96	7343

（续表）

排序	城市	尚未交付问题项目总面积(万平方米)	尚未交付问题项目总套数(套)
8	上海	96	8439
9	福州	89	8077
10	天津	81	7520
11	苏州	67	5561
12	无锡	66	2262
13	西安	61	3373
14	盐城	52	4260
15	徐州	49	3596
16	成都	35	2633
17	青岛	34	2007
18	南京	31	2538
19	济南	29	1895
20	北京	27	1393
21	常州	25	2654
22	深圳	14	0
23	连云港	5	411
24	淮安	3	300

数据来源：克而瑞。

作为中国最幸福城市，多少长沙人押上半生家当，结果梦碎湘江。为什么会变成这样呢？这两年，在三道红线等高压下，楼市的水龙头被拧紧，就算是全国性开发商也出现了流动性危机。整个房地产界熄火停车，爆雷违约的不在少数。而长沙又是全国调控最严的城市，楼市万年涨不起来，就算是望江豪宅，价格也不过两万元左右。利润少，自然是被"优先"停工的市场。

过去十年，长沙疯狂卖地建楼。根据智谷趋势的统计，2011—2020年长沙市的住宅竣工房屋面积，十年平均值为1.18平方米/人，在31个省会/直辖市中排名第三（见表3-6）。

表 3-6　2011—2020 年各市房地产开发企业住宅竣工房屋人均面积情况

单位：平方米

排序	城市	年份										十年平均值
		2011	2012	2013	2014	2015	2016	2017	2018	2019	2020	
1	银川	2.09	2.68	2.14	2.08	1.65	2.95	0.68	2.01	1.37	1.12	1.88
2	天津	1.21	1.35	1.44	1.4	1.61	1.41	0.78	1.10	0.86	0.91	1.21
3	长沙	1.57	1.48	1.36	1.28	1.15	1.29	0.89	1.05	0.93	0.84	1.18
4	广州	1.04	0.97	0.85	1.45	1.15	0.51	1.84	0.94	1.73	0.94	1.14
5	沈阳	1.96	2	1.49	1.2	0.93	0.71	0.79	0.56	0.60	0.57	1.08
6	南京	1.02	1.59	0.87	0.81	1.19	0.70	1.30	0.91	1.18	1.08	1.06
7	合肥	0.88	0.96	1.41	0.91	0.91	1.14	0.89	1.02	1.14	1.21	1.05
8	郑州	1.44	1.1	0.77	1.09	0.63	1.06	1.06	1.13	1.20	0.82	1.03
9	重庆	0.96	1.14	0.95	1.36	1.04	0.72	1.22	0.88	1.07	0.81	1.01
10	西宁	1.65	1.44	1.86	1.71	0.84	1.04	0.50	0.52	0.26	0.22	1.00
11	杭州	0.96	0.77	0.96	1.04	1.19	0.80	1.08	0.86	0.93	0.78	0.94
12	贵阳	0.98	0.92	1.07	1.53	2.03	0.14	1.48	0.21	0.31	0.37	0.90
13	呼和浩特	0.9	0.96	1	1.09	0.73	2.65	0.27	0.71	0.19	0.26	0.88
14	长春	0.82	0.97	1.02	0.84	0.58	1.16	0.86	1.00	0.86	0.54	0.87
15	济南	0.6	0.53	0.88	0.54	0.52	1.71	0.70	1.20	0.84	0.99	0.85
16	南宁	1.19	1.3	0.55	0.74	0.9	0.89	0.79	0.70	0.55	0.57	0.82
17	海口	0.22	1.07	0.68	1.48	0.77	0.59	1.40	0.83	0.61	0.44	0.81
18	南昌	0.75	0.62	0.57	0.78	0.58	0.58	1.34	0.77	1.03	1.00	0.80
19	西安	0.64	0.99	0.71	1.34	0.76	0.54	1.15	0.62	0.71	0.37	0.78
20	哈尔滨	0.63	0.9	0.85	1.02	1	0.48	1.00	0.48	0.48	0.34	0.72
21	成都	0.81	1.05	0.86	0.85	0.51	0.55	0.94	0.52	0.49	0.41	0.70
22	福州	0.62	0.54	0.8	0.77	0.96	1.02	0.56	0.57	0.32	0.79	0.69
23	太原	0.49	0.47	0.49	1.14	0.75	0.56	1.13	0.63	0.71	0.50	0.69
24	上海	0.7	0.67	0.58	0.62	0.65	0.83	0.84	0.70	0.59	0.65	0.68
25	武汉	0.97	0.89	0.52	0.63	0.62	0.18	1.54	0.28	0.43	0.49	0.65
26	昆明	0.69	0.79	0.76	0.59	0.72	0.21	1.23	0.26	0.32	0.23	0.58
27	北京	0.56	0.73	0.8	0.83	0.63	0.40	0.82	0.33	0.27	0.33	0.57
28	兰州	0.43	0.4	0.35	0.25	0.45	0.14	1.28	0.18	0.23	0.34	0.40
29	石家庄	0.87	0.66	0.6	0.42	0.24	0.37	0.29	0.11	0.20	0.18	0.39

数据来源：国家统计局。

供应量大的附加结果，就是库存量增大。房子太多，卖不太动。如果是在以前，这没有什么大不了的。但是现在就不一样，开发商都火烧眉毛了，资金回笼慢，第一反应通常就是断尾求生。所以，这两年长沙的烂尾楼问题格外突出。不仅如此，就算是顺利交付的房子，长沙的开发商们也集体开启了"比烂大赛"。

由于地价、房价甚至装修标准价都限死了，在开发商眼里，想要在万年不涨的长沙楼市里分一杯羹，只剩下两个选项：加快周转，压缩成本。这两个动作，很容易就让房屋质量沦为牺牲品。①

2018年，位于长沙人民路的一楼盘被爆出墙体开裂，能塞下一个鸡蛋。看着这道令人大惊失色的缝隙，开发商表现得格外淡定，"这是装饰柱装饰层面开裂问题，不影响主体结构安全"。

2019年，长沙天心区一楼盘交房。半年后，有一栋楼里上百户房屋开裂，且裂缝居然都在同一个户型、同一个位置上，业主们相信这是结构性开裂。

然而，开发商竟然轻描淡写，把锅甩到了长沙的天气上，"像长沙这个天气，这么高的温度，容易形成温差裂纹，再次胀开"。只要找块墙布遮起来了，就不"影响感官效果"了。堪称逻辑大师啊！

长沙望城区某楼盘被业主曝出二十几万元的装修，劣质得"安置房都比不上"。中介却语气俏皮，"网上的东西不能全信噢，全长沙的楼盘基本上都维权"。妙啊，太妙了。

最经典的还要算长沙芙蓉区一楼盘，裂缝就像蜘蛛网一样贯穿楼板。按理说这有可能是威胁到楼盘结构安全的问题，不料楼盘工程部负责人不仅没有丝毫羞愧，甚至还当着电视台的镜头理直气壮地说：全中国的房子都存在质量问题。态度之嚣张坦荡，世间少有。

---

① 张俏曼：《整栋房子直接裂开？房屋的比烂时代，正在迎来一个新的高潮》，载"楼市黄大大"公众号2021年10月14日。

02

那么,我们就很想问了,为什么长沙如此坚持严格调控楼市,把房价维护得这么低?这就不得不提到人口的事情了。常住人口增长分成两个部分:一个是人口自然增长,一个是人口机械增长。全国第七次人口普查数据显示,湖南 2020 年常住人口为 6600 多万人,相比 2010 年增加了 74.41 万人。

但其实这十年间,湖南人的生育能力还是不错的,光人口自然增长就已经有 422.82 万人了。这也意味着,过去十年湖南的人口机械增长是 -348.41 万人(见表 3-7)。-348.41 万是什么概念?要知道吉林作为举世闻名的人口流失区,十年人口机械增长也就是 -360.75 万人。湖南已逼近铁锈地带了。

表 3-7 2010—2020 年部分省市区人口增长情况

单位:万人

地区	常住人口增量	自然增长	机械增长
广东	2169.21	849.64	1319.56
江苏	608.71	212.37	396.34
上海	185.17	-15.02	200.19
福建	464.59	296.02	168.57
北京	228.07	83.83	144.25
贵州	381.35	254.23	127.12
天津	92.73	27.07	65.66
海南	140.97	81.68	59.29
四川	325.73	284.77	40.96
宁夏	90.13	61.81	28.31
西藏	64.59	37.67	26.92
广西	410.3	453	-42.7
辽宁	-115.49	-65.37	-50.12
河南	533.61	586	-52.39

(续表)

地区	常住人口增量	自然增长	机械增长
山东	573.47	657	-83.53
河北	275.6	461.94	-186.34
湖北	51.48	282.19	-230.71
山西	-79.65	177.86	-257.51
内蒙古	-65.72	236.45	-302.16
湖南	74.41	422.82	-348.41
吉林	-337.94	22.81	-360.75
甘肃	-55.58	328.64	-384.22
黑龙江	-646.39	-4.25	-642.14

数据来源：各地统计局。

相比之下，湖北、河南、广西这几个传统外出务工大省，同期人口机械增长分别为 -230.71 万人、-52.39 万人、-42.7 万人（见表3-7），人口流失程度要比湖南轻多了。这些人都去哪里了？主要是广东。这些年，繁华富裕的广东一直处于鄙视链的顶端。无数湖南人背井离乡，奔赴这个异乡乌托邦。2020 年年末，有 804 万湖南户籍的人生活在外地。其中，有约 511.7 万人常住广东，占比 63.63%（见表3-8）。

表 3-8 按现住地登记的湖南籍人口

单位：人

排序	地区	数量	占比	排序	地区	数量	占比
1	广东	5116703	63.63%	16	安徽	48179	0.60%
2	浙江	716215	8.91%	17	山东	47534	0.59%
3	广西	242032	3.01%	18	河南	40729	0.51%
4	上海	237535	2.95%	19	陕西	32969	0.41%
5	福建	215283	2.68%	20	河北	32478	0.40%
6	云南	183419	2.28%	21	天津	20126	0.25%
7	湖北	171372	2.13%	22	甘肃	16477	0.20%
8	江苏	162317	2.02%	23	辽宁	15609	0.19%
9	贵州	152214	1.89%	24	山西	15312	0.19%

（续表）

排序	地区	数量	占比	排序	地区	数量	占比
10	江西	119574	1.49%	25	内蒙古	11026	0.14%
11	北京	115615	1.44%	26	吉林	9934	0.12%
12	四川	101550	1.26%	27	黑龙江	9359	0.12%
13	海南	75678	0.94%	28	青海	7485	0.09%
14	重庆	61740	0.77%	29	西藏	7252	0.09%
15	新疆	49451	0.61%	30	宁夏	5974	0.07%
总计	全国	8041141	100%				

数据来源：2020中国人口普查年鉴。

注意了，这只是统计户口还留在湖南的数据。如果算上早已落户广东的湖南人，这个规模还要更加庞大。我曾经跟一位小红书的中层朋友聊天，她说2019年国庆期间，广州人在小红书的十大搜索关键词，出现了一座城市"长沙"，这在其他城市的搜索热词中是很罕见的。

原来，珠三角把长沙当作自己的后花园了。每逢假期，就坐着高铁到长沙旅游。湖南给广、深送来劳动力，广东就给长沙送去消费力。可以说，在人口版图上，整个湖南省其实算是广东的延伸了。这种人口交集关系，就像核裂变，在触动的一瞬间就开启了一连串惊人的链式反应，深刻影响了长沙的命运走势。

为了减少人口外流，增加城市吸引力，长沙选择打掉房价，竭尽全力给予市民幸福感，但谁能想到大环境会如此陡然急下，引发房地产开发商的消极应对。

一开始谁会预料到，低房价模式居然还能带来烂尾楼的效应？长沙是挺无奈，挺值得理解同情的。除了烂尾楼，长沙的产业经济也受到了深远影响。

03

这几年,文和友、茶颜悦色等新消费品牌层出不穷,把长沙推向了全国新消费的中心。为什么一个中西部内陆城市能够引领风潮,成为新消费品牌的批量制造机?房价绝对是一个重要的因素。

作为全国有名的房价洼地,长沙的房价收入比仅有 6.2,在统计的 50 个典型城市当中排名倒数第一(见表 3-9),年轻人分分钟就能上车。没有丈母娘经济的泰山压顶,没有每月巨额房贷的束手束脚,极大释放出了长沙社会的消费能力,造就了长沙人爱吃爱耍,娱乐至死的精神内核。

表 3-9 2020 年全国 50 个典型城市房价收入比排名

排序	城市	房价收入比	排序	城市	房价收入比
1	深圳	39.8	26	武汉	11.7
2	三亚	27.1	27	莆田	11.7
3	上海	26.2	28	佛山	11.5
4	北京	23.8	29	徐州	11.5
5	厦门	23.1	30	西安	10.7
6	福州	19.5	31	济南	10.5
7	杭州	18.5	32	无锡	10.5
8	东莞	17.3	33	金华	10.3
9	广州	16.7	34	南昌	10.3
10	珠海	16.1	35	日照	10.2
11	南京	15.4	36	昆明	10.2
12	石家庄	15.0	37	成都	10.1
13	苏州	14.5	38	哈尔滨	10.0
14	宁波	14.3	39	兰州	9.7
15	海口	14.0	40	重庆	9.6
16	南通	13.9	41	青岛	9.4
17	合肥	13.5	42	宜昌	9.3

(续表)

排序	城市	房价收入比	排序	城市	房价收入比
18	南宁	12.9	43	惠州	9.2
19	太原	12.9	44	沈阳	9.2
20	天津	12.8	45	洛阳	9.0
21	大连	12.7	46	乌鲁木齐	7.8
22	郑州	12.4	47	贵阳	7.6
23	温州	12.4	48	烟台	7.5
24	扬州	12.3	49	韶关	7.3
25	芜湖	11.9	50	长沙	6.2

数据来源：克而瑞。

可以说，长沙新消费品牌的层出不穷（见表3-10），来源于商业消费的繁荣。而后者的出现，正是建立在低房价的土壤之上的。长沙老早就意识到，自身区位条件不行。广、深就像一台永不停歇的抽水机，将成百上千万的湖南人都抽走了，自己很难留住人。所以就严控房价，作为吸引人口的一个砝码。

表 3-10　长沙部分新消费品牌名录

奶茶品牌	烘焙品牌	咖啡品牌	其他零食品牌	电商品牌	艺术摄影品牌
茶颜悦色	墨茉点心局	三顿半	零食很忙	兴盛优选	盘子女人坊
果呀呀	吴酥生宫廷酥饼	doc当刻咖啡	盛香亭		
几个果子	罗莎蛋糕	果咖舞咖啡	喂肚肚		
柠季	多喜来西饼		切糕王子		
尚木兰亭	虎头局渣打饼行		餐帮		
鲜之醇	贰伍捌禄豆糕		炊烟		
约茶日记			超级文和友		
MAMACHA妈妈茶			好多零食		

（续表）

奶茶品牌	烘焙品牌	咖啡品牌	其他零食品牌	电商品牌	艺术摄影品牌
果疯了			小嘴零食		
霓裳茶舞			费大厨		
乌名见客			绝味鸭脖		
			麻辣王子		
			盐津铺子		
			霸蛮米粉		

资料来源：根据公开资料整理。

  这种战略选择，无意间也奠定了长沙新消费之都的基石，并将长沙推向了超级网红之城。不过，这些新消费品牌对于本土经济的内在拉动作用，远远弱于外在名气。如茶颜悦色这种排队要"排到天亮"的大品牌，门店员工到手也不过 3000 元而已，薪酬很低。

  号称"餐饮界迪士尼"的超级文和友，长沙海信广场首店开业三年，每天平均接待 2 万顾客。这种人气是什么概念呢？如果将这 2 万人依次堆高，高度逼近 4 个珠穆朗玛峰。少有能出其右了吧？然而，一顿操作猛如虎，一问收入吓死吾，年销售额也就 2.4 亿元左右。对于激烈的区域竞争来说，这点规模好比大漠中的一粒沙，微不足道。

  其他品牌也差不多，网上的公开报道推测，2021 年茶颜悦色在长沙的所有门店加起来，年营收约为 16 亿元，墨茉点心局是 1.68 亿元，三顿半是 10 亿元左右……

  但是，之前各路媒体对于超级文和友的报道，简直是狂轰滥炸，给人一种这是一个超级庞然大物，或者即将成为下一个中国 500 强企业的感觉。在曝光度方面可与之相比的，我能想起来的新势力有大疆、小鹏、宁德时代这类科创型企业。

  但是大疆创办几年后就成了全球民用无人机之王，代表了行业变革的颠覆性力量，为中国智造立下汗马功劳。2020 年，大疆营收已突破 240 亿元，对深圳本土的经济拉动效应，一百倍于超级文和友。

一句话，超级文和友所收获的闪光灯资源，跟它的经济地位是远远不匹配的。之所以名气这么大，本质上是因为它们满足了普通人对发家致富的幻想罢了。

你不需要懂元素周期表或者固态电子学，只要有一手做PPT的本领，就能来到舞台中心，成为资本角逐的对象。对于这种认知门槛、进入门槛低的暴富故事，普通人乐此不疲，它不过是改变自身境况的一种心理投射罢了，本质上含金量不算高。

04

长沙真正应该发力的，其实应该是生产性服务业。服务业可以分为生活性服务业和生产性服务业，长沙所有全国爆红的新消费品牌都属于前者，它们所代表的餐饮零售业，很多都是小微企业，看似客流量大，但是单价低，规模小，又没有产业集群效应。

真正有高附加值的是生产性服务业，比如纽约的金融服务、硅谷的研发设计、伦敦的贸易经纪、新加坡的会议展览。不过很可惜的是，由于老是被广、深虹吸，缺乏人才，长沙的相关产业很难像新消费一样，做成国内顶流。

以软件设计为例，早在20世纪90年代，长沙就开始抢跑软件产业了，这放在全国都算是很早的。还诞生了一家明星企业创智软件园，地位不亚于今天的美团。

1997年，创智软件园被确定为首批四家国家级软件园之一。不久创智软件园就借壳上市，带领"软件湘军"在江湖上四处征战。2000年，在全国19家国家级软件园中，长沙软件园以收入18.3亿元排名第三，仅次于北京、广州。当时，整个湖南省软件产业占全国的1/10，俨然是软件业界的一方重镇。

但是由于缺乏人才等原因，长沙的软件业主要做的是替代性很强的应用层面,像操作系统这样的底层平台遥不可及。[1]没有杀手级别的产品,打下的江山慢慢也就垮了。几年后,多元化出击的创智被曝出巨额亏损,很快就销声匿迹。

顶流企业的神话陨落,也让长沙的软件帝国梦昙花一现。如今,长沙的软件产业规模已落后于当初的竞争对手。

尽管长沙已集聚了全省80%以上的软件企业,但2021年业务收入仅有1000亿元,只相当于南京、广州、成都的14.9%、17%、22.4%,占全国的比重从10%萎缩到了1.05%(见表3-11)。

表 3-11 2021年各市软件业务收入

单位:亿元

城市	收入	占全国比例
北京	18661	19.64%
深圳	9013	9.49%
上海	7741	8.15%
杭州	6933	7.30%
南京	6702	7.06%
广州	5857	6.17%
成都	4456	4.69%
济南	3803	4.00%
西安	3141	3.31%
青岛	2900	3.05%
天津	2634	2.77%
武汉	2159	2.27%
厦门	1369	1.44%
长沙	1000	1.05%

数据来源:根据公开报道整理。

高端服务业上的短板,直接导致了长沙第三产业迟迟上不了一个

---

[1] 尹小山:《买壳:痛,并快乐——创智与五一文的资本纠葛》,载《IT经理世界》2000年10月20日。

台阶。2021年其第三产业增加值为7593.9亿元,跟郑州、重工业之都济南差不多(见表3-12);其第三产业占比为57.2%,在全国所有的省会/直辖市中排名倒数第六(见表3-13)。

表3-12 2021年各地第三产业增加值排名

单位:亿元

城市	第一产业	第二产业	第三产业	城市	第一产业	第二产业	第三产业
北京	111.3	7268.6	32889.6	沈阳	326.3	2570.3	4353.0
上海	100.0	11449.3	31665.6	石家庄	504.8	2107.1	3878.4
广州	306.4	7722.7	20202.9	长春	523.7	2960.5	3618.9
重庆	1922.0	11184.9	14787.1	哈尔滨	628.2	1239.2	3484.3
成都	582.8	6114.3	13219.9	南宁	606.8	1198.8	3315.4
杭州	333.0	5489.0	12287.0	南昌	238.3	3218.1	3194.1
武汉	444.2	6208.3	11064.2	太原	44.8	2113.1	2963.7
南京	303.9	5902.7	10148.7	贵阳	193.4	1681.3	2836.3
天津	225.4	5854.3	9615.4	乌鲁木齐	28.1	1039.76	2623.71
长沙	425.6	5251.3	7593.9	兰州	62.5	1113.9	2054.9
郑州	181.7	5039.3	7470.0	呼和浩特	137.1	1052.6	1931.7
济南	408.8	3964.1	7059.4	海口	85.4	346.8	1624.9
合肥	351.1	4171.2	6890.5	银川	83.8	1028.3	1150.8
西安	308.8	3585.2	6794.3	西宁	58.9	518.2	971.6
福州	637.0	4289.8	6397.7	拉萨	24.5	278.1	439.3
昆明	333.12	2287.71	4601.67				

数据来源:各地统计局。

表3-13 2021年各地第三产业比重排名

单位:%

城市	第一产业	第二产业	第三产业	城市	第一产业	第二产业	第三产业
北京	0.3	18.0	81.7	济南	3.6	34.7	61.8

(续表)

城市	第一产业	第二产业	第三产业	城市	第一产业	第二产业	第三产业
海口	4.2	16.9	79.0	天津	1.4	37.3	61.3
上海	0.2	26.5	73.3	合肥	3.1	36.5	60.4
广州	1.1	27.4	71.6	贵阳	4.1	35.7	60.2
乌鲁木齐	0.8	28.2	71	沈阳	4.5	35.5	60.0
杭州	1.8	30.3	67.9	石家庄	7.8	32.5	59.8
成都	2.9	30.7	66.4	拉萨	3.3	37.5	59.2
哈尔滨	11.7	23.2	65.1	郑州	1.4	39.7	58.9
南宁	11.9	23.4	64.7	太原	0.9	41.2	57.9
昆明	4.6	31.7	63.7	长沙	3.2	39.6	57.2
兰州	1.9	34.5	63.6	福州	5.6	37.9	56.5
西安	2.9	33.5	63.6	重庆	6.9	40.1	53.0
西宁	3.8	33.5	62.7	长春	7.4	41.7	51.0
武汉	2.5	35.0	62.5	银川	3.7	45.4	50.9
南京	1.9	36.9	62.1	南昌	3.6	48.4	48.0
呼和浩特	4.4	33.7	61.9				

数据来源：各地统计局。

如果不能突破现代服务业的瓶颈，长沙未来进入高质量增长阶段的时间可能就会延迟。毗邻广东，着实是长沙不幸运的一方面。

05

当然，生活性服务业的高度发达，也给长沙带来了不少好处。每到假期黄金周，"14亿中国人，有4亿都来了长沙"。全国人民蜂拥而至，就是为了来一杯茶颜悦色，在费大厨门口排队，扫荡盐津铺子。

2021年长沙旅游收入达到1926.4亿元，排名全国第十一（见表3-14）。这个成绩非常难得。

表 3-14 2021 年各市旅游收入

单位：亿元

排名	城市	旅游收入	备注	排名	城市	旅游收入	备注
1	北京	4166.2		16	深圳	1599	
2	成都	3085		17	杭州	1524.2	
3	武汉	2920.8		18	桂林	1502.8	
4	广州	2885.9		19	上海	1500.5	
5	昆明	2308.5		20	青岛	1411	
6	苏州	2294.4		21	湖州	1390	
7	上饶	2250.1		22	厦门	1301	
8	南京	2130.5		23	郑州	1272.3	
9	长春	2045.73		24	合肥	1247.6	
10	天津	1968.8		25	南宁	1216.5	2020 年
11	长沙	1926.4		26	遵义	1140.7	
12	西安	1882.4	2020 年	27	重庆	1076.1	
13	贵阳	1821.4		28	常州	1057.2	
14	南昌	1744		29	乐山	1040.3	2020 年
15	无锡	1654.9		30	乌鲁木齐	992.1	2020 年

数据来源：各地统计局。

长沙没有北国春城独特的冰雪魅力，没有像十三朝古都西安那样云集了诸多世界历史文化遗产，也不像成都、昆明那样，可以作为热门旅游大省的旅客集散中心。它的名胜古迹、高山大川相对匮乏，能成为全国人民心中的打卡胜地，离不开新消费之都的支撑。

2022 年 8 月我在长沙调研，走访三一重工、山河智能、地方政府等机构时，接触到不少从广、深回来的湖南人。原来，在广、深高房价的驱逐效应下，他们选择了回流。

很多人的评价趋于一致：长沙除了工资低一点，天气热一点，其他都挺好的，房价也低，生活没有太大压力。由此，长沙连续 14 年被评为中国最幸福城市。这对长沙迈入千万人口大市起了推波助澜的作用。

近两次人口普查显示,长沙常住人口分别为704.41万人、1004.79万人,十年净增达到300.38万人,这在全国所有城市当中排名第八,高于武汉、苏州、南京这些强二线地区(见表3-15)。也正是这个增量,让长沙一举跨过了千万人口大关,成为中国少有的特大城市。

表3-15 常住人口增长最快的32个城市

单位:万人

排序	城市名称	2010年	2020年	十年变化	排序	城市名称	2010年	2020年	十年变化
1	深圳	1042.35	1756	713.65	17	南宁	666.16	847.16	181
2	广州	1270.08	1867.66	597.58	18	宁波	760.57	940.43	179.86
3	成都	1511.91	2093.8	581.89	19	金华	536.16	705.07	168.91
4	西安	846.78	1295.29	448.51	20	贵阳	432.45	598.7	166.25
5	郑州	862.65	1260.06	397.41	21	厦门	353.13	516.4	163.27
6	杭州	870.04	1193.6	323.56	22	惠州	459.7	604.29	144.59
7	重庆	2884.62	3205.42	320.8	23	青岛	871.51	1007.17	135.66
8	长沙	704.41	1004.79	300.38	24	南京	800.47	931.47	131
9	武汉	978.54	1232.65	254.11	25	中山	312.09	441.8	129.71
10	佛山	719.43	949.89	230.46	26	南昌	504.26	625.5	121.24
11	苏州	1046.6	1274.83	228.23	27	福州	711.54	829.13	117.59
12	北京	1961.24	2189.31	228.07	28	太原	420.16	530.41	110.25
13	东莞	822.02	1046.66	224.64	29	廊坊	436.21	546.41	110.2
14	昆明	643.2	846	202.8	30	石家庄	954.79	1064.05	109.26
15	合肥	745.7	936.99	191.29	31	济南	811.25	920.24	108.99
16	上海	2301.92	2487.09	185.17	32	无锡	637.26	746.21	108.95

数据来源:各地统计局。

作为一座不沿海、不沿江、不沿边的普通地级市,长沙能取得今天这个成绩,是相当不容易的。虽然这三百多万的人口膨胀,相当大的比例是低学历人口,扎堆在批发零售、住宿餐饮、交通运输、仓储邮政、体育娱乐等低端服务行业，离人才变现还有些距离。不过，只要集聚起人口红利，一切皆有可能。

这座城市，不像成都、重庆那样，可以作为西部地区享受15%企业所得税优惠，也没有武汉九省通衢的区位条件，常年受到一众央企的托举，更缺乏郑州这类国家中心城市的政策照顾。但它的发展速度，依旧很快。

2001—2021年，长沙的国民生产总值从728.1亿元飙升至13270.7亿元，翻了18.23倍，这速度在所有省会城市当中可以排到第四名，仅次于拉萨、合肥、银川（见表3-16）。

表3-16　2001—2021年各地GDP增长情况　　　　　　单位：亿元

排名	地区	2001年	2021年	翻倍数	排名	地区	2001年	2021年	翻倍数
1	拉萨	18.8	741.8	39.46	17	武汉	1347.8	17716.8	13.14
2	合肥	363.4	11412.8	31.40	18	乌鲁木齐	315.0	3691.6	11.72
3	银川	104.8	2263.0	21.59	19	杭州	1568.0	18109.0	11.55
4	长沙	728.1	13270.7	18.23	20	昆明	673.1	7222.5	10.73
5	南宁	324.8	5120.9	15.77	21	济南	1066.2	11432.2	10.72
6	贵阳	302.8	4711.0	15.56	22	福州	1074.2	11324.5	10.54
7	郑州	828.2	12691.0	15.32	23	广州	2685.8	28232.0	10.51
8	西宁	104.5	1548.8	14.82	24	北京	3861.5	40269.6	10.43
9	呼和浩特	211.1	3121.4	14.78	25	兰州	348.8	3231.3	9.27
10	西安	733.9	10688.3	14.56	26	天津	1756.9	15695.1	8.93
11	南京	1150.3	16355.3	14.22	27	上海	5257.7	43214.9	8.22
12	海口	145.7	2057.1	14.12	28	长春	1003.0	7103.1	7.08
13	重庆	2014.6	27894.0	13.85	29	石家庄	1085.4	6490.3	5.98
14	南昌	485.6	6650.5	13.69	30	沈阳	1236.5	7249.7	5.86
15	成都	1492.0	19917.0	13.35	31	哈尔滨	1120.1	5351.7	4.78
16	太原	386.3	5121.6	13.26					

数据来源：各地统计局。

由于拉萨和银川的体量很小，所以可以说21世纪中国发展最快的两匹黑马，第一是合肥，第二其实就是长沙了。不得不说，这是一个奇迹。要知道，2400多年前的春秋战国时期，长沙即已建城，说是历史文化名城并不为过。然而近现代历史中，长沙却饱受蹂躏。1938年抗日战争中的"文夕大火"，整整烧了五天五夜，城内80%的地标建筑毁于一旦。抗战胜利时，整个长沙城仅剩下不到10万人。

对历史学家而言，长沙足以与广岛、长崎和伏尔加格勒并列为第二次世界大战中受战争创伤最大的四座城市。或许是这一层原因，长沙在计划经济时代几乎没有得到任何重大资源。反而是湘潭与株洲，承接了苏联援助中国156项工程当中的4项，一举奠定了其工业基础。①

长沙能在一片废墟当中成长为今天中国区域经济版图里的小巨人，难度之高可想而知。智纲智库的创始人王志纲认为，"中国的政治首都是北京，经济首都是上海，还留下一个席位，其他城市还没有意识到，那就是文化首都。西安应该赶快去抢占这个制高点，因为汉唐盛世在西安。"

如果说，西安凭借十三朝古都的地位有望成为古文化首都，那么长沙则有一定的希望去打造新文化首都。这里新消费品牌兴盛，以芒果台为代表的娱乐媒体发达。若能进一步延展出来，建成影视之都、时尚之都，或可合力晋升为新文化之都，与西安的古文化遥相呼应，形成"一南一北"两大文化中心的格局。

这无疑是长沙摆脱广东虹吸魔咒的长远之计。多给长沙点时间，说不定很多问题就能在发展中解决，能更好地克服毗邻粤港澳大湾区的虹吸效应，活得更加风生水起。

---

① 彭韧：《长沙制造是如何"造"成的》，载《21世纪商业评论》2008年10月。

06

湖南与广东之间的地缘关系，还无意间影响到了国际舞台。2018年11月，三湘大地竞相传递一个"好消息"，中国—非洲经贸博览会永久落户湖南省长沙市，每两年举办一届。这是中非合作论坛下唯一的国家级对非经贸落地机制，也是湖南第一个国家级、国际性对外开放平台。

放眼全国，能与之规格相当的，当属"中国—东盟博览会"。所以，中非博览会永久会址的博弈非常激烈，有17个省市参与争夺，湖南的商务、外事等多部门先后赴京汇报对接就达40余次。

那么，为什么是湖南长沙脱颖而出？这里头有着深刻的历史因素，以及基于现实逻辑的选择，但离不开两个现实基础。

第一，由于湖南人口被广东虹吸，长沙的辐射力不强，湖南至今还未全面实现工业化进程，是全国知名的农业大省。

北京大学国家发展研究院教授林毅夫指出，湖南是全国的粮食主产区、重要的生猪蔬菜供应区、重要的农产品加工省份，而非洲大部分国家仍旧以农业作为国民经济的支柱产业，在农业方面的优势决定了双方存在较大的合作空间和可能。

第二，长沙人的消费能力强。非洲也有很多资源和产品符合湖南生产和消费者的需要，如辣椒、腰果、咖啡、可可等农产品在湖南的市场上就很受欢迎，可以深度融入长沙街头的消费文化中。

2019年6月，湖南长沙成功举办首届中国—非洲经贸博览会。一年之后，国务院就印发《北京、湖南、安徽自由贸易试验区总体方案及浙江自由贸易试验区扩展区域方案》，提出一个史无前例的试验任务，即湖南自贸区和浙江自贸区试点以货易货。

在湖南自贸区，"建设中非经贸深度合作先行区。比照现行中西部地区国际性展会留购展品免征进口关税政策，支持办好中国—非洲经贸博览会。建设非洲在华非资源性产品集散和交易中心。探索开展中非易货贸易。探索创新对非经贸合作金融平台和产品，支持设立中非跨境人民币中心，推进跨境人民币业务政策在对非跨境贸易、清算结算、投融资等领域落地，提升对非金融服务能力。打造中非客货运集散中心……"

在浙江自贸区，"支持义乌小商品城等市场拓展进口业务，建设新型进口市场。支持建设易货贸易服务平台。探索小商品贸易与大宗商品贸易联动的新型易货贸易模式，拓展跨境人民币结算通道。以'一带一路'沿线国家和地区为重点，整合海外仓、结算等全球供应链服务体系，建设面向全球的供应链易货交易服务平台。"

从2013—2019年，6年时间里中央一共批准了6批自贸区实验，涉及全国18个省市区。翻遍过去18份自贸区建设方案，都没有提及"易货贸易"这个字眼。所以，探索易货贸易新模式，可以说是历史上首次。

非比寻常的是，易货贸易竟然是此次顶层设计中相当重要的内容，占据了非常可观的篇幅。这释放出了一个耐人寻味的信号——为应对百年未有之大变局，人类历史上最原始的"以物换物"贸易方式，可能会重回中国的经济舞台。

07

按照结算方式的不同，全球贸易模式可以分为两种，易货贸易与现汇贸易。两者的主要区别，就是用不用货币作为交易媒介。

过去在计划经济时代，中国由于外汇严重不足，很依赖易货贸易。1974年邓小平准备出访纽约，整个中央政府找遍银行，发现外汇金库里空空如也，能凑足的只有3.8万美元，这可是中国领导人第一次访问美国,却几乎连一张头等舱的机票都买不起。①

改革开放后,中国通过"三来一补"的加工贸易方式,发展出口导向型经济。当时进口设备、技术也没有钱,怎么办?先把设备运进来,记到账上,等产品加工好了之后再运出去,用这种"补偿贸易"作为低端制造业的起步,实际上也是"以货易货"的方式。

等到中国成为举世闻名的世界工厂之后,易货贸易方式在中国跨境贸易体系当中就逐渐被边缘化了。因为以物换物有一个非常大的缺陷,就是你能换给我的,并不一定就是我想要的。只有双方都正好需要对方的商品,交易才能实现,所以它的交易成本特别高。

而中国的外汇储备已经做到了世界第一,看中啥了直接就可以用现金支付,简单又方便。所以,随着中国加入WTO以及经济实力的全面提升,中国跨境交易的主流早已变成了现汇贸易。

目前的"以物换物"主要集中在跟俄罗斯、东盟、蒙古等边境贸易中,跟我们的邻居们做点小生意。国家没有明文鼓励,企业巨头也不会积极参与。

然而,在今天这种百年未有之大变局下,一切都开始变得不一样了。中美脱钩之势愈演愈烈,贸易保护主义兴起,中国的出口面临很大的下行压力。

不仅如此,如今的欧美正在抛弃WTO另起炉灶,签订了很多双边、多边自贸协议,比如CPTPP、欧日自贸区。随着这些自贸协定的深入实施,其他国家的产品可能会对中国的出口产生替代效应。中国必须花费更大的力气,才能保住原来的基本盘。想要进一步开拓对发达地区的出口市场,更是难上加难。

就在湖南等自贸区建设方案发布的前几天,加拿大就搁置了与中国这个世界第二大经济体达成自由贸易协议的想法。加拿大外交部部

---

① [美]卡尔·沃尔特、弗雷泽·豪伊:《红色资本:中国的非凡崛起与脆弱的金融基础》,东方出版社2013年版,第2页。

长商鹏飞接受《环球邮报》采访时表示，加拿大和中国之间的贸易协定谈判"不再值得继续推进"，放弃从四年前加拿大总理访华后开始的与中方的自由贸易谈判。

双方多年的努力通通白费。在这种情况下，中国急需扩大发展中国家的出口市场，尤其是那些中高速增长的新兴经济体。如表3-17所示，过去中国出口最多的国家，主要是美国、日本、韩国、德国、荷兰、英国等。如2020年中国对美国出口额为4517亿美元，比越南、印度、俄罗斯联邦、泰国、巴西加起来还要多得多。

表3-17　2020年中国向其他国家或地区出口情况

单位：亿美元

国家或地区	出口额	国家或地区	出口额
美国	4517	印度尼西亚	410
日本	1426	法国	370
越南	1138	巴西	350
韩国	1123	意大利	329
德国	868	阿联酋	323
荷兰	790	西班牙	275
英国	726	波兰	267
印度	667	比利时	208
马来西亚	563	土耳其	203
澳大利亚	535	尼日利亚	168
泰国	505	智利	153
俄罗斯联邦	505	南非	152
墨西哥	448	捷克	137
加拿大	421	埃及	136
菲律宾	419		

数据来源：国家统计局。

发展中国家虽然数量庞大，但绝大多数地方从中国进口的规模并不大。为什么会这样？除了欠发达国家的消费力不如发达国家之外，还有一个很重要的原因，就是这些地方极度缺乏外汇。

毕竟，不是所有的发展中国家都可以比肩中国。中国是全世界唯一拥有全部工业门类的国家，从低端制造品到资本、技术密集型产品，通通都能造。

中国一个国家就抢夺了很多发达地区的进口市场，非洲、拉美、东欧、中亚生产的很多产品，根本就不具备比较优势，打不进欧美市场。

有些国家只能跟朝鲜一样，靠输出劳工、变卖古代文物来换取外汇。有的国家运气好点，有矿产资源，出口初级产品也能赚些美元、英镑和欧元，但整体而言，还是不够用。

人家那些宝贵的外汇，可能第一时间会拿来进口粮食，维持国内最基本的社会秩序，接下来还要省吃俭用，留点出来到欧美国家进口一流的技术和设备进行工业升级，最后花在中国身上的钱并不多。

为此，中国选定湖南、浙江为突破口扩大"以货易货"，探索用这种方式来消化国内过剩的产能，扩大中国的出口市场。

以浙江为例，宁波片区有世所罕见的深水良港，有现成的航运体系，长三角很多大宗商品要经由宁波进出口。义乌片区有特别发达的小商品经济。中央提出在浙江自贸区，支持建设易货贸易服务平台。探索小商品贸易与大宗商品贸易联动的新型易货贸易模式，这意味着两个城市可能会联动起来共同发挥效用。

比如拉美某个国家想要进口义乌的衣鞋箱包，但是兜里没有美元。一家浙江贸易公司就跟它签订易货贸易的合同，把义乌的产品送出去，然后在拉美国家当地采购煤炭、矿产等初级产品，拉到宁波卖给本地的重化工企业。

这样做至少有两个好处：第一，宁波的企业节省了外汇支出，为中国应对人民币贬值留下更多对冲的武器；第二，义乌的小商品也开拓出了更大的出口市场。

湖南作为农业大省，对非洲咖啡、可可、腰果等进口需求较大，彼此之间可以互通有无。因此，中央选定湖南自贸区建设非洲在华产品集散和交易中心，探索开展中非易货贸易同样大有可为。

对于中国来说，过去投资拉动的模式已经走不动了，内需则还需要时间培育。出口仍然是我们拉动经济的重要支柱。中国把人类历史上最原始、最传统的贸易方式重新拉回经济舞台，其实也是为了应对经济增速放缓的大环境，为中国的产能过剩开拓出更大的出口。

易货贸易唯一的问题在于交易成本过高、信息不对称。不过，中国的互联网技术如此发达，这个问题也是有望通过电商平台来缓解的。有数据显示，易货贸易在 2015 年占到全球贸易总额的 30%。未来以浙江、湖南为代表，中国可能会有更深入的布局和谋划。

作为中国第一个也是唯一一个探索开展中非易货贸易的地区，湘江之畔要开始新的故事了。

天津南京易位，折射南北方经济模式分野[1]

天津与南京，前者是仅次于北京的北方第二城，后者是曾作为权力金字塔顶端的六朝古都。在历史的长河里，一个顺流而下，一个激流勇进，两艘巨轮驶向了相反的航向。

2020年，南京将天津挑落马下，强行闯入了中国前十大城市阵营。放在十年前，这根本无法让人相信。曾经，天津气势如虹，还在炽热的"中国第三城"争夺战中，与广、深贴身肉搏，颇有不把一线城市格局搅个人仰马翻就誓不罢休的感觉。

而十万八千里之外的南京，还沉浸在失去首都的忧伤之中，蜷缩在紫金山脚下当它的省内"千年老三"，疲于应对来自苏、锡、常的轻视。

变化，似乎就发生在瞬息之间。

01

自永乐十九年（1421年），明成祖朱棣迁都北京，以南京为留都之后，中国的政治、经济中心就开始相分离数百年。

北京长期是一座消费型城市，需要动员半个中国的资源才能满足它的需求，京师皇室、百官及军士所需粮饷皆完全依赖一条水运大动

---

[1] 本文作者为巫珩、黄汉城。巫珩毕业于暨南大学新闻学、香港科技大学全球中国研究专业，现为职业写作者。

脉——京杭大运河。素有"九河下梢""河海要冲"之称的天津，就此走马上任，成为漕运枢纽基地的重要角色，呼风唤雨。

直至中华人民共和国成立之初，天津仍然傲视整个北方，最鼎盛时期GDP是北京的1.6倍。就算此后被北京超越，天津之于北京，北京之于天津，都是休戚与共，无可取代的紧密关系。

天津究竟有多重要？首先，天津距离北京只有120千米，是海上入京的咽喉要地，在地理条件上它绝对是拱卫京畿的首要门户。

其次，天津拥有中国最大的人工港，30万吨级别的船舶可以自由进出。它是北京乃至北方十几个省市通往海上的交通要道，又是连接华北、华东、西北的重要枢纽。2017年，北京有70%的进出口海运货物来自天津港。

这是一座与政治权力中心紧密捆绑在一起的城市，国家自然也不会怠慢它。2005年，15位国家部长被召集在天津的一座高级酒店内，进行了长达3天的闭门会议，讨论一个足以扰动中国区域经济版图的重大决策。① 当他们走出会议室的时候，脚下这片土地已经脱胎换骨。

在"京津冀一体化""环渤海经济圈"的背景之下，滨海新区横空出世，中央将其正式纳入国家发展战略布局中，从此天津开启了高能模式。

2006年，国务院批复的《天津市城市总体规划（2005—2020年）》，明确将天津定位为北方经济中心，天津滨海新区则是"环渤海中心"。此后一波又一波的投资热浪砸向滨海新区，天津一飞冲天，远远甩开了南京。

2005年，天津和南京的固定资产投资旗鼓相当，仅仅相差84.83亿元。但自从滨海新区落地之后，二者的差距急剧扩大，2015年达到峰值，差值足足有7563.29亿元。具体来看，天津的固定资产投资从

---

① 刘利平：《"中国空城"系列调查之一：折戟响螺湾》，载《凤凰网财经》2014年4月。

2005 年的 1487.55 亿元，一路飙升到 2015 年的 13047.76 亿元，十年间总计投资超过 7 万亿元（见表 3-18），简直是开着飞机撒钱。

表 3-18　2005—2020 年天津与南京固定资产投资情况

单位：亿元

年份	天津	南京	差值
2005	1487.55	1402.72	84.83
2006	1819.8	1613.55	206.25
2007	2355.92	1867.96	487.96
2008	3370.95	2154.17	1216.78
2009	4977.32	2668.03	2309.29
2010	6485.06	3306.05	3179.01
2011	7483.69	4010.03	3473.66
2012	8849.79	4683.45	4166.34
2013	10091.04	5265.55	4825.49
2014	11626.27	5460.03	6166.24
2015	13047.76	5484.47	7563.29
2016	11223.52	5533.56	5689.96
2017	11274.69	4312.66	6962.03
2018	10643.31	4718.05	5925.26
2019	12122.73	5082.77	7039.96
2020	12486.41	5418.23	7068.18

数据来源：统计年鉴。

"十一五"（2006—2010 年）期间是天津项目最多、投资最大的五年，驱动着天津固定资产投资增速长期保持在 30% 以上。而这些项目，大多是奔着滨海新区而来。在这片热火朝天的盐碱地上，"中央军"发挥的作用不容忽视。①

一批批"中"字头的企业安营扎寨，包括中国航天科技、中国航

---

① 刘玉海：《滨海新区大项目驱动模式的逻辑：地方诉求拥抱国家使命》，载《21 世纪经济报道》2012 年 2 月。

天科工、中国航空工业三大航空航天巨头，中国石油化工、中国海洋石油、中国石油天然气、中国化工四大石化巨头，以及中船重工、中国一重、中国粮油、中国建材、中国电子科技等。

中国石化在天津投产的百万吨乙烯及配套项目，被誉为滨海新区的"明星项目"。项目主体建设投资268亿元，加上配套工程，总投资高达340亿元。建成之后，天津成为华北地区最大的炼油加工基地。

2009年，在天津市推出的80项重大工业项目中，中央大企业集团、大院大所项目就占了34项，总投资额达2026.9亿元，支撑起了半壁江山。

在这些大项目驱动以及"中央军"的发力之下，滨海新区势如破竹，从2006年到2011年，每年的经济增速都超过了20%。2007年滨海新区GDP突破2000亿元，2008年突破3000亿元，2010年更是突破5000亿元（见表3-19），首度超越上海浦东新区，创造历史奇迹。

表3-19　2005—2015年天津及滨海新区经济状况

单位：亿元

年份	滨海新区GDP	滨海新区增速	天津GDP	天津经济增速	滨海新区GDP占比
2005	1623.26	19.8%	3905.64	14.5%	42%
2006	1960.49	20.2%	4462.74	14.4%	44%
2007	2364.08	20.5%	5252.76	15.1%	45%
2008	3349.99	23.1%	6719.01	16.5%	50%
2009	3810.67	23.5%	7521.85	16.5%	51%
2010	5030.11	25.1%	9224.46	17.4%	55%
2011	6206.87	23.4%	11307.28	16.4%	55%
2012	7205.17	16.1%	12893.88	13.8%	56%
2013	8020.4	11.3%	14442.01	12.5%	56%
2014	8670.15	8.1%	15726.93	10%	55%
2015	9270.31	6.9%	16538.19	9.3%	56%

数据来源：各地统计局。

彼时"中国第三城"的角逐已经被放到台面上讨论，天津全市弥漫着一种赶超广、深的豪气，而远在千里之外的羊城，也感觉到了天津正在步步紧逼。2013年3月，广东省低调派出一批官员赴天津挂职，考察学习天津经验。当时，天津的发展势头令不少广东挂职干部震惊万分。①

其中一位官员称："天津滨海新区将实施三年倍增，计划到2015年实现1.5万亿元的生产总值，而广州同年的目标是1.8万亿元。"也就是说，一个滨海新区的体量都可以赶上一个特大型的城市了！

整整十一年，滨海新区每年为天津贡献50%左右的国民生产总值，真可谓天津经济腾飞的"发动机"。彼时的天津，似乎离"中国经济增长第三极"的目标近在咫尺，沉溺在黄金时代的盛世狂欢之中，全然不知道危机正在逼近。

如日中天的滨海新区，未能续写经济奇迹。

02

2018年是天津历史上的转折点，这里发生了震惊全国的"挤水分"事件。滨海新区宣布更改统计口径，由企业注册地改为实际经营所在地，去除重复计算后，2016年滨海新区的GDP由10002.31亿元调整为6654亿元，数据骤然缩水，幅度高达33.5%。

而当2018年第一季度成绩单公布后，天津人再度被吓坏了。天津GDP增速直接跌入谷底，从2017年的8%跌至1.9%，在内地31个省市区中排名倒数第一。

遭遇滑铁卢的天津，从此走下神坛。然而，天津所历经的这一劫，并不是没有征兆。一方面，天津从产业结构来看，是老牌工业城市，

---

① 张东明主编：《广州策论：一个国家中心城市的发展战略思辨》，南方日报出版社2013年版，第7页。

推动天津经济发展的核心在于工业投资，而工业产值中绝大部分来自石化、汽车、金属冶炼、机械制造等重工业。

然而2017年，一场轰轰烈烈的限产"环保风暴"，使得天津很多高耗能高污染的企业关停，整个产业链条都受到冲击。这种以重工业为主的产业结构，新旧动能转换慢，已无法拉动经济的高速增长。

另一方面，从经济主体来看，天津的民营经济并不活跃，相反国企实力更为雄厚。2020年，天津民营经济增加值仅占全市的35.9%。

在投资驱动的模式之下，国企凭借特殊的地位，能向银行借来大批贷款，疯狂砸向各类基础设施建设，甚至通过负债来扩产。虽然这些都是经济增长的助推剂，但是当经营利润跟不上负债的扩张速度之后，企业的债务泡沫就破灭了。

天津的国企债务相继爆雷，信用危机使得企业难以继续在银行融资，借新还旧，加上"挤水分"之后的地方财政捉襟见肘，也无法为企业持续输血。

2018年，曾入围全球500强的渤海钢铁正式破产重组。这家风光无限的钢铁巨头倒下后，同年5月，天房集团出现了违约风险，市场惊呼这个天津最大的国有房企原来负债1800亿元，负债率高达85.85%，波及56家金融机构。

2019年4月，连续7年入选世界500强的天津物产，出现多笔债务违约，负债规模近2000亿元，这可是天津百强企业的第一名。不仅如此，天津物产旗下公司还发生了美元债违约，这是20多年来中国的首起国企美元债实质违约，击碎了海内外无数投资者的"国企信仰"。

为了化解债务困局，增加地方财政，据《证券时报》报道，一场力度之大、程度之深、范围之广、速度之快均为全国之最的国企混改大幕在天津徐徐拉开。天津国企不分类别、规模大小，几乎倾巢而出。①

像滨海农商银行、天津信托等金融机构也在混改名单之中，这意味着天津不惜拿出最值钱的金融牌照进行混改。部分企业国资退出比例相当大，像中环集团和天津水产转让 100% 的股权，天津信托转让 77.58% 的股权，天津医药集团转让 67% 的股权。若不是形势使然，天津也不至于如此豪情。

03

同样是靠石化、钢铁等重工业起家的南京，却走出了一条与天津完全不同的道路。1934 年，中国"重化工之父"范旭东在江北建起永利化学工业公司铔厂，也就是南京石化的前身，此举奠定了南京"中国化工摇篮"的地位。

南京之所以能成为石化之城，一定程度上是因长江而盛。借助这种最低成本的运输方式，石化原料被一船船地运到南京，这使得这个身居内陆的城市得以靠石化产业发家致富。

改革开放以后，南京的石化产业迅猛发展，中石化南京石化、金陵石化、扬子石化、华业石化等企业遍布长江沿岸。作为南京的第一大支柱产业，石化产业对全市的经济贡献率非常高。全市生产规模位居全国第二，仅次于上海。

石化再加上钢铁产业，一度占全市工业比重高达 70%。直至 2010 年，比重才下降至 39.24%②，但仍是大块头。在石化、钢铁等产业的带动下，南京成了一座名副其实的重工业之城。1978 年南京轻重工业比例为 32∶68，2001 年演变为 23∶77，重工业的色彩越来越浓厚。

---

① 王小伟、曹晨：《混改盛况空前！天津范式能否破局经济失速？》，载《证券时报》2021 年 1 月。
② 石化、钢铁占全市工业的比重分别为 30.53%、8.71%。

然而，重工业虽然推动了南京的经济发展，但还是一直比拼不过省内的苏州和无锡。多年来，苏州和无锡靠着上海飞黄腾达，承接了大量外向型产业，经济飞速发展，位列省内第一和第二名。

2010年《长江三角洲地区区域规划》正式出台时，南京的GDP仅相当于苏州的54.5%、无锡的86.5%，十分尴尬。不仅如此，南京的经济也弱于浙江省的杭州、宁波，在长三角五大副中心城市里妥妥的倒数第一。

举目四望，南京仅有石化产业非旁人可比，其他的产业如电子信息、汽车等均不占优势。

04

南京深知仅仅依靠传统重工业的产业格局是走不长远的，如何摆脱石化之城的魔咒，突破发展瓶颈，是六朝古都最亟须解决的难题。对此，南京摸索出了两条路径，一是瞄准服务业中的软件产业，二是加速制造业的转型升级。

不得不说，南京经济得以迅猛发展，现代服务业尤其是软件行业功不可没。虽然南京长期处于包邮区城市鄙视链的末端，但南京作为一省首府，拥有常人难以企及的傲人资本——丰富的高校和科研资源。

全江苏11所211院校中，南京就占了8所，而在全国双一流名单中，南京仅次于"教育第一城"的北京和国际大都市上海，位居全国第三，每万人在校大学生、研究生数量均排在全国第二位。这是苏州、无锡、宁波、杭州、合肥等城市均望尘莫及的资源。

"科教第三城"的优势，使得南京人才济济，而这正是软件产业发展的核心要素。2010年9月，南京被工信部授予首座"中国软件名城"的称号。借助这个契机，南京正式成立中国（南京）软件谷，通过这个平台筑巢引凤，大展手脚。

如今，拉开南京软件企业的名单，南瑞集团有限公司、江苏省通信服务有限公司、熊猫电子集团有限公司、国电南京自动化股份有限公司、南京联创科技集团股份有限公司、SAP、IBM、Marvell、戴尔、中兴、华为、文思创新、东软等一连串响当当的名字赫然在列。

2021年，南京的软件业务收入高达6702亿元，占全国的7.06%，傲居第五位（见表3-20）。单单南京一个市的软件业务收入，就足以撑起江苏省的半壁江山。

表3-20　2021年各市软件业务收入

单位：亿元

城市	收入	占全国比例
北京	18661	19.64%
深圳	9013	9.49%
上海	7741	8.15%
杭州	6933	7.30%
南京	6702	7.06%
广州	5857	6.17%
成都	4456	4.69%
济南	3803	4.00%
西安	3141	3.31%
青岛	2900	3.05%
天津	2634	2.77%
武汉	2159	2.27%
厦门	1369	1.44%
长沙	1000	1.05%

数据来源：根据公开资料整理。

软件行业也聚集起了庞大的就业队伍。2021年，南京涉软从业人员的数量超过82万人，占据了全市就业人口的16%。未来，南京还将持续发力，目标是将软件和信息服务产业打造成首个万亿级产业，使其成为南京的国际名片。

05

就在软件行业异军突起之时，南京在工业上也没有安于现状，而是伺机而动，寻求突围之路。与杭州不同，南京很早就意识到，制造业始终是兴国之器。它及早改变"倚重服务业、工业贡献度较弱"的状况，重新扛起制造业的大旗。这使南京的产业结构发生了翻天覆地的变化。

石化和钢铁这类重工业，占规模以上工业总产值的比重，从2010年的39.24%下降到2015年的27.3%，反观南京重点发展的电子信息和汽车产业，则从24.2%上升到了37.6%。

到了2017年，南京又明确提出了"4+4+1"的主导产业体系。第一个"4"，是新型电子信息、绿色智能汽车、高端智能装备、生物医药与节能环保新材料等先进制造业四大主导产业。

第二个"4"，是指软件和信息服务、金融和科技服务、文旅健康、现代物流与高端商务商贸等现代服务业四大主导产业。最后一个"1"，则指培育一批未来产业。

此后，南京以十年来最大力度推动制造业尤其是先进制造业发展，工业投资干劲十足。工业的固定资产投资增速从2018年的8.90%，一步步提升至2021年的13.50%（见表3–21）。

正如南京市市长后来所言："南京虽是中心城市，但不是北京那样的政治中心，也非上海那样的金融和贸易中心……南京要在国内城市中争先进位，必须大力发展先进制造业，千方百计延长制造业的生命周期，推进制造业的持续繁荣。"

表 3-21　2018—2021 年南京工业投资增速

年份	南京工业投资增速
2018	8.90%
2019	10.20%
2020	11%
2021	13.50%

数据来源：南京统计局。

其中，半导体与集成电路产业是南京发展先进制造业的重要突破口之一。2018 年 5 月，台积电南京厂实现 16 纳米晶圆量产。这是台积电在大陆的首个 12 寸晶圆厂和 IC 设计中心，投资额高达 30 亿美元，创下了台湾历年来对大陆单笔投资的"天花板"。

南京深知抢下这个半导体产业的龙头企业有多重要，之前，为了吸引台积电落户，南京给出了诚意十足的条件，包括减免 10 年税费、保障土地和资源配置最优等。

从开工到量产，也仅仅用了两年的时间，展示了台积电都感到不可思议的"南京速度"。台积电的进驻，除了带来先进生产工艺，还填补了南京集成电路产业链的关键短板，带动着南京进入了全国集成电路的重点城市。

从此，南京的半导体和集成电路产业一路高歌猛进。如今已经聚集了 180 多家集成电路相关企业，芯片之城初具雏形。

先进制造业的发展，成了南京摆脱石化之城的最重要的棋子之一。2020 年，南京计算机、通信和其他电子设备制造业规模以上工业企业的主营业务收入约为 1971 亿元，早已取代石化产业，化身南京第一大工业支柱产业。而电气机械和器材制造业约为 1399 亿元，汽车制造业约为 1210 亿元，也纷纷超过了钢铁产业（见表 3-22）。

当天津还挣扎在由债务驱动的重工业的泥沼时，南京成功从化工之都蜕变成下一个潜在的创新之城。这为南京弯道超车天津，筑造了加速的引擎。

表 3-22　2020 年南京规模以上工业企业主营业务收入

单位：万元

项目	金额
计算机、通信和其他电子设备制造业	19710604
化学原料和化学制品制造业	15710594
电气机械和器材制造业	13993843
汽车制造业	12103270
黑色金属冶炼和压延加工业	10552970

数据来源：天津统计局。

2020 年，南京工业增加值达到历史性的 4331.59 亿元，一举超过了杭州、北京和天津三位重量级选手，位列全国第十一大工业城市（见表 3-23），取得了过去十几年来最好的名次。

表 3-23　各大城市工业增加值排名

单位：亿元

排名	年份											
	2015		2016		2017		2018		2019		2020	
	城市	工业增加值	城市	工业增加值	城市	工业增加值	城市	工业增加值	城市	工业增加值	城市	工业增加值
1	上海	7889	上海	8045	上海	8977	上海	9763	上海	9565	上海	9657
2	深圳	7190	深圳	7770	深圳	8701	深圳	9209	深圳	9533	深圳	9528
3	苏州	6648	苏州	6819	苏州	7536	苏州	8168	苏州	8316	苏州	8514
4	重庆	5621	重庆	5896	重庆	6202	重庆	6268	重庆	6552	重庆	6991
5	广州	5233	广州	5270	广州	5341	广州	5487	广州	5714	佛山	5764
6	佛山	5029	佛山	4660	佛山	5056	佛山	5364	佛山	5713	广州	5723
7	武汉	4082	武汉	4239	武汉	4725	无锡	5009	东莞	5116	无锡	5125
8	无锡	3836	无锡	3977	宁波	4580	宁波	4899	泉州	5066	泉州	5121
9	天津	3815	宁波	3954	无锡	4552	东莞	4837	宁波	5047	宁波	5046

（续表）

排名	年份										
	2015		2016		2017		2018		2019		2020	
	城市	工业增加值	城市	工业增加值	城市	工业增加值	城市	工业增加值	城市	工业增加值	城市	工业增加值
10	宁波	3718	天津	3773	东莞	4316	泉州	4691	无锡	5034	东莞	4968
11	杭州	3498	东莞	3768	泉州	4213	武汉	4278	武汉	4539	南京	4332
12	泉州	3489	杭州	3726	杭州	3968	天津	4277	杭州	4288	杭州	4221
13	北京	3459	泉州	3722	天津	3943	杭州	4160	天津	4272	北京	4217
14	南京	3452	北京	3636	北京	3886	北京	4140	北京	4243	成都	4208
15	成都	3421	南京	3628	南京	3837	南京	4004	南京	4216	天津	4188
16	东莞	3390	成都	3423	成都	3606	成都	3731	成都	4056	武汉	4086
17	青岛	2945	青岛	2989	南通	3353	南通	3611	南通	3836	南通	3957
18	南通	2761	南通	2975	青岛	3134	青岛	3161	长沙	3329	唐山	3467
19	长沙	2731	长沙	2825	长沙	2919	唐山	2968	唐山	3232	长沙	3466
20	唐山	2621	唐山	2768	唐山	2858	长沙	2965	青岛	3160	青岛	3268

数据来源：各市统计局。

注：本表格中数据采用四舍五入法，只保留整数。

而此前的十年（2010—2019年）中，南京的工业增加值始终低于天津，差距少则100多亿元，多则700多亿元。正是2020年南京工业增加值的惊险赶超，比天津多出143.46亿元（见表3-24），极大地助推了南京淘汰掉天津，杀入中国GDP前十大城市。

表3-24 2010—2020年天津、南京工业增加值情况

年份	南京	天津	南京减天津
2010	2040.77	2837.27	−796.5
2011	2436.78	3231.33	−794.55
2012	2807.35	3575.24	−767.89
2013	3062.56	3814.68	−752.12

（续表）

年份	南京	天津	南京减天津
2014	3192.01	3972.44	−780.43
2015	3451.54	3815.09	−363.55
2016	3627.76	3773.04	−145.28
2017	3837.39	3942.48	−105.09
2018	4004.14	4276.91	−272.77
2019	4215.76	4372.27	−156.51
2020	4331.59	4188.13	143.46

制造业的加码，厥功至伟。

06

伴随着天津和南京的易位，中国前十大城市当中，仅剩下北京一座北方城市。南北方的差距已经到了史无前例的程度。

其实，这并不令人感到特别意外。长期受益于计划经济的北方，习惯了"拿来主义"，依靠资源和重工业，将"投资"这辆马车用到极致，便足以让他们过上安逸的小日子。

想当年坐拥全国第二大油田的山东，正是靠着大象经济回到GDP第二的宝座，山西老板揣着黑色黄金横扫一切楼市，榆林、鄂尔多斯、克拉玛依等地凭借地下有"矿"，书写了一幕幕传奇。天津也遗憾地没有摆脱这种固有的北方模式。

同时期，南方借着加入WTO的东风，将自己深度融入世界产业链条的分工体系当中。温州、泉州、东莞、佛山等普通地级市依靠劳动密集型产业起步，一步步实现了产业转型。

说白了，南方城市会想尽办法爬到产业链中下游的位置，而北方城市陷入了对投资的路径依赖，多数还停留在产业链上游、供应原材料的位置。这种南北方经济模式的巨大分野，冥冥中已经决定了后来的历史走向。

回到天津和南京，这两座城市，都与北京有着莫大的关联。中国只有两座名字中含"京"的城市，北京作为首都，自然聚拢了全国顶级的资源，光芒万丈，短短几十年就跃升为全球城市。

南京丧失大国心脏之位后，只好屈居省会行列，被长三角一众强敌摁在地上摩擦。不过，过去十几年来它步步为营，成功打败了当年的劲敌，闯入了中国经济第一阵营。

天津因拱卫北京而生，并凭借着这种特殊的京畿门户地位，晋升为中国最高等级的直辖市，这个称号凤毛麟角。然而，它沉浸在投资驱动的模式中不能自拔，没有及时切换到新的赛道，终究失速坠落。

这些故事告诉我们，心浮气盛，罔顾自身实力就想一步登天的人，结局往往都不会太美好。不管是一座城市还是一个国家，都应该懂得这个道理。韬光养晦，永不过时。

杭州向左，宁波向右

2021年1月，北京在"十四五"规划草案中提出"创建国家共同富裕示范区"。这应该是全国第一个提出此定位的省级行政区，展现出了很高的政治站位。作为国家政治中心，首都若是能够率先达到共同富裕，那确实具有极大的象征意义。

不过，两个月后，万众期待的"十四五"规划出炉了，明确"支持深圳建设中国特色社会主义先行示范区、浦东打造社会主义现代化建设引领区、浙江高质量发展建设共同富裕示范区"。

中央最后选择了地位远不如北京的浙江，使得后者历史性地与深圳、上海浦东站在同一起跑线上，成为第三个与"社会主义"相关的国家级战略。

那么，为什么浙江能够打败北京、广东、江苏等一众高手，拿到这样一个殊荣呢？这非常耐人寻味。

01

在中国的话语体系当中，共同富裕是一个十分重要的符号。它既有浪漫主义情怀，又具有巨大的实用主义作用，为有形之手分配资源、决定议题优先等级提供了牢固的合法性。正是有了这样一条心理纽带，权力中枢才得以凝聚全国上下所有力量搞经济建设。

浙江能够脱颖而出，拿下共同富裕示范区，也意味着未来会有各种政策红利纷至沓来。那么，浙江凭什么战胜北京呢？这可能跟它独特的基因有关。北京是一个权力向上集中的地方，浙江则完全不一样，它是一个权力向下分散的地方，完全处于光谱的另一端。

放在整个长三角，浙江都算是一个"怪胎"。上海被称为用计划经济手段搞市场经济。江苏的"苏南模式""工业园模式"均是政府出面主导经济发展。安徽省会合肥是全国最成功的"风投公司"，地方政府充当投资合伙人，凭空创造了很多新兴产业。

长三角其他地方都保留着"强政府"的色彩，唯独浙江是"弱政府"的角色。这种基因，是一种独特的历史遗产。早在20世纪60年代，浙江各地就有大规模的商品交易地下市场。1978年后，这种草根活力得到进一步的延续和壮大，创造了浙江强大的民营经济。

根据浙江统计局的数据，2020年，浙江民营经济创造增加值4.28万亿元，占GDP比重66.3%，比广东还要高出十个百分点。这种自下而上的路径，正是今天中国实现共同富裕所能依靠的最好模式。

02

浙江七山一水两分田。山区多，平原少，地理格局非常劣势。而且浙江没有什么资源，不产一块油田和煤田，无法像北方鄂尔多斯那样，躺在庞大的资源产业上过日子。从地理经济学来看，这样的开局注定是一手烂牌。

但是，今天的浙江还是富得流油。2020年，该省城镇居民人均可支配收入达到62699元，连续20年位居全国各省（区）第一；农村居民人均可支配收入为31930元，连续36年位居全国各省（区）第一。而且，浙江的城乡居民收入比小于2，是全国最低的地方之一（见表3–25）。

表 3-25　2020 年各地城乡居民收入比

排名	城市	城乡居民收入比	排名	城市	城乡居民收入比
1	甘肃	3.27	17	安徽	2.37
2	贵州	3.1	18	山东	2.33
3	云南	2.92	19	辽宁	2.31
4	青海	2.88	20	海南	2.28
5	陕西	2.83	21	江西	2.27
6	西藏	2.82	22	河北	2.26
7	宁夏	2.57	23	福建	2.26
8	湖南	2.51	24	湖北	2.25
9	北京	2.51	25	上海	2.19
10	山西	2.51	26	江苏	2.19
11	内蒙古	2.5	27	河南	2.16
12	广东	2.5	28	吉林	2.08
13	新疆	2.48	29	浙江	1.96
14	重庆	2.45	30	黑龙江	1.92
15	广西	2.42	31	天津	1.86
16	四川	2.4			

数据来源：根据统计局数据计算。

走入浙江的农村，外地人经常会感慨，这里的农村实在太土豪了。一排排典雅别墅，前庭后院有露天泳池，随处可见儿童乐园、双向八车道村级大马路……

为什么会这样？为什么浙江能够成为全国区域发展、城乡发展最为均衡的地方？答案就是独特的浙江模式。

今天，我们还有一些基层对"法无禁止即可为"充耳不闻，而十几年前的浙江民营资本，早就进入了当时的投资禁区——"国字号"工程杭州湾大桥。

今天，当深圳、合肥、珠海、上海等地的国资委疯狂出击，成为诸多商业巨头背后的大金主时，浙江显得颇为低调。不是没钱，而是更愿意花力气培育本土中小企业的发展。

底层的市场活力才是浙江的本色。虽然广东的市场经济也很发达，但它过于集中在珠三角，而浙江模式是全域性的，覆盖范围更大。它在全省各地催生出一个个有竞争优势的产业集群：义乌的小商品、慈溪的小家电、鹿城的皮鞋、永康的五金、绍兴的轻纺……民营经济遍地开花，造福了一方百姓。

浙江这种自下而上的路径模式，对于全国来说都具有很大的参照意义。国家发改委表示，"纲要提出来要支持浙江高质量发展建设共同富裕示范区，主要是要探索推进共同富裕的体制机制和制度体系，形成可复制可推广的经验"。

如果坍塌的东北能学到这种经验，那肯定能更快地转变以重工业为主、资源依赖型的单一产业结构。如果西安、武汉、天津这些公有经济比重较大的国家中心城市能复制，也一定能更好地辐射所处都市圈。因此，非浙江莫属了。

可能有的人会问，福建的民营经济活力不是也很强吗，其民营经济增加值占 GDP 高达 68.1%，居全国第一，为什么不选福建？很简单，浙江有福建完全没有的优势。还记得一百年前，嘉兴南湖上的那一艘红船吗？嘉兴不单单是红色革命的发源地，它还是全国农民收入最高的市。其城乡收入比为 1.61∶1，农民平均收入 3.98 万元[①]，比中国最繁华的上海市还要多出 4000 多元。

选择浙江作为共同富裕示范区，从经济到政治上都不是简单的巧合。

---

① 徐佩：《嘉兴农村居民收入连续 17 年居全省首位》，载《嘉兴日报》2021 年 1 月 23 日。

03

有的人可能会问：建设共同富裕示范区，让区域发展变得更为均衡，会不会弱化杭州和宁波的中心地位？

对宁波不会，对杭州则不好说。"十四五"规划在主要目标中列明：单位国内生产总值能源消耗和二氧化碳排放分别降低 13.5%、18%，2035 年碳排放达峰后稳中有降。

碳达峰、碳中和是中国未来非常重要的时代使命，这或许会让宁波发挥出更大的历史价值。宁波是一个超级石化城市，凭借着深水良港，建起了全国最大的公共化工码头和最大的原油码头，能用最低的成本，在全世界进口原油、煤炭和天然气，拉出一条连绵 20 多千米的重化工海岸线。

这些源源不断的能源，支撑起下游庞大的石化工业——乙烯、PTA、橡胶……从而为新材料的发展奠定了相对良好的原材料基础。

2016 年，宁波拿到第一个"中国制造 2025"试点示范城市的牌子。从那个时候起，宁波就将新材料作为战略型产业主攻方向。很快，其产业规模就突破 2000 亿元，占全市工业总产值的 12.1%。

这里集聚了中科院宁波材料所、兵科院、西工大宁波研究院、大连理工宁波研究院、天津大学浙江研究院等产业技术研究院 69 家，全市在磁性材料、金属新材料、先进高分子材料、电子信息材料四大细分领域形成了领先优势。

蒙眼狂奔的速度，让宁波的新材料产业规模登顶全国七大新材料产业城市之首。相比于传统材料的过剩困境，宁波的新材料产业无疑更具有发展空间。

以塑料行业为例，从生产端来看，生产 1 吨铝型材就要耗电 1.6 万千瓦时，1 吨钢材耗电 0.8 万千瓦时，而生产 1 吨塑料型材仅耗电 0.18 万千瓦时，相比更加节能。

从使用端来看，新材料的运用可以让我们的汽车、飞机更加轻型化，从"金属飞机"变成"塑料飞机"，进而降低燃油消耗和排放。我们在这方面的提升空间还很大，如波音787、空客A350用的复合材料都达到了50%以上，而我们的国产大飞机只有20%多。

在建筑和工业领域中，用"塑料"替代"金属"是一个大趋势，可以降低单位国内生产总值的能源消耗。宁波，无疑抢到了一张具有无限潜力的新兴产业门票。作为中国石化之都，宁波在发展新材料产业上有很多地方没有的先发优势。

过去，宁波被认为陷入了"失去的十年""被中央抛弃了"。现在，这座城市对中国的碳中和目标具有重要的战略价值，未来有机会重新回归主流视野。宁波会因为当初的坚守处于主流赛道中，获得更多的红利。

04

回过头来看杭州。相比"十三五"规划，"十四五"规划删掉了"服务业比重进一步提高"，并首次提到了要"保持制造业比重基本稳定"。这些都是前所未有的举动。

比之服务业，高层似乎更在意、更担心制造业。为什么会这样？"十四五"国家发展规划专家委员会委员、中国社科院经济研究所所长黄群慧接受《21世纪经济报道》采访时指出：近些年来，一些地方一味强调提高第三产业比重，并视其为经济转型升级的表现，很多地区"去制造业"很明显。

2019年中国服务业占GDP比重达到54.5%，比2005年提高了14.2个百分点。与此形成对比的是，2010年中国制造业增加值占GDP

的比重是40%，2017年降到33.9%，如今已降到27%左右，[①]这一数字出现了快速下滑趋势。

反观欧美各国，大都在推动"再工业化"。中国应警惕服务业比例过快上升和实体经济比例过快下降，以及由此而来的结构"转型"却未"升级"的情况。正如中财办原副主任杨伟民所说，服务业增加值比重指标存在不合理或不适应形势的问题，所以不应该再列。

杭州就是"去制造业化"最典型的城市，过去十年，杭州对工业厚此薄彼。它之所以能成为互联网之都，是以压制和减少工业发展为代价换取的。2013—2018年，杭州工业投资总共为5263亿元，分别比同省的宁波、绍兴和嘉兴少2740亿元、1972亿元、1012亿元。

尽管作为一个省会城市，"退二进三"是大趋势。但是与南京、武汉相比，杭州的工业投资低得匪夷所思。2013—2018年，杭州工业投资占固定资产投资的比重从21%一路下滑到12%，同期南京、武汉仍保持在30%以上的水平（见表3-26）。

表3-26　2013—2018年杭州等市工业投资占固定资产投资的比重情况

年份	杭州	南京	武汉	嘉兴	宁波	绍兴
2013	21%	48%	38%	47%	31%	50%
2014	18%	39%	37%	45%	32%	48%
2015	17%	38%	36%	44%	33%	48%
2016	15%	32%	30%	44%	30%	45%
2017	15%	29%	31%	45%	27%	43%
2018	12%	32%	31%	31%	26%	39%

数据来源：各市统计局。

不仅如此，杭州的第三类工业用地还供应不足。2015—2018年，

---

① 夏旭田：《专访｜中国社科院经济研究所所长黄群慧：保持制造业比重稳定 警惕过早"去工业化"》，载《21世纪经济报道》2020年11月4日。

杭州市区工矿仓储用地占全部供应用地的比重从26%逐年降至12%（见表3-27）。

表3-27　杭州市区历年国有建设用地供应计划

单位：公顷

年份	商服用地	住宅用地	工矿仓储用地	全部供应用地	工矿仓储用地占比
2015	121	180	359	1393	26%
2016	208	291	269	1415	19%
2017	74	371	230	1544	15%
2018	84	336	240	1969	12%
2019	219	1142	760	3937	19%

数据来源：杭州统计局。

在其他竞争对手加足马力发展工业时，唯独杭州踩了刹车，这导致杭州的第三产业一路腾飞，第二产业却瘸了。

在工业规模方面，2011—2018年的八年间，杭州消失了437家规模以上工业企业（见表3-28）。反观同时期的浙江省，规模以上工业企业从3.96万家增加到4.15万家。

表3-28　杭州市规模以上工业企业数量

单位：家

年份	大型	中型	小微	总计
2011	130	809	4929	5868
2012	133	745	5049	5927
2013	127	745	5412	6284
2014	125	691	5353	6169
2015	123	659	5291	6073
2016	128	641	4915	5684
2017	125	641	4767	5533
2018	120	617	4694	5431

数据来源：杭州统计局。

在工业增速方面，2012—2019 年，杭州规模以上工业增加值的增速从 10.9% 下滑至 5.1%。与数字经济的狂飙突进不同，杭州的工业呈现出一幅嗷嗷待哺的景象。再这样下去，显然会偏离顶层设计的构思轨道。

当前及今后很长一段时间，中国一定会把更多的资源倾向于制造业，去提升硬核科创。但是杭州由于抛弃工业太久，基础已经不够扎实，早就被同级对手赶超。未来在争夺特定工业领域的国家级资源方面，杭州可能会因为话语权不够大而受到一定影响，被相对边缘化。

尽管"十四五"规划也用同等长的篇幅在讲数字经济，但未来五年数字经济的重点和核心并不是纯粹的互联网，而是数字技术的创新应用，也就是"聚焦高端芯片、操作系统、人工智能关键算法、传感器等关键领域，加快推进基础理论、基础算法、装备材料等研发突破与迭代应用"，"提升通信设备、核心电子元器件、关键软件等产业水平"，它还是要跟制造业绑在一起的。

杭州在制造业上自废武功，而且过去它在互联网上的创新，更多的是简单的应用创新，而不是关键的基础创新。未来能不能像北京、上海的人工智能那样，引领数字经济最前沿尚是一个疑问。

如果不行，那杭州就有可能两个领域都踏空。要知道，这两年的南京可是突飞猛进，发展势头十分凶猛，已经打败天津，跻身全国前十大城市。

数据显示，2009 年南京的工业增加值与杭州还有近五百亿元的差距。此后南京一路追赶，2019 年开始齐平杭州。2020 年、2021 年甚至反超杭州 100 余亿元（见表 3–29）。再不重视工业，真不排除以后杭州会被当年最看不起的南京所超越。

表 3-29　杭州、南京历年工业增加值情况

单位：亿元

年份	杭州	南京
2009	2101	1670
2010	2502	2041
2011	2944	2437
2012	3169	3807
2013	3247	3063
2014	3415	3192
2015	3498	3452
2016	3726	3628
2017	3968	3837
2018	4160	4004
2019	4288	4216
2020	4221	4332
2021	4805	4990

数据来源：各市统计局。

2019年9月，杭州隆重召开"新制造业计划"动员大会，提出要带动数字经济和制造业"两个引擎一起转"。计划到2025年，杭州市工业总产值要达到2.5万亿元，规模以上工业增加值达到6800亿元，年均增速10%。杭州，开始补功课了！

05

为了不被历史抛诸脑后，杭州还启用了一种常人难以复制的大杀器——行政区域调整，试图从内部激发发展活力。2021年4月9日，经国务院批复，浙江省发布了《关于调整杭州市部分行政区划的通知》，宣布杭州版图迎来新一轮巨变：上城区与江干区合并为上城区、下城区和拱墅区合并为拱墅区、余杭区一分为二、钱塘新区从功能区

上升为行政区。调整后，杭州市下辖10个区、2个县，代管1个县级市，总体建制数不变。动作之大，为十年来所罕见。

二十多年前，上海成立浦东新区，昔日的西伯利亚一跃成为国际金融中心和先进制造业地带。十几年前，广州设立南沙区，海量投资从天而降，将这里打造成国际最大的航运中心之一。行政区划的每一次调整，往往会深刻影响一座城市的发展轨迹。杭州一口气调整好几个行政区，意图不可谓不明显。

那么，区划改革有什么好处？首先我们来看合并。上城区、下城区作为杭州的老城区，是沉淀杭州历史遗产最多的地方。不过，这两个区有一个共同的特征，就是面积太小了，分别为26平方千米、29平方千米。

经过多年发展，两区开发已近饱和，难以满足经济持续增长的需求。此外，每个行政区的发展方向不一样，过细的行政划分有可能会导致交界的地方功能衔接错位，对市中心面貌造成一定困扰。所以，小区并成大区，理论上是可行也是必要的。

出于对GDP的追求，各区之间很容易出现同质化竞争、重复建设等内耗，分散了原本就不多的财政收入。2019年，上城区、下城区、江干区、拱墅区的一般公共预算收入分别为85亿元、97亿元、104亿元、91亿元，远远少于其他几个主城区，更不用提跟最强的余杭区（391亿元）作比较了。

合并之后，新上城区有189亿元，新拱墅区为188亿元，开始与西湖区的150亿元、滨江区的176亿元处于同一梯队，有利于这两个中心城区更好地统筹利用财力、人力、物力，用在最见成效的地方，集中力量办大事。

其次是关于分区。自从当年阿里巴巴落地后，余杭便踏上青云一路腾飞。2020年生产总值飙至3051亿元，排名全市第一。不过，余杭内部发展相当不平衡。西边有阿里巴巴，有独当一面的未来科技城，经济发展活跃。东边是区政府所在的老城区，城市面貌要逊色得多。

从现有架构可以看出，余杭的政治中心和经济中心是分裂的，相隔甚远。作为一个1228平方千米的庞然大物，余杭区东西跨度达60千米之长，或许"分家"对两边都好。

最后是关于升级。钱塘新区是在原杭州大江东产业集聚区和原杭州经济技术开发区的基础上，整合而成的经济功能区。所以它并不像行政区那样，有人大、政协完整的五套班子，而是主要由党工委、管委会来进行管理。

这里尚未充分开发，还有较多的土地利用空间，是杭州不可多得的平台。但是原钱塘新区也有一个问题，就是它横跨江干和萧山两个行政区。由于体制壁垒的存在，各区之间多多少少有点地方主义，会阻碍生产要素的跨区流动。这种现象在中国历史上比比皆是。

20世纪，北京宣武、丰台、海淀三个区为北京西站该落在哪里争得脸红脖子粗，最后上级拿出了个折中方案，把北京西站放在三家交界的地方，商业服务区三个区都能沾上。

可惜这个位置离地铁两站地，不远不近，只有公交车和小汽车出行，乘客上下车闹得西站堵成一片。[①]北京社科院的专家感慨说，他从石家庄到北京开会，过来火车挺快两小时就到，但是从西站过去北五环则花了三小时，"北京西站成了千古遗憾"。

这种局面持续了长达十几年，后来等到地铁7号线、9号线建好从底下穿过，才得以解决。

钱塘新区设立成一个独立的行政区后，减少不同行政区之间的内部"小算盘"，让资源合理流动起来，有利于加快打造世界级智能制造产业集群。

杭州市城乡规划委员会办公室副主任汤海孺指出：由于行政区划

---

① 刘玉海、叶一剑、李博：《困境：京津冀调查实录》，社会科学文献出版社2012年版，第163页。

与经济区划、功能分工已经不相匹配，杭州在调动区的积极性、避免重复建设、恶性竞争上存在缺陷；杭州各区，小的很小，大的过大，不利于区一级管理权限设定的公平性。

因此，杭州行政区划的大改革，就是要为追赶武汉、进一步甩开南京和天津卸掉体制机制上的包袱。

06

"十四五"规划纲要强调，反垄断和防止资本无序流动是未来几年的重点任务之一。杭州，是这项工作的风暴眼城市。

过去，浙江的民营经济发达，不喜管制喜自由。经过长期的扩张，浙江变成了全国区域、城乡发展最为均衡的地方，与此同时，也出现了一些意料之外的东西。比如原本应该去中心化的互联网经济，出现了破坏性的垄断，比如资本的手已经伸向了国民经济命脉中的金融。结果，蚂蚁上市一夜中断，那些纷纷加入社区团购的互联网巨头受到广泛的热议……

对于杭州来说，防止资本无序流动、国家对制造业的高度倾斜是一股向下的力量，再工业化与区划改革是一股向上的力量。两股力量相互交错，谁强谁弱，谁快谁慢，决定了未来杭州的命运走向。

当前，中国顶级城市正处于剧烈的大变革中。上海对标东京在膨胀，广、深对标大旧金山在拆墙，成、渝在借亚欧大陆桥打造"沿海"门户城市，天津和南京的排序换位……

杭州的突围之战，是否意味着中国前十大城市将迎来新一轮的大洗牌？

第四章

内循环之城

哈尔滨，凭什么还是副省级城市[1]

有座城市，曾经是全国经济前十大城市。1949 年前，它还差点成为受万人顶礼膜拜的首都，距离中国最核心的权力枢纽仅一步之遥。作为曾经的工业重镇，它造出了中国第一架直升机、第一架轻型喷气轰炸机、第一架大型水上反潜轰炸机等。在那个百废待兴的年代，这座城市的工业发展给中国带来了一道曙光。

然而，近十年来它的经济发展失速，人口逃离。虽然贵为凤毛麟角的副省级城市，但 GDP 却弱于临沂、盐城等无名小辈。它，就是哈尔滨。

中国的千万人口俱乐部还因为它迎来了巨大的变化：截至 2021 年年末，其常住人口为 988.5 万人，相比 2020 年的 1000.1 万人，一年间蒸发了 11.6 万人，彻底退出了千万人口大市的行列。这也意味着，东北已再无千万人口城市！全国千万常住人口城市数量下降到了 17 个。

在全国 15 个副省级城市中，哈尔滨的经济最弱。各项指标早已泯然众人，更像是一个彻头彻尾的普通城市。要知道，"副省级"这个头衔可是全国多少地方官员梦寐以求的。郑州和福州拼尽全力争取，也一直未获批准。

风光不再的哈尔滨，凭什么还能保留副省级城市的地位？未来它会不会退出这个"豪门"行列？

---

[1] 本文作者为巫玥、黄汉城。

01

历史上,哈尔滨风光无限。它不仅是全国最早解放的大城市,还是远东铁路的十字路口,素有"东方莫斯科"之称。由于离苏联老大哥最近,哈尔滨的地位水涨船高,最早成为首都的候选。可惜在那个局势动荡的年代,哈尔滨面临着东北战局的不确定因素,最终与首都失之交臂。

不过,作为新中国成立初期战略布局的重要城市,哈尔滨仍然具有不可取代的地位。当时苏联援建的 156 项重点工程,就有 13 项落地哈尔滨。[①]整座城市欣欣向荣,相继建起了享誉全国的"三大动力厂"——汽轮机、锅炉厂和电机厂,"十大军工厂"——轴承厂、哈飞、亚麻厂、机车厂、继电器、量具刃具等知名大型国有企业,摇身一变成为全国最重要的重工业基地之一。

得益于此,1978 年以前的哈尔滨,长期占据中国经济前十强榜单。然而,随着计划经济向市场经济的转型,国家经济的发展重心逐渐向东南沿海地区转移。地处东北的哈尔滨,战略地位逐渐边缘化。

2021 年,哈尔滨的 GDP 仅为 5352 亿元,在 15 个副省级城市中位列倒数第一,经济体量只有武汉的 30%,西安的 50%。其实,2017 年哈尔滨的 GDP 还超过以小而美著称的厦门。然而转瞬之间,如今的厦门早已反超哈尔滨 1000 多亿元,将冰城远远甩在身后(见表 4-1)。

表 4-1 副省级城市历年 GDP 情况

单位:亿元

城市	年份				
	2017	2018	2019	2020	2021
深圳	23280	25266	26992	27670	30665
广州	19872	21002	23845	25019	28232

---

① 张立馨:《白山黑水 百年风华 | 毛主席为哈尔滨勾勒发展工业框架》,来源冰城+,2021 年 5 月。

(续表)

城市	年份				
	2017	2018	2019	2020	2021
成都	13931	15699	17011	17717	19917
杭州	13161	14307	15419	16106	18109
武汉	13091	14929	16223	15616	17717
南京	11894	13009	14045	14818	16355
宁波	10147	11193	12035	12409	14595
青岛	10137	10949	11741	12401	14136
济南	7202	7857	9443	10141	11432
西安	7418	8499	9400	10020	10688
大连	6052	6501	6990	7030	7826
沈阳	5549	6102	6465	6572	7250
长春	5432	5635	5904	6638	7103
厦门	4608	5469	6015	6384	7034
哈尔滨	4717	5010	5129	5135	5352

数据来源：各地统计年鉴。

原因就在于，过去五年，哈尔滨的平均经济增速仅有 2.22%，在所有的副省级城市中垫底，在东北四个省会城市中的表现也是最差的。同期，厦门、西安都保持了 10% 以上的"火箭"增速（见表 4-2）。

表 4-2 副省级城市历年 GDP 增长速度

单位:%

城市	年份					平均增速
	2017	2018	2019	2020	2021	
济南	10.19	9.09	20.2	7.39	12.73	11.2
厦门	11.89	18.68	9.99	6.13	10.18	10.67
西安	15.97	14.58	10.6	6.6	6.67	10.17
成都	17.33	12.69	8.36	4.15	12.42	9.89
宁波	13.08	10.31	7.52	3.1	17.62	8.89
杭州	12.39	8.71	7.77	4.46	12.44	8.58
南京	9.93	9.38	7.96	5.5	10.38	8.42

（续表）

城市	年份					平均增速
	2017	2018	2019	2020	2021	
青岛	9.2	8.01	7.23	5.61	14	8.4
广州	7.07	5.69	13.53	4.93	12.84	8.08
深圳	12.54	8.53	6.83	2.51	10.82	7.24
长春	7.87	3.73	4.77	12.43	7.01	6.57
沈阳	4.92	9.96	5.94	1.66	10.32	5.49
大连	7.16	7.41	7.52	0.58	11.32	4.83
哈尔滨	7.83	6.21	2.38	0.11	4.22	2.22
武汉	13.52	14.04	8.67	-3.74	13.45	-

数据来源：各地统计年鉴。

在全国27个省会城市当中，哈尔滨也是相当落后的。其人均GDP只有53464元，比倒数第二的石家庄还少了4279元。

这种经济上的低迷，直接造成人口的流出。过去十年里，哈尔滨是中国唯一一个人口负增长的省会城市（见表4-3），而且这种人口逃离的趋势一发不可收。

表4-3 各省会城市/直辖市人口普查情况

单位：人

城市	"七普"人口	"六普"人口	十年人口增量
成都	20937757	14047625	6890132
广州	18676605	12700800	5975805
西安	12952907	8467838	4485069
郑州	12600574	8627089	3973485
合肥	9369881	5702466	3667415
杭州	11936010	8700373	3235637
重庆	32054200	28846170	3208030
长沙	10047914	7040952	3006962
武汉	12326518	9785388	2541130
济南	9202432	6813984	2388448

（续表）

城市	"七普"人口	"六普"人口	十年人口增量
北京	21893095	19612368	2280727
南宁	8741584	6658742	2082842
昆明	8460088	6432209	2027879
上海	24870895	23019196	1851699
贵阳	5987018	4322611	1664407
长春	9066906	7674439	1392467
南京	9314685	8003744	1310941
南昌	6255007	5042566	1212441
福州	8291268	7115369	1175899
太原	5304061	4201591	1102470
石家庄	11235086	10163788	1071298
乌鲁木齐	4054369	3112559	941810
天津	13866009	12938693	927316
沈阳	9027781	8106171	921610
银川	2859074	1993088	865986
海口	2873358	2046170	827188
兰州	4359446	3616163	743283
呼和浩特	3446100	2866615	579485
拉萨	867891	559423	308468
西宁	2467965	2208708	259257
哈尔滨	10009854	10635971	−626117

数据来源：各地统计年鉴。

据2021年的统计公报数据，哈尔滨的千万级人口宝座已烟消云散，光荣成为全国首个跌出千万人口俱乐部的省会城市。从经济前十大城市，到2021年的第48名，辉煌早已是过眼云烟。这位"共和国长子"呈现出近乎年迈的颓势。但就是这样的哈尔滨，还牢牢地占据副省级城市之位，令人羡慕不已。

作为中部第一经济大省的省会，郑州就曾多次闯关，当地媒体还一度喊出——是时候给郑州一个副省级城市了①，但最后都无疾而终。福州历史上曾三次递交升格为副省级市的申请，但三次都石沉大海，简直尴尬至极。

为何大家都这么想要得到副省级城市的入场券？原因就在于，一个城市的行政级别越高，它的能量也就越高。中国的城市等级呈现出典型的金字塔结构，从上到下依次为：直辖市、副省级城市、普通省会、地级市、县级市。

副省级的行政级别仅次于直辖市，四套班子的一把手为副部级干部，比普通地级市的正厅级高半级。可别小看这半级，它拥有很多看不见摸不着的影响力。举个例子，国资委监管的央企大概是97家，其中不少央企是副部级单位，副省级城市可以跟央企平等对话，增加了与同为副部级骨干央企合作的可能性。②

此外，面对省政府下属厅局部门时，副省级城市一把手有更高的政治级别，在争取省级政府部门的政策支持时有更大的竞争优势，这些都使得副省级城市能够更大限度地把控和调整当地经济的发展政策。因此，副省级的牌照无不令人垂涎三尺。

那么，哈尔滨凭什么还能留在副省级城市这个"豪门望族"里呢？

02

哈尔滨虽然经济发展远不及其他城市耀眼，但这里有不少"国之重器"的生产商，这是多少个茅台都无法取代的。茅台一年的营收高达1326亿元，同期哈飞集团历史上首次突破100亿元，这个艰难完成

---

① 王琦、李江瑞、高云、王俊伟、李笑凡：《是时候给郑州一个"副省级"了》，载《河南商报》2017年3月。
② 江艇、孙鲲鹏、聂辉华：《城市级别、全要素生产率和资源错配》，载《管理世界》2018年第3期。

的报表成绩，不及茅台的 1/13。①

但是，我们能据此就说茅台比哈飞集团重要吗？茅台可以不喝，直-20 不能不造。没有茅台，最多就是饭局上少点乐趣。哈飞集团若垮了，中国的海上反潜作战能力将失去半壁江山。

除了航空母舰，舰艇都没有足够长的起飞跑道，而直升机具有垂直起降和滞空飞行的独特性质，在现代化海战中无可替代。

哈飞集团与昌飞集团是国内仅有的两家能够生产直-20 的企业，填补了我国中型通用 10 吨级直升机长达几十年的空白。没有反潜直升机，一旦遇上"水下魅影"潜艇，中国的驱逐舰、护卫舰就是大海上的活靶子，任人狩猎。而哈飞集团生产的直-20 能在载舰附近充当"更高的桅杆"，将反潜半径拉升到 200 千米，成为水下隐形杀手的最大天敌。

2022 年 6 月，京东在港股的市值为 8027 亿元，而站在国产发电设备之巅的哈尔滨电气集团，市值只有 36 亿元左右。京东市值是哈尔滨电气集团的 200 多倍，但是我们能说京东比哈尔滨电气集团厉害吗？京东若消失，一夜之间会有一百家拼多多凭空冒出，迅速填补空位。哈尔滨电气集团要是停产，中国的第三代核电站就会失去轴封式核主泵的唯一自主供应商，变成一颗拔开插销的手雷。

主泵是核岛至关重要的"心脏"，用于驱动冷却剂在系统内循环流动，给堆芯降温。一旦故障，核反应堆可能就会熔化爆炸。核泄漏有多严重就不用多说了吧？人类历史上最惨重的教训切尔诺贝利事故还仿佛发生在昨日。

而核主泵又是核岛中唯一高速转动的主设备，这就要求它比其他非转动性设备具有更高的可靠性，技术难度非常高。没有哈尔滨电气集团，我们的"华龙一号"的核主泵要么找合资公司，要么就依赖进

---

① 参考《东北真正的秘密曝光！绝非 GDP 可以衡量》，载于公众号"辽宁日报"2021 年 1 月 23 日。

口。地缘政治稍有震荡，脖子就要被卡住了。

法国的核电发电量占比已达到了70%。没有哈尔滨电气集团，中国核电事业的自主化进程恐怕还得滞后。曾经，中国的水电站转轮技术落后欧美三十年，在三峡大坝等世纪工程中，中国人只能眼睁睁地看着上百亿元的诱人蛋糕被几家跨国公司瓜分掉。

如今，由于哈尔滨电气集团以及它早年援建过的东方电气，在技术上不断地攻坚拔寨，中国成了全球唯一能够生产100万千瓦水电机组的霸主，带领人类驶入了"无人区"。

2021年，哈尔滨电气集团累计生产发电设备4.6亿千瓦。这是一个什么样的概念？同期，全国发电装机容量约23.8亿千瓦，发电总量为81122亿千瓦时。假设哈尔滨电气集团生产的设备全部投入国内且在运营，那么哈尔滨电气集团一家，理论上就支撑起了全国约1/5的电量。

京东没了，中国的经济不会起半点波澜。哈尔滨电气集团若不复存在，是多少钱都挽回不了的重大损失。

03

作为中国纬度最高、冬季最冷的省会，哈尔滨能源消耗大，大部分地区仅有半年施工期，相比南方来说，建设和生产成本一直居高不下，埠外的资金都不太愿意来投资。加上哈尔滨没有出海口，想要发展劳动密集型产业，简直比登天还难。所以，这座东方小巴黎仅有的轻工业遗产，注定在激烈的全球化竞争中步步溃败。

这里没有一家全国性互联网公司和房地产公司。在那段击鼓传花的岁月里，哈尔滨只能站在边缘进退维谷。做实体经济难，做装备制造业这种产业就更难了。如今，在任何500强和独角兽企业名单里，都找不到哈尔滨的身影，冰城严重缺席。

不过，翻开国之重器的名单，这里简直就是共和国的装备库，拥有一批关系国民经济命脉和国家安全的战略性产业。在国内航空铝合金江湖里，位于哈尔滨的东轻公司与西南铝、西北铝并称三剑客，供应了全国95%的航空用铝合金材料。

这家诞生之初取名为神秘代号"101厂"的企业，一年的营收不过几十亿元，比农夫山泉的利润还要低。但农夫山泉再辉煌，也取代不了中国工业发展的银色脊梁。中国第一座核反应堆、第一枚导弹、第一颗人造卫星、第一颗原子弹、第一颗氢弹、第一艘远洋巨轮、第一艘核潜艇所使用的全部轻金属材料，都来自东轻公司。

如今的长征、神舟、嫦娥、天宫、北斗、辽宁号、山东号、歼–20、运–20、C919的身后，也都能看到东轻公司活跃的身影。它独家生产了这些大国重器的1000多个规格产品，可谓一家供全国、全国靠一家。

以C919为例，每天有无数干线客机在中国的领空翱翔，但几乎没有一架产自中国。东轻公司花了六年的时间，生产出了世界"王牌合金"7055-T77型材，最终顺利交付国产大飞机机翼板材，迫使不可一世的美铝降低了同类产品一半的价格。

当然，突破国外技术封锁的意义，绝不止于国产替代这么简单。按计划，C919大飞机2023年以后全部实现国产化，东轻公司将为每架C919飞机提供10吨左右的铝合金材料，占机身总重量的近1/4。① 没有这些轻盈而又坚韧的金属，C919就是一堆铁头疙瘩，极度耗油，烧钱，飞到天上去，不亚于一台移动的碎钞机，航空公司看了都要胆战心惊。如此，我们百年商用大飞机的梦，还如何飞出纸面设计，如何跟波音和空客掰手腕？

中国船舶重工集团公司第703研究所，2021年净利润只有区区4.8亿元，还不如卖几套房来得快。但多少个房产公司，都不及中国船舶重工集团公司703所来得重要。

---

① 李婧懿：《国产大飞机机翼蒙皮将由东轻制造》，载《哈尔滨日报》2017年11月。

在整个庞大的制造业体系中,有两样东西被称为皇冠上的明珠,一个是航空发动机,一个是燃气轮机。燃气轮机喷出的火舌超过一千多摄氏度,普通涡轮叶片运行几十秒早就化为铁水了,高温部件的工作环境极其恶劣,结构非常复杂。要设计并装配这样的机器,绝对是世界性难题。

全世界只有五个国家拥有成熟的军用大功率舰用燃气轮机,而703所便是中国该领域顶级的明星之一。它所生产的GT-25000型燃气轮机,功率可达26.7兆瓦,排名全球第三。只要搭配四台,我们满载排水量1.25万吨的055型驱逐舰,就能跑出36节全球驱逐舰的最高航速。

若是失去中国船舶重工集团公司703所,中国的海上防线将破开一个大洞。一句话,在事关全局的国防安全和产业安全方面,作为幕后角色的哈尔滨功不可没。类似的名单,还有中国航发哈尔滨东安发动机有限公司、中国电子科技集团第四十九研究所、哈尔滨新光光电科技股份有限公司……

哈尔滨就是这样,看似无足轻重,却须臾离开不了。杭州再牛,也造不出反潜直升机。佛山再厉害,也搞不定天眼工程。放眼全中国,哪一个三流城市拥有US NEWS全球大学工程学科领域第四的顶级学府。佛山没有,东莞更没有。这里盘踞着原国防七校的哈尔滨工业大学、哈尔滨工程大学。

哈尔滨工业大学有几万名优秀毕业生默默奉献在中国航天领域,学校近百项科研成果应用到载人航天和绕月探测工程,撑起了中国航天事业的脊梁。哈尔滨工程大学的前身是共和国历史上第一所军事工程学院,建校以来,哈尔滨工程大学已培养超过200名将军、部长、省长、院士。它不仅参与了绝大部分现役的海军各类水面舰船、水中兵器、潜艇等武器装备的研制,还是我国第七代超深水半潜式钻井平台、两万箱超大型集装箱船、智能船舶核心设计研发单位。在海军装备、船舶工业上,哈尔滨工程大学就是一艘不可替代的巨轮。

这就是哈尔滨的现状。以 GDP 来衡量,哈尔滨只是一个三流角色。从国家安全的角度来衡量,哈尔滨是全国顶流的城市之一。这里有很多公司/机构是共和国的"长子",在历史上制造了无数个第一,把哈尔滨推向了光荣与梦想的巅峰。尽管它们的市场规模并不大,但依旧发挥余热,维护着哈尔滨作为副省级城市的门面。

04

在"内循环"的历史风向标下,粮食安全被提升到了史无前例的高度。2022 年,有人大代表提议将黑龙江创建为"粮食安全特区"。[①]在今天科技如此发达的时代,讨论"粮食安全特区"似乎有点突兀。但在"内循环"的背景之下,这种提议并非无稽之谈。

黑龙江地处世界三大黄金黑土带之一,是中国产粮第一大省。它用全国 1% 的劳动人口,生产出 12% 的商品粮,养活了 17% 的人口,[②]而哈尔滨正是其中的心脏地带。有人估算过,中国人每 9 碗饭就有 1 碗产自黑龙江,而里头的 1/5 就产自哈尔滨。[③]

2021 年,在 31 个省会城市和直辖市中,哈尔滨第一产业的占比高达 11.7%,位居全国第二,仅次于南宁(见表 4-4)。

表 4-4 2021 年各地第一产业比重排名

单位:%

城市	第一产业比重	第二产业比重	第三产业比重	城市	第一产业比重	第二产业比重	第三产业比重
南宁	11.9	23.4	64.7	长沙	3.2	39.6	57.2

---

① 翟清斌代表:《提高大宗农产品收储价格 把黑龙江作为"粮食安全特区"》,载《中国食品安全报》2022 年 3 月 12 日第 A04 版。
② 孙英威、管建涛:《"北大仓"用全国十分之一耕地生产出全国四分之一商品粮》,载新华网 2011 年 12 月。
③ 王辛娜:《冰城扛稳粮食安全重任》,载《潇湘晨报》2021 年 10 月。

（续表）

城市	第一产业比重	第二产业比重	第三产业比重	城市	第一产业比重	第二产业比重	第三产业比重
哈尔滨	11.7	23.2	65.1	合肥	3.1	36.5	60.4
石家庄	7.8	32.5	59.8	成都	2.9	30.7	66.4
长春	7.4	41.7	51.0	西安	2.9	33.5	63.6
重庆	6.9	40.1	53.0	武汉	2.5	35.0	62.5
福州	5.6	37.9	56.5	兰州	1.9	34.5	63.6
昆明	4.6	31.7	63.7	南京	1.9	36.9	62.1
沈阳	4.5	35.5	60.0	杭州	1.8	30.3	67.9
呼和浩特	4.4	33.7	61.9	天津	1.4	37.3	61.3
海口	4.2	16.9	79.0	郑州	1.4	39.7	58.9
贵阳	4.1	35.7	60.2	广州	1.1	27.4	71.6
西宁	3.8	33.5	62.7	太原	0.9	41.2	57.9
银川	3.7	45.4	50.9	乌鲁木齐	0.8	28.2	71
济南	3.6	34.7	61.8	北京	0.3	18.0	81.7
南昌	3.6	48.4	48.0	上海	0.2	26.5	73.3
拉萨	3.3	37.5	59.2				

数据来源：各地统计局。

2021年，在31个省会城市和直辖市中，哈尔滨第一产业的增加值为628.2亿元，位居全国第三，仅次于重庆、福州（见表4-5）。

表4-5　2021年各地第一产业增加值排名

单位：亿元

城市	第一产业	第二产业	第三产业	城市	第一产业	第二产业	第三产业
重庆	1922.0	11184.9	14787.1	南京	303.9	5902.7	10148.7
福州	637.0	4289.8	6397.7	南昌	238.3	3218.1	3194.1
哈尔滨	628.2	1239.2	3484.3	天津	225.4	5854.3	9615.4
南宁	606.8	1198.8	3315.8	贵阳	193.4	1681.3	2836.3
成都	582.8	6114.3	13219.9	郑州	181.7	5039.3	7470.0
长春	523.7	2960.5	3618.9	呼和浩特	137.1	1052.6	1931.7

（续表）

城市	第一产业	第二产业	第三产业	城市	第一产业	第二产业	第三产业
石家庄	504.8	2107.1	3878.4	北京	111.3	7268.6	32889.6
武汉	444.2	6208.3	11064.2	上海	100.0	11449.3	31665.6
长沙	425.6	5251.3	7593.9	海口	85.4	346.8	1624.9
济南	408.8	3964.1	7059.4	银川	83.8	1028.3	1150.8
合肥	351.1	4171.2	6890.5	兰州	62.5	1113.9	2054.2
昆明	333.12	2287.71	4601.67	西宁	58.9	518.2	971.6
杭州	333.0	5489.0	12287.0	太原	44.8	2113.1	2963.7
沈阳	326.3	2570.3	4353.0	乌鲁木齐	28.1	1039.76	2623.71
西安	308.8	3585.2	6794.3	拉萨	24.5	278.1	439.3
广州	306.4	7722.7	20202.9				

数据来源：各地统计局。

第一产业包含了农、林、牧、渔业等。单从农业的角度看，哈尔滨的重要性远超南宁、福州和重庆。根据 2020 年数据，粮食种植面积方面，哈尔滨是南宁的 4.6 倍。在粮食产量方面，哈尔滨比南宁足足多出 1014 万吨，比重庆多出 200 万吨。在农业总产值方面，哈尔滨为 745 亿元，比福州的 294 亿元高出太多。

在别的城市大力发展工业、新能源产业、数据产业、新制造业的时候，哈尔滨在为端稳 14 亿中国人的饭碗而默默耕耘。很久以前，北方要依靠南方的粮食输入，如今却成为中国"北粮南运"的大粮仓。[①] 这种反转的背后正是依靠农业现代化。

黑龙江早早就实行机械化、规模化生产，当前农业机械化水平超过 90%，为全国之首，可能也是亚洲最接近美国农业生产力水平的地区之一。凭借着先进的现代化农业水平，哈尔滨粮食产量实现十八连丰。

---

① 司晋丽、吕东浩：《"北粮南运"运输中的"卡脖子"问题如何破解？》，载人民政协网 2022 年 7 月。

2021 年哈尔滨生产了大约 1500 万吨粮食，作为口粮理论上足够养活 7800 万人，也就是山西、吉林、海南、宁夏四个省区的全部人口。

在整个黑龙江，哈尔滨发挥着"压舱石"的关键作用，是这个产粮大省运筹帷幄的主心骨。

首先，在资金层面，哈尔滨是全省的"财政大臣"。这里不仅有全国首家进入农村金融领域的城市商业银行哈尔滨银行，而且还有全省唯一的农业政策性银行中国农业发展银行黑龙江省分行，以及其他大大小小的金融和类金融机构。这些金融主体切实保障全省每年春耕和备耕的资金供应。

其次，在运输层面，哈尔滨是全省的"调度使"。哈尔滨局集团全面统筹全省铁路运力，指挥种子、化肥等生产资料的装运，从 2000 年开设插秧专列已经累计运送农耕人员 180 万人次[①]，安排无数辆货运列车加入"北粮南运"的大军中。

过去四十多年，为打开经济外循环的格局，经济特区、自贸区前仆后继，扮演了非同寻常的角色。但如今时代风向标已变，俄乌冲突、全球新冠疫情、极端天气事件频发、黑天鹅层出不穷，以内循环为主的新经济格局，一刻都不能再等。

站在国家发展的十字路口，大粮仓哈尔滨显得弥足珍贵。一句话，哈尔滨的经济话语权尽管越来越衰落，在政治版图上却是越来越重要。

05

成也俄罗斯，败也俄罗斯。一百多年前，沙俄势力在东北建立中东铁路，哈尔滨从一个人烟稀薄的小渔村，一跃成为世界的十字路口，率先加入了与西方的贸易网络。大量资本蜂拥而入，哈尔滨很快就发

---

① 孙晓宇、王君宝：《23 年累计运送"插秧客"180 万人次——"插秧专列"驶向幸福》，载新华网 2022 年 5 月。

展为近现代的工业中心。①

一百多年后,俄罗斯苦苦挣扎在"失落的三十年",虽是领土第一大国,GDP 却不及一个广东省,远东地区更是一片凋敝。

背靠如此没落的黄昏帝国,哈尔滨独特的对俄区位完全没有过往的优势,反而因为深居内陆错失了很多机会。

如今,因为内循环时代的到来,哈尔滨尚且还能在副省级城市的队列中站稳脚跟。但是如果我们将视野放诸全国,那么哈尔滨最强悍最擅长的国防军工事业,已不再像过去那样门第森严了。现在已经有越来越多的民营企业开始触及这个往日"禁区",并成功发射火箭和卫星。

哈尔滨若是固守过去的先发优势,没有及时提升技术护城河,其副省级城市的宝座长远来看也未必牢固。

那么,哈尔滨如何才能彻底摆脱铁锈地带的魔咒呢?东方小巴黎的未来到底在哪里?答案还要从"过去"中寻找。

历史上,哈尔滨这座城市,诞生于封建王朝大厦将倾、两种社会制度转换的裂隙之间,是一个凭空冒出来的贸易中心,所以它也是"一座从来没有过城墙的城市"。

没有城墙,或许恰恰就是哈尔滨复兴之路上最厉害的武器。过去是,未来也是。

---

① 曲晓范:《近代东北城市的历史变迁》,东北师范大学出版社 2001 年版,第 154 页。

沈阳，下一个国家中心城市？

新一轮的城市大战已到了一触即发的时刻。2022年6月，宝马斥资约150亿元的电动汽车工厂，在东北正式开业，这是宝马历史上最大的单笔对华投资。在外资乏力的大背景下，宝马加仓中国的铁锈地带显得意义非凡。

与奔驰不同，宝马在中国的生产基地全部集中于一个城市——沈阳市内。加上这个超级工厂，沈阳一共拥有三个宝马整车厂和一个动力总成工厂，是宝马当之无愧的全球最大生产基地。

过去一年里，华晨宝马下线了70多万辆汽车，狂揽2147亿元营收，为远在德国的总部贡献了全球约1/4的市场。得益于中国这个最大金主，宝马时隔六年再次荣登全球豪华车企销量之首。

然而，王座之下，亦有裂缝。面对特斯拉上海超级工厂，以及几家中国造车新势力的围剿，同样是顶级豪车品牌的奔驰已有些招架不住。2021年其三大主力车型C级、E级和GLC的销量，同比跌掉了14.8%、9.3%和17.7%。

宝马的经典燃油车型X3，2022年的1—4月份也下滑了6.5%。慕尼黑可谓如坐针毡，这个主要生产纯电动汽车的新工厂，便是宝马的背水一战。而这家世界500强企业此次在沈阳身上押注的巨量筹码[1]，无形当中也给了沈阳冲击国家城镇体系塔尖的底气。

---

[1] 2021《财富》世界500强榜单中，德国宝马集团（BMW GROUP）以1127.94亿美元的营收位列第54位。

近年来,国家中心城市的争夺战相当激烈,长沙、杭州、福州、南京、合肥、厦门、青岛、济南、宁波、南昌、昆明等纷纷上阵冲锋,大江南北硝烟一片。

在这群虎将当中,沈阳的实力不是最强的,但它有很大的概率成为下一个国家中心城市。

01

目前,中国共有9个国家中心城市,北、上、广再加上天津、武汉、西安、郑州、成都、重庆。为了卡住下一个宝贵的名额,大家各显其招:青岛正在研发人类有史以来最快的地面交通工具——时速600千米的高速磁悬浮列车,一旦攻克,中国所有的都市群之间都会近在咫尺;济南携手国家电投集团和比亚迪,冲刺下一个世界氢都;合肥全力推进长三角首个陆港型国家物流枢纽,试图从先进制造业中心向世界开放中心跨越……

对地方来说,国家中心城市的牌照不仅意味着巨大的名气,还有很多附加的实际好处:城市建设用地指标可能会比以往更加充裕;在国家试验中具有优先获批权;基础设施建设、文化事业得到倾斜……

一句话,可以在顶层设计中占有重要的一席之地。因此,各地为了角逐国家中心城市向来是全力以赴,不遗余力的。在一众高手里,沈阳不算很出色。这里,65岁以上人口多达140万人,占全市常住人口的15.5%,是所有参赛选手中最老龄化的城市(见表4-6)。

表4-6 2020年各市65岁以上人口占比

城市	比重
沈阳	15.5%
青岛	14.2%

（续表）

城市	比重
沈阳	15.5%
长春	14.2%
济南	14.1%
南京	13.7%
合肥	12.0%
福州	11.7%
杭州	11.7%
长沙	11.1%
南昌	10.5%
昆明	10.5%
厦门	6.2%

数据来源：各市统计局。

这里，A股上市公司仅有25家，排全国第43名，不到青岛的一半，不及长沙的1/3（见表4-7）。

表4-7　2021年A股上市公司数量

单位：家

城市	数量
杭州	200
南京	105
长沙	76
合肥	67
厦门	61
青岛	56
福州	50
济南	42
长春	30
昆明	30
沈阳	25
南昌	24

数据来源：根据公开报道整理。

这里，入围中国民营企业500强的公司只有2家，排全国第45名，仅有杭州的5.5%、南京的25%（见表4-8）。

表4-8 2021年民营企业500强数量

单位：家

城市	数量
杭州	36
福州	11
南京	8
青岛	5
长沙	4
南昌	4
长春	3
合肥	3
济南	3
厦门	2
沈阳	2
昆明	1

数据来源：根据公开报道整理。

这里，一年创造的国民生产总值只有7249亿元，排全国第31名，与万亿俱乐部还有点差距。而前面，早已有六位竞争对手的GDP超过了1万亿元。

不管从哪个经济指标来讲，沈阳都有点小马拉大车的感觉，似乎没什么国家影响力，可以淘汰出局了。但事实真的是这样吗？

02

其实，沈阳的强悍，远超你的想象。一个现代先进的工业体系，离不开石油化工，这是关系到国民经济命脉的支柱产业。它所加工制成的轻质油、乙烯、甲苯、烧碱等5000多种原材料，支撑起了食品、医药、纺织、化肥、机械、电子、冶金等几乎所有工业门类。

在这个无比庞大的机器中，压缩机相当于"轴承"的地位。离开这个最不可或缺的"引擎"，整个系统就会熄火。而沈阳就诞生了对中国来说极其关键的企业——沈鼓集团，一家可以生产150万吨乙烯压缩机组、西气东输管线压缩机组、煤制油中的十万空分压缩机组等重大技术装备的企业。

这些"国之砝码"有多重要？我们以乙烯为例，该产品素有"石化之母"之称，是最为重要的一种石油化工产品。其衍生物占石化产品的75%以上，构建了下游数百个产业。全球都将乙烯产量作为衡量一个国家石油化工发展水平的重要标志。如乙烯与PX作为中间品，经过一系列加工之后，最终变成了聚酯纤维（涤纶）。涤纶占据了中国化学纤维产量的80%以上，而化学纤维又占全部纺织纤维加工总量的80%以上，可以大规模替代棉花用于纺织业。

是不是很神奇？石油加工裂解最后就变成了你身上的衣服。中国的耕地极其有限，既要解决十数亿人口的吃饭问题，又要同时解决这么多人的穿衣问题，简直不堪重负。棉花与粮食争地，一度成为困扰中国的一个超级难题。得益于庞大的乙烯生产能力，我们才成功地把"穿衣穿暖"从一个农业问题变成工业问题。

如果没有每年数百万吨的乙烯，中国的土地资源就会非常捉襟见肘，更不会有后来高速发展的工业化与城镇化。而沈鼓集团生产的乙烯压缩机，正是乙烯生产装置中最最重要的心脏设备。业内有句话：压缩机一响，黄金万两。但是这种设备特别难造，尤其是80万吨、100万吨、150万吨的级别。

百万吨级乙烯装置的一次投料价值1.6亿元，压缩机出现一丁点故障，整条生产线都得停下来，上亿元的原料全部报废放掉。不仅如此，我们还得承受一天至少几百万元的损失。

长期以来，乙烯压缩机核心技术被通用、西门子等跨国巨头垄断，中国连一颗螺丝钉都是进口的。要价极高不说，还随时有可能被卡脖子。2009年沈鼓集团为天津石化项目开发出了第一台国产百万吨级的裂解气压缩机，中国由此成为世界上第四个能够自主研发顶级压缩机的国家。中石化前任总经理感慨："有沈鼓在，我们就敢对外资企业说不，但是没有沈鼓的话，我们就只能伸着脖子挨宰。"

中国教练机的生产有洪都和贵飞两家公司。超大型水轮机组的制造，有哈尔滨电气集团和东方电气集团两家公司。航母甲板用特钢的生产，有鞍钢和宝武钢两家公司。网约车服务，有滴滴、美团、高德等多家平台……但是超一流压缩机，国内只有沈鼓集团可以提供，这是国内极罕见的一个没有"备份"的企业。什么叫不可替代？这就是了。

作为历史上著名的重工业基地，沈阳被称为"共和国的装备部"。在中国30多个省级行政区中，能够生产特高压交流1000kV、直流±1100kV变压器的企业寥寥无几：沈阳变压器、衡阳变压器、保定天威、中国西电……

其中，沈变公司是国内规模最大的研发制造基地之一，变压器单厂产能超过1.2亿kVA，居世界首位。

众所周知，中国的水能、煤炭等资源多集中在西部，能源需求多集中在东中部。供给中心与消耗中心完全是逆向分布的，而两者之间的距离又动辄一两千千米以上。

这就非常要命了。因为1kV的经济输电距离大概是两千米，若没有特高压输电技术作为电力高速公路，很多电就会困于当地出不来。那么，西部就只能躺在金山银山上，拉闸限电就成了东部的常态。

正是有沈变公司这一类大国重器，西电东送才能成为人类历史上最伟大的工程之一，支撑起中国数十万亿元的工业增加值。

03

国家发改委原副主任张国宝曾经说过，中国的制造业有两个病，一个是"心脏病"，一个是"神经病"。前者指航空发动机、燃气轮机等各类发动机，后者指机械设备里面的控制系统，比如机床数控系统、飞机航电系统等。

这两个方面都堪称科技树上的珠穆朗玛峰，但沈阳都拥有出类拔萃的攻坚者。像战斗机的发动机，你知道要摘取这颗皇冠上的明珠有多难吗？

1987年，沈阳发动机设计研究所与沈阳黎明发动机制造厂开始研制W-10发动机，代号太行。几代人前仆后继，耗尽了无数心血，才于2005年完成设计定型审查考核。到2015年前后，才批量装备歼-11B、歼-16等第四代机，前后历时28年！

当然，这样的筚路蓝缕有着非常深远的历史价值。太行发动机是第一台国产大推力涡轮风扇发动机，它的诞生，标志着中国的航空发动机从中等推力走向了大推力时代，实现从涡喷发动机到涡扇发动机的历史性跨越。中国，终于可以把长期以来唯一能够依赖的俄制AL-31F发动机推下神坛了，说它是里程碑之作一点都不为过。

黎明厂是共和国第一家航空涡轮喷气发动机制造企业，前身始于1919年张作霖创办的奉天军械厂。沈阳发动机设计研究所是共和国第一个航空发动机设计研究所，始建于1961年。这两家机构的存在，把沈阳推向了中国航空发动机行业的最高技术阵营。

当前，沈阳还在夜以继日地研制W-15发动机。这款划时代产品，涡轮前温度1850K，最大推力16~18吨，推重比大约10。一旦装配到第五代机歼-20，中国就能彻底摆脱"心脏病"的困扰。沈阳就是这么神奇。

这么多年来，东北在改革开放的大浪潮中沉沉浮浮，沈阳的光环被肢解得支离破碎。但这座城市咬着牙，始终不忘在装备制造业上下苦功夫。比如五轴联动数控机床，这种专门用于加工复杂曲面的工业母机，被全球视为重要的战略物资。天底下所有的大型叶轮、叶片、船用螺旋桨、重型发电机转子、大型柴油机曲轴等，加工都必须用到五轴联动数控机床。除此之外，找不出第二种方式。它的精密水平，直接决定了一个国家能够制造什么。

第二次世界大战后，美苏争霸，双方展开了超级严酷的军备竞赛。苏联举全国之力，打造出世界上最庞大的潜艇部队。但是苏联核潜艇的螺旋桨，噪声实在是太大了，美军的反潜系统在上百海里之外就能发觉它的踪迹。再靠近一点，人家连你的具体型号都报得出来。对美军来说，苏联的核潜艇简直就是个笑话。

为什么会这样？因为机床的水平不行。加工过程中，机床要不要共振，切削会不会生热导致零件变形，刀具天天死磕硬碰会不会磨损，算法能不能实现静态误差补偿……即便是 0.1mm 的误差，也会严重影响发动机等心脏设备的性能，甚至造成机毁人亡的悲剧。

所以，一台高精度的五轴联动数控机床，是对材料、软件算法等工艺的全方位考验。苏联无法完全克服精度问题，就只能处处被动。

20 世纪 80 年代，苏联与东芝暗箱操作，搞到了几台 MBP-110S 五轴联动数控机床，结果，苏联阿库拉级新型攻击核潜艇的噪声最低降到了原来的 1%。美国苦心经营几十年的声呐反潜系统，一夜报废。如果要重获主动权，就必须付出 200 亿~400 亿美元，去重新研发和全球部署。这就是五轴联动数控机床的可怕之处。

沈阳有一家与中国机床工业史同步的企业——沈阳机床，尽管其全球第一大营收的神话已破灭，经历了破产重组，但作为曾经的老大哥，沈阳机床的实力仍然不可忽视。

它突破国外技术封锁，自主研发出的"i5"数控系统，装配到了自家的五轴联动大型镗铣床、五坐标双龙门数控加工中心……这些高端精密机床走入了沈阳航空、四川成飞、高铁核心零部件生产商辽宁忠旺集团等企业，为中国的战略性行业作出了不可磨灭的贡献。

国内能生产五轴联动数控机床的企业屈指可数，沈阳可以说缓解了中国"神经病"的焦虑。

04

翻开整个人类科技史，对于落后国家而言，技术的发展其实是越来越无情的。19世纪，英国人瓦特用煤炭燃烧产生了蒸汽动力，推动了第一次工业革命的到来。由于原子在化学反应中不可再分割，被认为是物质的最小单位，道尔顿说，"创造或者毁灭一个氢原子，也许就像毁灭一颗已存在的行星那样不可能"。

这个时期，我们可以称之为原子时代。当时蒸汽机作为最先进的机器，其最重要的杠杆、气缸和活塞是由一大堆连接杆、齿轮、曲柄和凸轮结合在一起的。但是制造这样一台机器，其实并不需要了解热力学方程式。这是相当简陋的技术，粗通文墨、熟悉简单机械装置的匠人就能搞定，而且成本很低，落后国家可以很快复制追赶。

到了20世纪前后，科学家发现了原子中存在着更小的粒子——电子，美、德等国随后发明了无线电报、电视、雷达等产品。在这个电子时代，一些工业的规模和复杂性，已经超出了一些第三世界国家可能冒出来但不多的实业家群体中大部分人的经验。技术和资本的匮乏足以令他们寸步难行。

21世纪下半叶，人们跨入量子时代，通过掌握利用量子力学，集成电路成了可能，手机、电脑开始改变全球经济社会运行的轨迹。

越晚工业化的国家，越会被发达国家锁定在低技术轨道，沦为原材料提供者的角色，就像拉美、中东与非洲一样。

中国能打破这一魔咒，成为最后一个通过制造业脱贫的大国，离不开华为、TCL这一类民营公司的及时闯关,也离不开像沈鼓集团、沈机这一类国有企业在科技树上的攻坚拔寨。

05

国家中心城市是一种光环,更是一种责任。其核心要义应是在大国崛起的过程中,扮演中流砥柱的角色,支撑起国家战略的实施。资源倾斜,只不过是附带而来的。

作为"共和国的装备部",沈阳不正是支撑起中国工业体系的关键基石吗?从对内影响力的角度讲,它配得上国家中心城市这个皇冠。

不过,要论起国际影响力,沈阳还有比较大的缺陷。作为一个综合性的指标,国际影响力可以体现在多个维度,我们这里只重点考察进出口贸易。一个城市,如果不能用货物或者服务征服全世界,那它可能就没有资格跃升为城镇体系的塔尖。

然而,当金华、义乌、苏州、东莞等地为国家日赚斗金的时候,东北地区则吞噬着宝贵的外汇。2021年,哈尔滨、大连、长春、沈阳净进口额分别为 –2 亿元、–385.1 亿元、–445.2 亿元、–446.2 亿元(见表 4–9)。东北四个明星城市全都是贸易逆差,一年要消耗掉近 200 亿美元的外汇储备。

表 4–9　2021 年中国重点城市进出口情况

单位:亿元

城市	出口总额	进口总额	顺差	城市	出口总额	进口总额	顺差
金华	5326.3	553.7	4772.6	南通	2263.4	1142.4	1121.0
苏州	14875.8	10456.2	4419.6	福州	2200.6	1121.0	1079.6
东莞	9559.8	5687.2	3872.6	徐州	1050.3	203.9	846.4
佛山	5007.4	1153.3	3854.1	烟台	2448.6	1666.5	782.1
宁波	7624.3	4301.8	3322.5	合肥	2026.1	1293.1	733.0
深圳	19263.4	16172.2	3091.3	南昌	897.7	395.9	501.8

（续表）

城市	出口总额	进口总额	顺差	城市	出口总额	进口总额	顺差
绍兴	2757.0	236.0	2521.0	武汉	1929.0	1430.4	498.6
重庆	5168.3	2832.3	2336.0	太原	1153.1	699.2	453.9
台州	2197.1	202.3	1994.8	珠海	1886.1	1434.0	452.1
杭州	4647.0	2722.0	1925.0	济南	1174.1	770.1	404.0
嘉兴	2800.8	983.0	1817.8	西安	2361.9	2038.0	323.9
广州	6312.2	4513.7	1798.5	贵阳	374.0	104.2	269.8
中山	2231.6	463.3	1768.3	石家庄	857.1	624.1	233.0
温州	2035.8	375.4	1660.4	昆明	935.1	781.2	153.8
南京	3989.9	2376.9	1613.0	哈尔滨	171.3	173.3	-2
无锡	4216.1	2603.2	1612.9	南宁	582.0	650.0	-68.02
成都	4841.2	3380.8	1460.4	厦门	4307.3	4569.2	-261.92
泉州	2035.5	581.0	1454.5	大连	1931.7	2316.8	-385.1
常州	2196.4	821.5	1374.9	长春	165.9	1013.8	-445.2
青岛	4921.3	3577.1	1344.2	沈阳	484.9	931.1	-446.2
郑州	3552.8	2339.3	1213.5	天津	3875.6	4691.8	-816.21
惠州	2132.3	922.8	1209.5	上海	15718.7	24891.7	-9173.01
长沙	1977.5	802.8	1174.6	北京	6118.5	24321.9	-18203.4
江门	1465.6	323.8	1141.8				

数据来源：各市统计局。

注：无锡、合肥、贵阳为美元换算。

在中国对外经济贸易统计学会发布的《2019年中国对外贸易500强企业综合排名》里[1]，超过八成的上榜东北企业，其净出口都是负的。像锦州国储石油基地有限责任公司、锦州港股份有限公司、黑龙江联合石油化工有限公司、盘锦北方沥青燃料有限公司这些企业，出口额

---

[1] 自2007年开始，商务部将举办中国对外贸易500强企业排名发布活动交由中国对外经济贸易统计学会举办，至今已有十多年历史。然而，2021年8月该学会发布通知称，鉴于我国货物进出口贸易已占世界第一位，未来的主要工作目标是我国对外贸易的高质量发展，500强企业排名的作用弱化。同时根据上级主管部门要求，经研究决定并征得学会理事同意，从今年起学会不再举办500强企业排名发布活动。故最新的数据，永久停留在了2019年。

直接为 0（见表 4-10）。

表 4-10　2019 年中国对外贸易 500 强之东北情况

单位：美元

排名	企业	进口额	出口额	净出口额	所属地区
48	英特尔半导体（大连）有限公司	5669104923	5050761703	4432418483	大连
141	本溪钢铁集团	2497121306	1360049423	222977540	辽宁
373	大连船舶重工集团有限公司	1056366193	629482608	202599023	大连
110	鞍钢集团国际经济贸易公司	2969518331	1055307952	-858902427	辽宁
231	逸盛大化石化有限公司	1610468805	370298527	-869871751	大连
450	锦州国储石油基地有限责任公司	894243971	0	-894243971	辽宁
359	大连西太平洋石油化工有限公司	1078825840	8960000	-1060905840	大连
239	恒力石化（大连）有限公司	1572586386	122993705	-1326598976	大连
278	锦州港股份有限公司	1377161339	0	-1377161339	辽宁
248	大连西太平洋石油化工有限公司	1516758713	8084601	-1500589511	大连
225	黑龙江联合石油化工有限公司	1649969731	0	-1649969731	黑龙江
173	辉瑞制药有限公司	2051141695	73958263	-1903225169	大连
144	盘锦北方沥青燃料有限公司	2397743834	0	-2397743834	辽宁
83	恒力石化（大连）炼化有限公司	3723582940	28313181	-3666956578	大连
33	华晨宝马汽车有限公司	7763561150	39131546	-7685298058	辽宁
18	中国第一汽车集团	11407209551	288346914	-10830515723	央企

数据来源：中国对外经济贸易统计学会。

它们之所以能够上榜"中国对外贸易 500 强"，只是因为它们的进口额实在太大。按理说，东北发展外贸的区位条件还是有一定基础的，既靠近日、韩、俄，又有大连、营口两个大港，怎么也不该沦为"差生"吧。可数据显示，在中国贸易顺差不断扩大的大好形势中，东北确实一直在"拖后腿"。

为什么会这样呢？原因在于，东北倚重"重工业"，所需原料、能源、高端装备、核心零部件等多依赖进口，而成品又面临德、日、美这种全球最一流的制造业强国竞争，没有取得较强的出口竞争优势。贸易逆差大，恰恰暴露了东北的经济短板。

可能你会说，天津、上海和北京不也是贸易逆差吗？那不一样。天津是北方国际航运中心，上海是国际贸易中心，大半个中国都要从这里进口上岸，有不少舶来品最后是在别的地方消费掉的。北京作为首都，有很多特殊机构和人群，汽车、医药、计量检测分析仪器等货物进口量特别大，单这三项的进口就超过了400亿美元，全国罕有。而且北京并不是制造业中心而是消费中心，八成以上的进口货物属于一般贸易（见表4-11），不会像深圳、广州一样，加工之后再重新出口。

表4-11　2020年北上广深一般贸易情况

单位：亿美元

城市	一般贸易	进口总额	一般贸易占比
北京	2352.5214	2680.3	88%
上海	2290.76	3906.84	59%
广州	366.3684	593.94	62%
深圳	986.4531	1954.9657	50%

数据来源：各市统计局。

前者造成进口偏多，后者造成出口偏少，最后才出现庞大的贸易逆差。

06

回到东北，在四个明星城市当中沈阳的逆差最大，规模足以排全国第四。最大的问题，出自宝马。2003年德国宝马落户沈阳，最初所有零部件都采购自德国，运到中国装配成整车。2008年，宝马零部件的国产化率提升到40%。可是之后十余年间,基本停留在这个水平。[①]技术含量高、利润高的零部件一半多靠进口,原来外汇花在了这上面,我们只是赚"拧螺丝"的钱。

根据2019年中国对外贸易500强企业综合排名榜,华晨宝马是全国近4000万户企业中,净出口额倒数前十的企业。当年华晨宝马进口约77.2亿美元,占沈阳市109.72亿美元的70.36%。但是出口额只有约0.39亿美元,占沈阳市45.79亿美元的0.85%。其净出口额约为–76.85亿美元(见表4-12)。

表4-12 2019年中国对外贸易500强之净出口倒数前十企业情况

单位:美元

排名	企业	出口额	进口额	净出口	所属地区
33	华晨宝马汽车有限公司	39131546	7724429604	–7685298058	辽宁
28	宝马(中国)汽车贸易有限公司	26320	8254295384	–8254269064	北京
27	瑞钢联集团有限公司	0	8670227081	–8670227081	北京
14	三星电子(苏州)半导体有限公司	3848976285	13704156134	–9855179849	江苏
16	中粮集团有限公司	1987876732	12718569414	–10730692682	央企
18	中国第一汽车集团	288346914	11118862637	–10830515723	央企
8	中国中化集团有限公司	4631757397	19745417974	–15113660577	央企
5	中国海洋石油总公司	5282131356	21064232693	–15782101337	央企
2	中国石油天然气集团公司	11551355459	52228691561	–40677336102	央企
1	中国石油化工股份有限公司	12759515410	101555237139	–88795717729	央企

数据来源:中国对外经济贸易统计学会。

如此之大的黑洞,直接造了沈阳63.93亿美元的贸易逆差。如果剔除宝马,实际上沈阳可以实现12.88亿美元的顺差。那么我们不禁要问了,为什么宝马的国产化率如此之低?这里头有多方面的考虑。

---

① 《华晨携手宝马打造零部件产业集群》,载《辽宁日报》2020年7月3日。

零部件留在本土生产，价格和利润更高，报表更好看；德国品质，保证了品牌溢价，有利于消费者购买；宝马的流程管理非常苛刻，缺陷PPM值（百万分率）达到骇人听闻的零，很多国内配套商达不到这个水平……

幸运的是，如今的华晨宝马迎来了全新的时代。这次开业的新工厂是一个电动车厂，今后主要生产i3、i4、iX、i7等纯电动车型。2023年，宝马集团在中国的纯电动产品将增至13款。

在新能源汽车的赛道上，传统的核心三大件已经被完全颠覆了，从发动机、变速箱、底盘变成电池、电机、电控。这方面中国是与美、日并跑的角色，因此，本土化率有了提升的契机。

2020年宝马就承诺，今后几年零部件国产化率将由40%提升至70%左右，其零部件国内配套市场将从每年497亿元扩大到每年1000亿元。

根据智谷趋势的统计：2019年，宝马在华供应商394家，在华采购额497亿元；2020年，宝马在华供应商400家，在华采购额548亿元；2021年，宝马在华供应商436家，在华采购额713亿元。

辽宁的供应商约占1/4，数量不多，但贡献了约60%的采购份额。其中，大部分供应商位于沈阳。当宝马的在华采购提升到1000亿元时，沈阳将有一定的希望一举扭转局势，从贸易逆差变成贸易顺差，开始赚老外的钱。

一个常年大幅逆差、随时有可能被卡脖子的制造业基地，何来国际竞争力？宝马在特斯拉和蔚来、小鹏、理想的围剿下加速转型，无形中也填补了沈阳的一块巨大短板。

07

当然，要想成为第十个国家中心城市，沈阳并不是高枕无忧的。

东北是中国最早进入计划经济，同时也是最晚退出计划经济的地区，历史包袱较重。经过多年改制，沈阳的民营经济增加值占比 GDP 已达到 46.4%，高于很多重点城市（见表 4-13）。但巨头性的民营企业还比较少，营商环境还有进一步提升的空间。

表 4-13　民营经济增加值占 GDP 比重

年份	城市	占比	年份	城市	占比
2018	福州	65.4%	2017	兰州	45.7%
2021	长沙	64.7%	2017	西宁	45.0%
2021	杭州	61.3%	2018	武汉	42.7%
2021	重庆	59.6%	2020	北京	41.4%
2018	郑州	58.9%	2020	哈尔滨	41.2%
2021	石家庄	58.3%	2021	广州	40.7%
2020	贵阳	58.0%	2020	昆明	39.4%
2020	合肥	53.3%	2018	太原	38.1%
2018	长春	51.0%	2019	天津	36.1%
2020	成都	50.3%	2020	济南	36.0%
2019	沈阳	46.4%	2020	上海	28.7%
2021	南京	46.0%			

数据来源：根据公开资料整理。

此外，沈阳都市圈 GDP 占东北三省 23.38%，常住人口占 22.69%（见表 4-14），是东北非常重要的经济增长极。但沈阳都市圈有着典型的资源型色彩，钢都鞍山、煤都抚顺、煤铁之城本溪、化纤之城辽阳、煤粮基地铁岭等。核心城市沈阳与其他成员的产业关联度不高，分工协作不够，以至于区域辐射带动作用不明显。[①]

[①] 李迎秋、董志勇、王亮：《"一带一路"背景下沈阳都市圈建设路径研究》，载《城市住宅》2020 年 11 月。

表 4-14　2021 年沈阳都市圈基本情况

地区	GDP（亿元）	常住人口（万人）
沈阳	7249.7	911.8
鞍山	1888.1	333.4
抚顺	870.1	200.8
本溪	894.2	141.2
阜新	544.7	180.2
辽阳	859.7	157.7
铁岭	716	282.7
总和	13022.5	2207.8
占比东北三省	23.38%	22.69%

数据来源：各地统计局。

再比如，沈阳的战略性新兴产业还未成大气候。相比西安，沈阳的短板是只有一个装备制造业。虽然西安的军工特色中也不乏装备制造业，但不会像沈阳如此之集中。产业单一化削弱了沈阳晋升为国家中心城市的优先等级，所以西安才会比沈阳早一步……这些，都需要在未来加以弥补。

2022 年我受邀给东北一副省级城市全市厅局级及以上领导干部授课时就建议：沈阳可以把地方合伙人制度当作重大课题来研究，重点瞄准新一代电子信息产业、高端装备制造、生物医药、节能环保、新材料等前沿产业，通过政府出钱主导融资的方式引进行业巨头，再撬动上下游企业落地，从而建链、补链、强链。

从资金实力来看，沈阳并不比合肥弱。2010—2020 年，合肥市本级一般公共预算总收入是 6377 亿元，加上市本级政府性基金预算总收入 6208 亿元，财政可支配收入约为 1.25 万亿元。同期沈阳市本级一般公共预算总收入为 9008 亿元，加上市本级政府性基金预算总收入 3430 亿元，总共约 1.24 万亿元（见表 4-15）。

表 4-15 2010—2020 年沈阳与合肥资金实力情况

单位：亿元

城市	年份	市本级一般公共预算（总）收入	市本级政府性基金预算（总）收入
沈阳	2010	303	267
	2011	357	310
	2012	415	225
	2013	823	300
	2014	816	302
	2015	852	139
	2016	1014	417
	2017	1095	417
	2018	1109	242
	2019	1036	394
	2020	1187	417
	总和	9008	3430
合肥	2010	217	295
	2011	267	221
	2012	328	226
	2013	372	339
	2014	412	513
	2015	665	432
	2016	708	1012
	2017	748	1110
	2018	836	581
	2019	845	725
	2020	980	753
	总和	6377	6208

数据来源：沈阳财政局、合肥财政局。

仅算这两本经济账，沈阳的钱袋子就与合肥旗鼓相当。如果能够拿出更大的魄力和勇气，并建立容错机制，那么沈阳在地方合伙人模式上同样大有可为。

08

截至目前,华东、华南、华北、华中、西南、西北均有国家中心城市,中国七大地理板块当中,唯独东北尚无一家。

共同富裕是最大的时代主题,打赢脱贫攻坚战后,中国的"城乡平衡"已取得阶段性成绩,下一步国家的重点方向可能会在"区域平衡"上。

因此,第十个国家中心城市有较大的概率诞生在东北。作为国内少有的特大城市,沈阳的城区人口高达707万(见表4-16),位列东北第一,有相对雄厚的综合实力代表东北冲刺国家中心城市。

表 4-16 第七次全国人口普查超大特大城市人口情况

单位:万人

排序	城市	城区人口数	总人口数	排序	城市	城区人口数	总人口数
1	上海市	1987	2487	12	佛山市	854	950
2	北京市	1775	2189	13	南京市	791	931
3	深圳市	1744	1749	14	沈阳市	707	907
4	重庆市	1634	3205	15	青岛市	601	1007
5	广州市	1488	1868	16	济南市	588	920
6	成都市	1334	2094	17	长沙市	555	1005
7	天津市	1093	1387	18	哈尔滨市	550	1001
8	武汉市	995	1245	19	郑州市	534	1260
9	东莞市	956	1047	20	昆明市	534	846
10	西安市	928	1218	21	大连市	521	745
11	杭州市	874	1194				

数据来源:国家统计局。

东北,太需要一个国家中心城市了。一亿东北人翘首以盼!

武汉，会成为东方芝加哥吗[①]

在中国有这样一个城市，前 100 强企业里头，央企及下属或参股公司高达 32 家（见表 4-17），占比近 1/3。而前 10 大企业里头，甚至有 7 家是"中央军"。这是哪一个城市？不少人的第一反应是首都北京。恭喜你，答错了！正确答案其实是武汉。

表 4-17　2021 年武汉企业 100 强榜单之央企情况

排名	公司名称	排名	公司名称
1	东风汽车集团有限公司	44	中铁武汉电气化局集团有限公司
2	中国建筑第三工程局有限公司	57	武汉航科物流有限公司
3	中国葛洲坝集团有限公司	60	长飞光纤光缆股份有限公司
5	中国宝武武汉总部	61	太平人寿保险有限公司湖北分公司
7	中交第二航务工程局有限公司	66	长江勘测规划设计研究院
8	中铁十一局集团有限公司	68	中国电信股份有限公司武汉分公司
9	中国信息通信科技集团有限公司	69	中国五环工程有限公司
11	中铁大桥局集团有限公司	71	中国市政工程中南设计研究总院有限公司
12	中国航天三江集团有限公司	72	中国人民财产保险股份有限公司武汉市分公司
17	中韩（武汉）石油化工有限公司	73	中国移动通信集团湖北有限公司武汉分公司
22	中国一冶集团有限公司	81	中国邮政集团公司武汉市分公司

[①] 本文作者为巫珩、黄汉城。

（续表）

排名	公司名称	排名	公司名称
32	国药控股湖北有限公司	84	湖北省农业生产资料控股集团有限公司
34	中冶南方工程技术有限公司	91	中国电力工程顾问集团中南电力设计院有限公司
35	中铁第四勘察设计院集团有限公司	92	武汉船用机械有限责任公司
37	湖北省烟草公司武汉市公司	99	湖北省信产通信服务有限公司
42	中车长江运输设备集团有限公司	100	航天电工集团有限公司

数据来源：根据武汉工商联资料整理。

2021年武汉企业100强榜单，几乎就是央企的天下。东风汽车集团、中国建筑第三工程局、中国葛洲坝集团、中国宝武武汉总部、中交第二航务工程局、中铁十一局集团、中国信息通信科技集团、中铁大桥局集团……七家中字头企业霸占前十，央企的光芒根本藏不住。

纵观江城的百年兴衰，这绝对是一座由中央一手托举起来的城市。2021年中国长江三峡集团搬迁到武汉，加上原有的东风汽车集团、中国信息通信科技集团，武汉所拥有的央企总部扩容为三家。这个数量，已一举反超一线城市广州和深圳。如果加上双总部运营的宝钢、武钢，武汉其实有三个半央企，高于全球金融中心香港，仅次于北京、上海和雄安，进一步坐实了国家中心城市的地位。

在庞大的"中央军"的加持下，武汉这几年的崛起势头势不可挡。1993年武汉的经济体量位居全国第18名，2008年为第12名，2011年为第11名，2012年重新杀回前十，2020年前已稳居第八。

历史上，中国唯有两个城市被冠以"大"的名头，一个是上海，另一个则是武汉，它曾一度"驾乎津门、直追沪上"，是仅次于上海的第二大工商业中心，号称东方芝加哥。

如今，武汉上上下下，无不一门心思想要让大武汉重整旗鼓，再回历史巅峰。这个很有野心的城市，未来在中央的托举下真的会跃居中国第三大城市吗？答案，或许要令武汉人惊愕失色。

01

20世纪70年代，隶属邮电部的武汉邮科院，年轻教师赵梓森在一间由厕所改造的简易实验室里，拉出了中国第一条光纤，这为武汉命运的扭转埋下了伏笔。

世纪之交，科技部等部委组织一批专家去武汉讨论国家信息产业基地的创建。"中国光学之父"王大珩不远千里从东北飞过去，他强烈建议把中国光谷选在长春。[①]这时有人把高层的批示拿给他看，老爷子才不再作声了。[②]

从此，城市的建设重心一路向东，光谷从建成区"地图外的两厘米"，蜕变成了NASA夜光分布图膨胀最快的模块之一[③]，近十年每年就会有一个千亿元产业诞生。

在这里，长飞光纤和烽火通信两家企业奠定了光谷起步的基石——光通信产业。长飞光纤靠荷兰飞利浦的技术起家，如今已成长为全球第一大光纤预制棒、光纤和光缆供应商。它所生产的G.654.E光纤，能为5G基站、"东数西算"项目提供传输支持，是国内首家、全球第三家拥有该项光纤产品的厂商。

烽火通信是仅次于华为、中兴的通信设备提供商。全国能在海光缆、海底中继器领域实现全面突破的企业，仅此一家。它所研发出的

---

① 长春是中国光学科技的发源地，研制出了我国第一炉光学玻璃、第一台红宝石激光器、第一台大型经纬仪、第一块彩色液晶片等数十个中国第一个产品，在国内外光学科技领域享有威望。长春还是中华人民共和国光学人才的摇篮，拥有全国第一家光机所——中科院长春光机所，全国唯一一家以光学为主要学科的高等学府——长春理工大学（原长春光学精密机械学院）。
② 刘善璧（口述）、蒋太旭（整理）：《一份提案催生"武汉·中国光谷"》，载《武汉文史资料》2019年第8/9期。
③ 《壮丽70年·奋斗新时代 共和国发展成就巡礼》之《创新驱动武汉光谷蜕变》，载《工人日报》2019年7月。

FAST 动光缆，作为"视神经"，为中国天眼系统提供高空与地面之间的数据传输通道，能够支持 10 万次弯曲疲劳寿命，是当时国内最高标准的 100 倍。①

在这两家龙头的带领下，武汉一跃成为世界光通信产业的一块重要拼图，光纤光缆国际市场占有率超过 25%，连续多年居世界第一。这一华丽转身的背后，与中央有着千丝万缕的关联。

1988 年，长飞光纤自成立之日起，第一大股东就在邮电部、中国国新控股、中国保利集团之间轮换更替。至今，国务院国资委持股 27.93%。比长飞光纤晚 11 年成立的烽火通信，同样脱胎于武汉邮科院，隶属央企中国信科集团。股权穿透到最后，国资委持股超 40%。央企们，让武汉成了国内最大的光纤光缆产业基地。

02

武汉作为光电巨人的第二根支柱，是激光产业。领军者为"中国激光第一股"华工科技，它脱胎于直属教育部的华中科技大学。这家"部属企业"创立次年，便火速上市，目前已成为国内最大的激光装备制造商之一。

在汽车行业，华工科技打破了外企在汽车激光车身焊接领域近 40 年的垄断，目前国内市场占有率高达 90%。②

在 IT 领域，一部手机 70% 的制造环节需要运用到激光，华工科技累计为全球一线品牌手机提供近 2 万套激光设备。③

作为武汉激光行业的"黄埔军校"，华工科技带动了不少后起之秀。比如锐科激光，就是华工科技与海外高端人才闫大鹏一拍即合创

---

① 曾军：《"烽火"燎原，点亮全球每个角落》，载《湖北日报》2022 年 4 月。
② 《从喻家山到东湖科学城，华工科技：点亮"最亮的光"，走好科技自立自强的新"长征路"》，载《长江日报》2022 年 8 月。
③ 《华工科技：为全球手机生产提供近 2 万套设备》，载《湖北日报》2022 年 7 月。

办的，它的落地结束了中国不能自主研发高功率光纤激光器的历史。

2011年，中国航天科工的旗下全资子公司，收购了锐科激光34%的股权，成为第一大股东。有了央企"军工背景"的加持，它迅速成长为光纤器生产领域的佼佼者，最近五年市场占有率居全球第二位。

如今，武汉光谷聚集了超过200家激光企业，企业总收入突破200亿元。央属和部属企业们，把武汉推上了国内最大激光产业基地的宝座。

有人说，武汉的半导体产业打一个喷嚏，全国产业的神经都会为之一震。毕竟，这里已经是国家半导体产业的重要基地，集结了超过120家上下游的"储备军"。

之所以能够建立起这样一支影响国内的队伍，同样离不开中央下的重金。2016年，国家集成电路产业大基金领衔入局，联合紫光集团等公司出资成立长江存储，作为国家存储器基地重点打造。

作为中国第一家存储器晶圆厂，长江存储用短短3年的时间，就完成了从32层到64层，再到128层的历史性跨越，达到了一年一代的惊人速度。如今它更是反守为攻，追平了三星、SK海力士、镁光这些传统大厂，成为世界第六大NAND闪存制造商，占全球5%的市场份额。

长江存储是大基金单笔出资最大的项目，一期大基金注资超过百亿元，而它成立之初计划总投资高达1600亿元。这意味着，未来国家还会继续追加投资——一个航母级的半导体产业链即将在武汉横空出世。

03

如果中央没有按下光源键，那大武汉就不可能因光而亮。新兴产业如此，传统工业也同样如此。不管过去的"钢时代"，还是如今的

"车时代",武汉的传统支柱产业都紧紧围绕央企展开。

在青山区长江之侧,有一个占地21平方千米的庞大钢铁王国。这里矗立着的133处高耸建筑物,诉说着十里钢城的盛况。1958年,当一锅锅热腾腾的铁水从一号高炉缓缓流出,"新中国钢铁长子"武钢集团就此诞生,全国年产钢量一下子从16万吨跃升至75万吨。

作为全国第一个特大型钢铁联合企业,武钢尤其受到中央重视,建厂投资金额高达11.7亿元。在那个勒紧裤腰带的年代,这个金额着实很大。

武钢也不负众望,带领武汉的冶金工业狂奔,彻底走进"钢时代"。而武钢长期也是当地的第一纳税大户,推动武汉的GDP在20世纪80年代跃升至全国第四①。

在国家建立现代化工业体系的进程中,武钢立下了汗马功劳。作为中国最主要的汽车板生产基地,全国仅武钢一家能够生产2000毫米以上宽度的冷轧汽车面板;这里还实现了硅钢产品零的突破,广泛应用于水电发电机组、特高压变压器、核电发电机组等大型基建,让中国不再被卡脖子。

在2010年之前,武钢一直是每年全市工业产值最高的企业②。而摘取它桂冠的,则是另一家央企,前身为中国第二汽车制造厂的东风汽车集团。2002年,东风汽车集团总部从十堰迁至武汉,这只蝴蝶轻轻扇动了一下翅膀,就带来了一串连锁效应。

标志雪铁龙、本田等海外车企纷至沓来,产业链完善之后,又吸引上汽通用、雷诺、吉利、小鹏等车企陆续来此建厂。如今,在武汉经济技术开发区,一条长约13千米的"千亿大道"纵贯南北,沿线密集分布着2万家企业,包括12家整车厂、500余家知名零部件企业,

---

① 2016年武钢与上海宝钢合并,这两家都是国内三大钢铁央企之一,它们的强强联合直接打造出全球钢企之冠——中国宝武钢铁集团有限公司。
② 刘国龙、余佳、许春涛等编:《认识武汉:大国工业》,武汉理工大学出版社2020年版,第116页。

营收总额分分钟过亿。

这条全球汽车工业密集度最高的轴线之一，一年产量近 140 万辆，汽车产业产值超过 3300 亿元，成为湖北万亿产业集群的核心。

在 2019 年，东风汽车集团产值达到 1350 亿元，中国宝武钢铁集团在武汉地区的产值达到 1195 亿元。这两家世界 500 强企业的产值合计 2545 亿元，占了武汉规模以上工业总产值的 17.1%，堪称"巨无霸中的巨无霸"。

时针拨到 2007 年，中韩两国在能源化工领域最大的合资项目落户武汉。中国石化和韩国 SK 集团携手投产了 80 万吨乙烯工程，一个"化工新城"一夜之间拔地而起。

这个总投资 186.3 亿元的湖北省的"一号工程"给武汉带来了上下游超千亿元的产业产值，催生了 10 万多就业岗位，填补了中部地区没有大型乙烯生产企业的空白。

有了这次合作的基础，双方决定再迈一大步合资成立公司，也就是百强榜单中第 19 名的中韩（武汉）石油化工有限公司。其中，中国石化持 65% 的股份，SK 集团为 35%。

中石化挥一挥衣袖，给武汉带来了华中地区最大的炼油化工生产基地。可以说，在诸多央企的羽翼下，武汉相关重工业成长为参天大树，称霸一方，真可谓"天选之子"。

04

其实，放在历史长河来看，中央对武汉的鼎力支持自古就有。1889 年，两广总督张之洞提议修建中国第一条纵贯南北的铁路，起点为帝国的政治中心北京卢沟桥，终点为"楚中第一繁盛处"的汉口，史称卢汉铁路。

为了给铁路配套自造钢轨，张之洞还上奏朝廷兴办汉阳铁厂。这是洋务运动中最大的项目，共有 6 个大厂、4 个小厂、2 座炼铁炉。建厂耗费 586 万余两白银，朝廷拨款占了 1/3。

没有朝廷的鼎力支持，这个亚洲当时最大的钢铁厂不可能拔地而起，更不会自此奠定了武汉的近现代工业基础，为武汉带来了工业革命的火种。

1906 年，京汉铁路全线贯通，武汉犹如被打通了任督二脉，经济一飞冲天。在通车的第二年，汉口的对外贸易进出口总额占全国贸易额的 12.4%，超过了广州和天津，位居全国第二。

这条大干线耗资巨大，除了国家每年固定拨款 200 万两白银之外，清政府还向比利时公司借款 450 万英镑，相当于 3000 万两白银。离开朝廷的支持，京汉铁路的出世也只会是空中楼阁。

不久之后，清王朝憋着最后一口气，推动了卢汉铁路的延伸体粤汉铁路动工，该铁路最终于 1936 年竣工，让武汉成了陆路枢纽的黄金十字节点。

新中国成立后，又一座举全国之力的超级工程为武汉加持。1955 年，中央从全国调配了 1.3 万名建桥工人，300 多名技术人员，耗费 5 万吨钢材修建了武汉长江大桥。这是万里长江上的第一桥，几千年来从未被缝合的长江天堑，一夜之间成了通途。京汉铁路和粤汉铁路顺利连通起来，中国诞生了真正意义上的南北大动脉。武汉也顺便搭上了国家战略的顺风车，曾经被江河分割开的三镇连为一体，经济大为发展。①

毛泽东曾对武汉情有独钟，他评价说，"湖北地处中原，扼守着长江和京广铁路的咽喉，战略地位十分重要"。②在 20 年的时间里，毛泽东去武汉的次数多达 38 次，在长江游泳 17 次，这样的待遇应该说极

---

① 汪瑞宁：《武汉铁路百年》，武汉出版社 2010 年版，第 150 页。
② 张文木：《湖北武汉的地缘政治及其特点》，载观察者网 2020 年 1 月。

为罕见。①

那么，为什么从百年前到现在，权力中枢对武汉都如此器重呢？答案其实很简单：武汉的区位优势，实在举世罕有。

在农耕经济时代，水运是最便捷的交通方式，具有极其重要的战略价值。而武汉位于中国腹地中心，长江与汉水交汇之处。循长江水道行进，西上巴蜀，东下吴越，北溯汉水至豫陕，经洞庭湖南达湘桂，武汉得名"九省通衢"。一叶舟一支桨，可以抵达大半个中国。对于深藏大陆的那些县域和小城镇，武汉是它们内外要素交换过程中的必经之路。

到了工业时代，陆路乃至航空逐渐发达的时候，武汉作为中国立交桥的地位仍不可动摇。2022年7月湖北鄂州花湖机场正式投运，与距离不到100千米的武汉天河国际机场，形成航空客货"双枢纽"格局。这是全球第四个、亚洲首个专业货运机场，却没有诞生在航空货运实力更强的郑州，着实令外界大惊失色。

截至2020年年末，郑州货运航空公司31家，武汉货运航空公司是个位数；郑州货运国际航线41条，武汉包括客改货在内的国际货运航线约30条。

郑州知名货代公司151家，其中全球TOP10的国际货代公司9家，武汉货代公司数量仅为郑州的1/3。②郑州航空港太强悍了，以至于湖北最大的出口企业武汉联想，其60%的货物都要千里迢迢北上郑州机场出口。

不过，作为中国第一个社会资本进入机场的项目，这个专业货运机场还是看中武汉都市圈内的鄂州，而不是中原郑州。③没办法，武汉是中国经济地理的绝对中心，若以武汉为圆心，1000千米为半径画

---

① 陈秋芳：《大武汉之梦：关于一座城市的历史、现状与远景》，武汉出版社2006年版，第51页。
② 张爱虎、肖丽琼：《湖北外贸需快马加鞭》，载《湖北日报》2020年12月8日。
③ 顺丰持股46%，也是该机场的主要运营机构。

圈，全国 10 亿人口和 90% 的经济总量基本在其"朋友圈"内。① 高铁 4 小时，可以抵达北京、上海、广州、深圳等中国大城市。

武汉的天元之位不可取代。所以，在顶层设计中，武汉一直占有重要的一席之地，受到特殊关照。历朝历代都把武汉视为重要的战略要冲，一点都不吝啬在这里的投资，构建全国交通体系的时候也会把武汉放在非常突出的位置。

05

得益于中央的托举，武汉迅速成为百年来中国经济版图上的一颗明星。清朝末期，作为通商口岸的武汉，舳舻千里，旌旗蔽空。从汉口出发，可直航汉堡、不来梅、鹿特丹、马赛、大阪等。商贸的繁荣，令日本驻汉总领事水野幸吉深感震撼。1908 年，他在一份公开出版的调查情报中说，"与武昌、汉阳鼎立之汉口者，贸易年额一亿三千万两，凤超天津，近凌广东，今也位于清国要港之二，将近而摩上海之垒，使观察者艳称为东方之芝加哥"。从此东方芝加哥扬名天下。

1920 年，汉口一带聚集了 20 家外国银行和众多国内银行，成为内陆最大的金融中心。孙中山对武汉的未来充满了厚望，他在《建国方略》中写道："至于中国铁路既经开发之日，则武汉江更形重要，确为世界最大都市中之一矣。所以为武汉将来立计划，必须定一规模，略如纽约、伦敦之大。"

自此，大武汉之火种就在湖北的土壤上生生不息。直至 1984 年，武汉的经济总量仍位列全国第四，仅次于北京、上海和天津。

后来，沿海经济带强势崛起，武汉逐步塌陷。1993 年，武汉 GDP 在全国总排名落后到第 18 名，跌入谷底。不过，这并不妨碍武汉成为

---

① 《自然禀赋，世界上恐难找到第二个》，载《武汉晚报》2013 年 6 月 27 日。

东方芝加哥的野心,整个荆楚大地对于大武汉之梦仍然十分执着。

1999年,美国未来学家麦金利·康韦公开预测,武汉、上海将是未来世界十大超级城市之一。这个惊世骇俗的想法,撩拨起无数人的心弦。

2010年湖北省两会上,武汉科技大学中南分校校长赵作斌提出建议说,必须有超常规思维和超常规发展战略,把武汉建成3000万人口的超级大城市。[①]"这既是湖北实现中部率先崛起的关键,也是中国作为一个大国的地位和形象的必然要求。将超级大城市、经济金融中心、实体经济基地放在内陆腹地有利于国家安全。"

放眼全球,彼时北京尚未突破2000万人口的大关,3000万人口的超级大城市更是闻所未闻,要建3000万人口的大武汉,不可谓不大胆。

最近这十几年,武汉的经济确实是一路崛起,势不可当。2011年,武汉因工业倍增计划,超越南京、青岛、宁波,位居第11。2012年,又将无锡、杭州撇在身后,重新挤回前10俱乐部。2019年,武汉已稳居第8名。

未来在诸多实力派央企的支持下,武汉真的会成为中国第三大城市吗?我个人觉得,很难。

06

武汉一身通天本领的练就,是借助了巨大的外力,并非全靠自己平地起楼。与其讨论武汉是否会晋升为中国第三大城市,还不如思考下,如果这股自上而下的力量消失,武汉是不是也会跟天津一样掉出中国前十大城市,反而更有现实意义一些。

这不是危言耸听。目前,武汉作为中国经济地理的"心脏",发

---

① 张鹏:《超级大武汉:我国城市化发展道路的一种探索》,载《学习月刊》2010年第5期。

挥承东启西、沟通南北的作用，是因为我们的交通方式还不够快。

中国需要有一个交通枢纽节点，来作为人流物流的集散中心，以最大优化整个交通网络的效率。当科技革命发生质的飞跃，计量单位从"小时"变成了"分钟"时，上千千米远的地方眨眼就到，那武汉作为中心的天元之位是不是也就失去了意义，沦为普通的城市呢？

即便这种情况十年内不会发生，那五十年、一百年后呢？今天的武汉是天选之子，不代表永远都是。一旦武汉丧失了"中心"的意义，中央的厚爱也会慢慢淡化，那么武汉又该怎么办？

长期以来，顶层设计的倾斜让武汉达到了难以企及的高度。然而，习惯了人在家中坐，喜从天上降的武汉，城市内部自始至终都缺乏一点锐气，这限制了武汉的成长空间。

第一，在1867—1942年的76年里，江汉关年直接贸易额有21年居于第三位，有55年居于第四位，是名副其实的中国四大商埠之一，其余为上海、天津和广州。

改革开放之后，中国对外开放之门越开越大，而大武汉的外贸却似乎在走下坡路。

2021年，武汉的进出口贸易总额为3359.4亿元，对外贸易依存度仅有18.96%，不要说上海、天津、广州了，连福州、南京都比不上（见表4–18）。

表4–18　2021年各市对外贸易依存度

单位：亿元

省会城市及直辖市	进出口贸易总额	GDP	对外贸易依存度
上海	40610.4	43214.9	93.97%
北京	30440.4	40269.6	75.59%
海口	1476.7	2057.1	71.79%
天津	8567.4	15695.1	54.59%
郑州	5892.1	12691	46.43%
成都	8222	19917	41.28%

（续表）

省会城市及直辖市	进出口贸易总额	GDP	对外贸易依存度
西安	4400	10688.3	41.17%
杭州	7369	18109	40.69%
南京	6366.8	16355.3	38.93%
广州	10825.9	28232	38.35%
太原	1852.4	5121.6	36.17%
福州	3321.6	11324.5	29.33%
合肥	3319.2	11412.8	29.08%
重庆	8000.6	27894	28.68%
南宁	1231.9	5120.9	24.06%
石家庄	1481.2	6490.3	22.82%
长沙	2780.3	13270.7	20.95%
昆明	1456	7222.5	20.16%
沈阳	1416	7249.7	19.53%
南昌	1293.6	6650.5	19.45%
武汉	3359.4	17716.8	18.96%
济南	1944.2	11432.2	17.01%
长春	1179.77	7103.1	16.61%
乌鲁木齐	385.4486	3691.6	10.44%
贵阳	478.1	4711	10.15%
银川	204.868965	2263	9.05%
哈尔滨	344.6	5351.7	6.44%
呼和浩特	159.7592	3121.4	5.12%
拉萨	36.17	741.8	4.88%
兰州	141.8	3231.3	4.39%
西宁	22.5	1548.8	1.45%

数据来源：各市统计局。

可能你会说，这种对比对武汉不公平。毕竟清末至新中国成立之前，即便是远洋轮船，吨位也很小，只有两三千吨，江运和海运不分家，武汉既是江运的港口，又是海运的港口。二十世纪五六十年代爆发集装箱革命后,船舶迅速变大,武汉已沦为彻彻底底的内陆港,进出口贸易大受限制,跟动辄停靠十万吨货轮的沿海城市无法相提并论。

那我们就拿同样的内陆城市相比。2021年武汉的出口贸易总额为1929.0亿元,在全国排第34名,仅仅相当于上游重庆的37%,是没有任何水运条件可言的郑州的54%、西安的81%,差距已非常明显(见表4-19)。

表4-19 2021年中国重点城市出口情况

单位:亿元

排名	城市	出口贸易总额	排名	城市	出口贸易总额
1	深圳	19263.4	25	福州	2200.6
2	上海	15718.7	26	台州	2197.1
3	苏州	14875.8	27	常州	2196.4
4	东莞	9559.8	28	惠州	2132.3
5	宁波	7624.3	29	温州	2035.8
6	广州	6312.2	30	泉州	2035.5
7	北京	6118.5	31	合肥	2026.1
8	金华	5326.3	32	长沙	1977.5
9	重庆	5168.3	33	大连	1931.7
10	佛山	5007.4	34	武汉	1929.0
11	青岛	4921.3	35	珠海	1886.1
12	成都	4841.2	36	江门	1465.6
13	杭州	4647.0	37	济南	1174.1
14	厦门	4307.3	38	太原	1153.1
15	无锡	4216.1	39	徐州	1050.3
16	南京	3989.9	40	昆明	935.1
17	天津	3875.6	41	南昌	897.7
18	郑州	3552.8	42	石家庄	857.1
19	嘉兴	2800.8	43	南宁	582.0
20	绍兴	2757.0	44	沈阳	484.9
21	烟台	2448.6	45	贵阳	374.0

(续表)

排名	城市	出口贸易总额	排名	城市	出口贸易总额
22	西安	2361.9	46	哈尔滨	171.3
23	南通	2263.4	47	长春	165.9
24	中山	2231.6			

数据来源：各市统计局。

注：无锡、合肥、贵阳为美元换算。

这说明什么？从过去四大商埠的空前盛景，到如今眼巴巴看着重庆的中欧班列来来往往，郑州机场货运航线起起落落，堂堂的大武汉难道不害羞吗？

坐拥九省通衢的黄金区位，为什么武汉会硬生生将一个外向型的城市打造成内向型城市？归根结底，与武汉太依赖国有企业脱不开干系。一来国有资产本身就保守，追求稳定，而海外风险大，向外开拓的动力和锐气不足。二来国内有市场，也不太想出去。

有一组数据很能说明问题，2019年度，武汉百强企业当中，国有企业（含央企）58家，民营企业40家，其他类企业1家。民企营业收入占比百强总额仅有26.29%。同年，武汉市民营企业全年进出口贸易总额为1154.8亿元，占全市外贸总值却达到47.3%，成为武汉市外贸主力军。国有企业进出口贸易总额为753.3亿元，占比30.8%。外资企业进出口贸易总额为532.1亿元，占比21.8%。

数据反映出，这座备受宠爱的城市，多年来已经习惯于中央的有形之手，造就了"国强民弱"的经济底色，这成为制约武汉外向型生长的关键。

武汉在第四次世界产业转移和分工中，其实是比较后知后觉的。其外循环经济不够强，没有充分发挥出出口对经济的拉动作用。

07

第二,公有制经济发达也导致一个附带效应,就是当地居民的收入不够高。

2020年,1244万常住人口的武汉,有603.79万从业人员。其中,在国有经济单位[①]工作的人数高达88.44万人(见表4-20)。这相当于每7个武汉人中就有1个人端着"铁饭碗",在体制内上班。

表4-20 武汉从业结构

单位:万人

年份	合计	城镇非私营单位从业人员	国有经济单位	城镇集体经济单位	其他经济类型单位	个人经济从业人员	农村经济从业人员	私营经济从业人员	其他从业人员
1990	357.8	227.12	167.99	58.45	0.68	5.21	125.47		
2000	417.8	199.64	144.04	28.95	26.65	63.61	121.3	33.25	
2010	483	178.46	79.85	7.09	91.52	92.54	141.75	47.86	22.39
2020	603.79	242.53	88.44	3.08	151.01	133.92	84.52	114.23	28.59

数据来源:武汉统计局。

虽然安稳,但工资普遍比较低,不会像同体量民营企业那样搞各种高额的奖励分红,在薪酬制度方面并不灵活。这也是为什么武汉经济体量跟居民收入水平极不匹配。

2020年,武汉贵为全国前十大城市,但其全体居民人均可支配收入却排到了第29名——44815元,比绍兴、湖州、镇江分别低了11785元、6985元、1365元。

同为GDP万亿元俱乐部成员,武汉全体居民人均可支配收入仅相当于杭州的72%、南京的74%、宁波的75%、无锡的78%、佛山的

---

① 国有经济单位,指资产归于国家所有的经济组织,包括按《中华人民共和国企业法人登记管理条例》规定登记注册的非公司制的经济组织,以及中央、地方各级国家机关、事业单位和社会团体。

80%、长沙的 87%。居民收入不高，在一定程度上阻碍了内需市场的培育，消费这辆马车受到一定影响。

第三，近几年，武汉百强企业的用工基本在 95 万~110 万人徘徊[①]，占全社会从业人员的 1/6 左右。

如此之大的体量，已不能简单说百强企业是武汉的一个窗口了，说是上半身可能要更合适一些。百强企业的任何一丝变化，都会像放大器一样影响着武汉的经济。

以建筑业为例。2021 年武汉百强企业当中有 28 家建筑及房产类的公司，如中建三局、中交第二航务工程局、中铁十一局、湖北省工业建筑集团、新八建设集团、新七建设集团、新十建设集团等。

过去二十年，中国以土地财政为支点，撬动了轰轰烈烈的城镇化运动。然而，这样的发展模式已不可持续。我们现在的常住人口城镇化率已超过 63%，有 9 亿人口居住在城镇。城镇化的推进已经不再像过去那样一日千里了，速度在放缓。而且，我们的大基建也告别了黄金时代。这些都会对武钢、中建三局所处的钢铁、建筑行业产生巨大的影响。

换句话说，投资这辆马车也不太管用了。武汉虽然找到了信息产业和生物医药两条万亿新赛道，但半只脚还处于传统工业，吃着旧时代的老本。等到全社会的投资巨浪彻底退潮之后，武汉能否走上内生性增长道路呢？

毕竟，时代的车轮转得太快了，吃尽国企红利的武汉，不一定就能吃尽新经济的红利。

[①] 武汉发展战略研究院编：《2020 武汉发展报告》，武汉出版社 2020 年版，第 656 页。

08

翻开中美两国地图,武汉和芝加哥有着惊人的相似。芝加哥依靠连通五大湖和密西西比河掌握了水运优势,而铁路时代,它更是纵横东西的美国铁路交通枢纽。它们都位于国家的中部,距离海岸线都在1000千米以上,下游出海口都是本国第一大经济中心。

历史上芝加哥还因工业而兴,曾经的支柱产业也是汽车行业与钢铁行业,但由于技术更新和人力成本上升等因素,曾经辉煌的"制造带"逐渐沦为没落的"锈带"。

然而,芝加哥不断寻求自我突破,转身发展商业贸易、金融业、会议展览及旅游业等服务行业,如今它已经成为美国第二大金融中心、第三大城市。这一切,完全靠自力更生。想要成为真正的"东方芝加哥",武汉还有很长的一段路要走。

第五章 直面悲情

南昌，为赣州牺牲的省会①

在中国，哪个城市是房子最过剩的省会城市？2022年8月，贝壳研究院发布了饱受争议的《2022年中国主要城市住房空置率调查报告》。该报告以"房屋是否存在连续三个月无人居住"为判断指标，盘点了全国28个主要城市，其中南昌的住房空置率高达20%，位居全国第一。②

多么令人触目惊心的数据！2020年南昌的固定资产投资里，投入房地产的比重高达31.8%，增速同比增长16.8%，远远高于3.7%的工业固定资产投资增速。房地产急速膨胀，而南昌的经济人口增速又踉踉跄跄，导致空置率格外突出。

作为一个堂堂的省会城市，南昌的GDP却低于潍坊、绍兴、扬州这些普通的三线地级市。同为中部省会，南昌与武汉、长沙、合肥、郑州的实力更是差了十万八千里。后者们早已拿到了万亿俱乐部的入场券，南昌还处于半山腰的位置上。

近年来区域经济发展的几波大热点中，江西频频掉线，环江西高铁圈、环江西自贸区、环江西经济带、环江西985高校……

曾经商贾云集、文化兴盛、富裕程度比肩江南的南昌，沦为中国

---

① 本文作者为巫珩、黄汉城。
② 相关数据仅供参考。空置率在中国是一个讳莫如深的话题，不久后贝壳研究院就发文"澄清"说：调研问卷由一线从业人员填写，在实际执行中，填写人的主观判断存在偏差，调研样本和程序不够规范，覆盖范围不够全面，部分调研问卷数据采集有误，导致数据不准确。此外，空置率口径无法定标准，调研以"房屋是否存在连续三个月无人居住"为判断指标，不能充分反映真实情况。

最没有存在感的省会之一。到底是要哀其不幸,还是怒其不争?

01

历史上,南昌可是很辉煌的。唐代诗人王勃在此写下荡气回肠的千古名篇《滕王阁序》,"物华天宝,人杰地灵"是当时南昌繁华盛世的最好注脚。这座城市确实也配得上这份溢美之词,它地处鄱阳湖畔,河网密布,山环水绕,一直是名副其实的鱼米之乡。

以前,水运是最廉价和快捷的运输方式,谁掌握了水运,谁就控制了城市的命脉。真正决定江西命运走向的,是赣江。当时,江西赣州附近的梅岭,成为横亘在长江和珠江两大水系中间的天堑。唐玄宗时期修建了梅关古道,一举打通了亘古阻碍。

自此,从千年商都广州出发,溯源珠江入赣江,再经过长江与京杭大运河,可以直达北京,南北大动脉得以连通。[①]

作为连接珠江水系与长江水系的重要商道,梅关古道极大地促进了岭南和江西的发展。无论是商人、学子,还是货物,这里都是北上的必经之路,完整见证了民族迁徙与家国兴衰,堪称"古代的京广线"。

彼时中国十大商帮之一的赣商,形成浩浩荡荡的"江右商帮",与晋商、徽商等并驾齐驱,带动了江西工商业迅猛发展。而"江西才子"更是名满天下,自唐朝至清朝 800 多年的时间,江西累计考中进士 1.05 万人,占到了全国的 10.67%,其中状元就有 48 位。[②] 唐宋八大家里,我们熟知的欧阳修、曾巩、王安石,都是江西人。

1927 年,南昌亲历了中国现代史上的巨大拐点。武装反抗国民党反动派的第一枪在这里打响,新的军队就此建立。从此,一座"英雄

[①] 王志纲:《大国大民:王志纲话说中国人》,国际文化出版公司 2020 年版,第 167 页。
[②] 朱虹:《翻开江西这本书》,江西高校出版社 2020 年版,第 5 页。

城"载入史册。

然而,在市场经济的马车快速奔跑起来之后,改革开放的东风吹遍沿海城市,地处内陆的南昌却难以望其项背。

这片曾经的繁荣之地,每况愈下。不仅在经济发展上被其他城市轮番超越,还逐步成为最没落的省会城市、国家重大战略和规划中的"边缘之地"。

堂堂的大南昌,何以窘态百出?

02

在中国,省会城市通常都是全省的政治至高地。但是有"原则",就必然会有"例外"。

我们可以从省级财政的流向,窥探到一些微妙的现象。2015—2020年,南昌收到的省内一般性转移支付和专项转移支付合计1031.32亿元,在省内竟然只排到第7名,屈居赣州、上饶、吉安、九江、宜春、抚州之后(见表5-1)。空有省会的名头,却没有省会的待遇,真是楚楚可怜。

傲居榜首的赣州,每年收到的省内转移支付更是全方位碾压南昌。2015—2020年,赣州收到的省内转移支付总计2448.94亿元,比南昌足足多了1417.63亿元。其中,一般性转移支付比南昌多1042.7亿元,专项转移支付比南昌多374.92亿元。而且这六年来,赣州的一般性转移支付每年都超过南昌的2倍,专项转移支付每年都是南昌的1倍多(见表5-1)。

表 5-1 江西省各市历年转移支付情况

单位：万元

地区	类别	2015	2016	2017	2018	2019	2020	六年合计
赣州市	一般性转移支付	2,089402	2359596	2467054	2575551	3603244	4304252	17399099
	专项转移支付	1207193	1239304	1660895	1533010	853091	596829	7090322
	汇总	3296595	3598900	4127949	4108561	4456335	4901081	24489421
上饶市	一般性转移支付	1433239	1586779	1683680	1875158	2739256	3233036	12551148
	专项转移支付	721038	783711	969965	1039774	598204	415661	4528353
	汇总	2154277	2370490	2653645	2914932	3337460	3648697	17079501
吉安市	一般性转移支付	1130192	1305699	1344635	1453963	1999012	2396782	9630283
	专项转移支付	679605	683684	772393	812937	527203	375878	3851700
	汇总	1809797	1989383	2117028	2266900	2526215	2772660	13481983
九江市	一般性转移支付	1143564	1217447	1268958	1473886	2165379	2110728	9379962
	专项转移支付	623371	675469	704739	807302	484015	405176	3700072
	汇总	1766935	1892916	1973697	2281188	2649394	2515904	13080034
宜春市	一般性转移支付	1100761	1165306	1288637	1175152	1923280	2142222	8795358
	专项转移支付	606457	681998	757110	919670	529612	404277	3899124
	汇总	1707218	1847304	2045747	2094822	2452892	2546499	12694482
抚州市	一般性转移支付	932443	1016703	1119454	1213716	1573920	1980766	7837002
	专项转移支付	423264	501882	618140	618555	369341	241419	2772601
	汇总	1355707	1518585	1737594	1832271	1943261	2222185	10609603
南昌市	一般性转移支付	979066	1007412	998541	1044572	1499967	1442481	6972039
	专项转移支付	670052	559296	634758	564188	480589	432237	3341120
	汇总	1649118	1566708	1633299	1608760	1980556	1874718	10313159
萍乡市	一般性转移支付	440168	466522	523351	494731	775737	718307	3418816
	专项转移支付	283567	362162	360659	341318	211499	224725	1783930
	汇总	723735	828684	884010	836049	987236	943032	5202746

(续表)

地区	类别	年份						六年合计
		2015	2016	2017	2018	2019	2020	
景德镇市	一般性转移支付	457591	525209	550972	580796	731475	667329	3513372
	专项转移支付	231453	222996	268660	265934	180727	168083	1337853
	汇总	689044	748205	819632	846730	912202	835412	4851225
新余市	一般性转移支付	270202	308775	330277	298106	466898	416210	2090468
	专项转移支付	185362	216848	217192	227191	166540	127896	1141029
	汇总	455564	525623	547469	525297	633438	544106	3231497
鹰潭市	一般性转移支付	260928	266175	288820	306975	449399	527319	2099616
	专项转移支付	154674	180719	183032	197218	140255	149241	1005139
	汇总	415602	446894	471852	504193	589654	676560	3104755

数据来源：江西省财政厅。

如果你还没深刻领悟南昌的尴尬，那我们再来看一组数据。南昌作为省会城市，每年为江西贡献了超过 1/5 的 GDP，以及全省 1/4 的财政总收入。然而，南昌每年收到省级财政的转移支付却只有全省的 9% 左右（见表 5-2）。

表 5-2　南昌历年财政情况

年份	GDP 占全省比重	财政总收入占全省比重	转移支付占全省比重
2016	22%	25%	9%
2017	23%	26%	9%
2018	23%	25%	8%
2019	22%	25%	9%
2020	22%	25%	8%

数据来源：各地统计局。

反观赣州，GDP 占全省 14%，财政总收入占全省 12% 左右，横看竖看都没有南昌分量重，每年却能坐收全省至少 20% 的转移支付（见表 5-3）。

表 5-3　赣州历年财政情况

年份	GDP 占全省比重	财政总收入占全省比重	转移支付占全省比重
2016	14%	12%	21%
2017	14%	13%	22%
2018	14%	12%	21%
2019	14%	12%	20%
2020	14%	12%	21%

数据来源：各地统计局。

是不是很有趣？作为江西省省会，南昌吭哧吭哧干了一年又一年，原来有一部分是在为别人做嫁衣。在省级财政的倾斜下，赣州花起钱来比南昌更加豪气，风头也早已经盖过省会。赣州的 GDP 仅相当于南昌的六成，但是 2016—2020 年，赣州的地方一般公共预算支出总计 4273.3 亿元，比南昌的 3666.3 亿元多 607 亿元（见表 5-4）。

表 5-4　南昌、赣州一般公共预算支出情况

单位：亿元

年份	南昌	赣州
2016	587.7	676.8
2017	654.3	754.4
2018	752.1	857.6
2019	834.1	1007.6
2020	838.1	976.9
总计	3666.3	4273.3

数据来源：各地财政局。

论 GDP 增速，赣州每年都超过南昌（见表 5-5），连续六年位居江西全省第一。论人口数量，赣州比南昌多出两三百万人口（见表

5-5），名列全省第一，极可能比南昌更早迈进千万人口俱乐部。

表 5-5 南昌、赣州历年情况对比 常住人口单位：万人

年份	南昌 GDP 增速	赣州 GDP 增速	南昌常住人口	赣州常住人口
2016	9.5%	10.0%	546	873
2017	9.9%	10.4%	560	881
2018	12.6%	13.0%	555	886
2019	8.2%	9.3%	614	892
2020	3.8%	5.2%	626	897
2021	8.7%	9.1%	646	898

数据来源：各地统计局。

除了经济、人口成绩单，赣州其他方面也很猛。这里有国内首个内陆国际港，全国唯一进口木材直通口岸——赣州国际陆港。用 20 年的时间，从无到有为赣州孕育出千亿家具产业。①

作为江西离粤港澳最近的窗口，赣州在对接大湾区上有着天然的优势。2021 年，赣深高铁开通运营，赣州至广东深圳的时间大大缩短，由原来的 4 小时 42 分压缩至 1 小时 49 分。这是京港高铁的重要组成部分，孕育着巨大的潜能，使得赣州抢先于南昌，打造赣粤产业合作试验区，率先融入粤港澳大湾区。

2021 年，中国稀土集团落户赣州，这可是江西省近百年历史上的第一家央企总部。它的落户将推动赣州建设"中国稀金谷"，成为世界知名的稀土稀有金属高新技术产业集聚区。

赣州还是省内第一个获批"中国制造 2025"的试点示范城市，坐拥省内首家独角兽企业孚能科技。

…………

---

① 《江西南康从"制造"到"智造"，20 年实现产值数千亿元家居制造业》，载上游新闻 2022 年 7 月。

2012年，中央曾经发布重磅大礼包，明确赣州执行西部大开发税收优惠政策，享受15%的企业所得税优惠。在中国非西部地区总计376万平方千米的广袤国土上，能够享受如此特殊待遇的地方屈指可数。除了湖南省湘西土家族苗族自治州、湖北省恩施土家族苗族自治州、吉林省延边朝鲜族自治州这几个自治州，就是赣州了。

这些连省会南昌都没有享受到的顶级红利，反而被赣州一一收入囊中。赣州到底有什么过人之处？因为赣州是革命老区所在地。在那个风雨飘摇的年代，中华苏维埃共和国临时中央政府的诞生地，红军二万五千里长征的出发地就在赣州瑞金。

赣南当时有240万人，其中有33.1万人参加红军，有60万余人参加赤卫队、担架队、运输队等支前部队，有名有姓的烈士达10.82万人。长征路上，平均每千米就有三名以上赣南籍战士倒下。[1]

吃水不忘挖井人，革命老区为国家作出了巨大牺牲。所以，近十年来，国家为振兴赣州不遗余力，专门制定了一系列的扶持政策，诸多的项目、资金纷纷向赣南等地倾斜，打造起了深深的"政策护城河"。

2021年赣州跻身全国百强城市第65位，比十年前足足前进了43位，风光无限。赣州富了，南昌则略显失落。

03

当然，南昌没有成为巨人，并不能把锅全甩给赣州。全球金融危机之后，中国经历了大放水，沿海城市的土地成本、人力成本急剧上涨，纷纷将产业转移到中西部。很多内陆城市趁势抓住了这一黄金窗口期，搭上了经济发展的快车。

---

[1] 钟新华：《鲜活的党史记忆：赣州籍老红军的革命事迹》，载《党史文苑》2021年10月。

彼时，郑州大力兴建高铁和航空港，武汉一路东进建设中国光谷，南昌在干什么？说出来可能连你都不敢信，南昌在一门心思种树，更准确地说，整个江西都在种树。

2007年，江西破天荒提出，要在全省开展造林绿化"一大四小"工程建设。什么是"一大四小"？"一大"指的是全省森林覆盖率达63%，"四小"指的是抓好城市、乡镇、农村以及基础设施、工业园区等四个方面的造林绿化工作。①

当时江西的森林覆盖率已经有61.5%，仅次于福建，高居全国第二，江西却决定再加把劲，拿下这个全国第一。于是，全省上上下下都被迫卷入了这场轰轰烈烈的植树大运动。从市到县到乡镇，层层签订责任状。

高速公路和街道作为一个城市的门面，成了"一大四小"布局的重灾区。有的地方顾不上更换土壤，就直接在水泥、沥青、砾石砖瓦上种树。有的地方为了应付省里的突击检查，晚上还在摸黑种树，一夜成林现象蔚然成风。有的地方吃饭都成问题，良田却被硬生生租去种树，就为了完成上级下达的硬性指标。这场空前绝后的植树大运动，实际上都是用纳税人的钱砸出来的。

据《21世纪经济报道》数据，2007年，江西的林业投资为13.29亿元。"一大四小"开始之后，2008年立马翻了一番，达到26.96亿元，到了2012年，更是猛涨到76.31亿元。2008—2012年，短短五年的时间，江西的林业投资和园林绿化固定投资总计535亿元，占全省一般公共预算收入的12%，令人咋舌。

然而，这些真金白银砸下去之后，除了让江西的森林覆盖率数字好看了一些，对经济并没有多少好处。这种战略方向的荒谬，其实也折射出了中国区域竞争的一个怪圈。欠发达的地区不管怎么努力，招

---

① 《苏荣的造林大跃进：数百亿元让田里种树，岭上长草》，载《中国经济周刊》2016年2月。

商引资总是敌不过先发城市，经济成绩单很难出彩。所以，有时候落后的地方会另辟蹊径，在计生、环保等其他方面抓得更严，推得更使劲，以此博得更多非经济层面的"分数"。

回到江西，种树运动最可怕的地方还不是国库的消耗，而是全省全市的工作重心发生偏移，耽误了经济发展。真可谓绿了江西，黄了经济，自然错失了国际国内产业转移升级的良机。这场植树大狂欢，可真是活生生拖了江西和南昌的后腿。

一步慢，步步慢。在南昌失去的那几年，周围几大省会城市都在暗自发力，大力布局战略性新兴产业。2006年，武汉就开始布局半导体产业，成立了武汉新芯。如果没有武汉新芯作为基础，就没有今时今日的长江存储，更别提武汉跃升为全球存储器重镇了。

2007年，长沙与中国铁建合作，铁建重工横空出世。它有力地改变了隧道掘进机等高端地下工程装备长期被国外垄断的局面，助力长沙成为中国工程机械设备之都。[1]

2008年，合肥为了吸引京东方落户，决心很大，甚至连地铁项目都暂停，就为了腾出钱来做合伙人。如今，合肥的液晶面板出货量约占全球的10%。[2]

2010年，郑州拉来了一家"巨无霸"企业——富士康，高峰期全球一半的苹果手机都从这里坐上飞机运往世界各地。富士康一举托起了郑州八成的出口总额。

…………

反观南昌，那几年还沉浸在江西的植树大狂欢里，分身乏术。江西不争气，南昌想要凭一己之力崛起，简直痴人说梦。

---

[1] 《铁建重工成就长沙"盾构之城"》，载《长沙晚报》2021年5月。
[2] 路风：《光变：一个企业及其工业史》，当代中国出版社2016年版，第200页。

04

举目四望，战略性新兴产业已成为各个城市争相布局的香饽饽。武汉打造起"光芯屏端网"的产业集群，无锡成为半导体之都，南昌也急得直跺脚。2016 年，南昌打响了 VR 产业发展的第一枪，希望以此为突破口，重回经济发展的快车道。几年时间里，南昌吸引了华为、阿里、腾讯、微软、高通、紫光、海康威视等一批国内外 VR 相关领域头部企业，以及联创电子、华勤电子、小派科技、江西影创、三极光电等一批 VR 硬件制造企业来此布局。

如今，南昌的 VR 产业已颇具规模。2021 年，VR 产业营收超过 300 亿元，企业数量突破 300 家，奠定了全国三分天下有其一的格局，元宇宙之都初显成效。

不仅如此，南昌还在全力打造电子信息、汽车和新能源汽车、绿色食品、新型材料四大千亿产值产业，以及医药、航空制造、纺织服装、新能源、机电制造五个五百亿产业。其中，航空制造是很多城市梦寐以求的一张名片。

十年前，南昌航空城拔地而起，带动着江西的航空产业狂奔。十年后，中国的国产大飞机 C919 有 40% 镌刻着"南昌制造"。中国首个 C919 大飞机生产试飞中心也在南昌全面竣工，标志着我国已经形成了从科研、设计、生产试飞到交付运营的完整大飞机产业链条。

未来，国产大飞机 C919 在此试飞、ARJ21 支线飞机在此交付、"猎鹰" L15 从这里腾空而起……① 在中国航空史上，南昌即将写下华丽的篇章。搭上腾飞的航空产业，希望南昌永不再偏航。

---

① 《2022 开年城市一线观察 | 从"四面包围"到"四面逢源"》，载新华网 2022 年 1 月。

济南，生也黄河，死也黄河

山东会不会成为下一个东北？这是近些年风行全国，而且长盛不衰的一个争论。

01

2018年2月，当时山东省的一位领导在山东省全面展开新旧动能转换重大工程动员大会上的讲话引起了全国范围内的关注。这篇讲话直面问题，自揭其短："我们与标兵的差距越来越大。经济总量，我省与广东的差距由2008年的5860亿元扩大到2017年1.72万亿元；与江苏的差距由50亿元扩大到1.32万亿元。一般公共预算收入，我省与广东的差距由2008年的约1350亿元扩大到2017年的约5200亿元，与江苏的差距由约770亿元扩大到约2100亿元。"

几年过去了，山东追上了吗？很遗憾，并没有。山东与广东的差距，从1.72万亿元扩大到了4.12万亿元，与江苏的差距扩大到了3.32万亿元。山东距离前两者的身影，又进一步拉开了。

这里头，除了广东、江苏的经济发展增速更快之外，还有一个原因，就是第四次经济普查中，山东壮士断腕，硬生生挤掉了水分：山东2018年的地区生产总值实为66649亿元，比初步核算的76469亿元少了9821亿元，经济总量直接砍掉了12.8%。

山东，必须站在一个更低的基础上奋起直追，自然压力会更大。

遥想 2008 年，山东还力压江苏，光芒四射，距离中国经济第一大省仅有一步之遥。如今十几年过去了，如果大家都剔除掉行政区划调整所造成的影响，纯粹比拼硬实力，那山东最强的三个城市其实都在滑落。青岛跌出了全国前十大城市，国民生产总值排名从全国的第 9 名滑落到 13 名，烟台从 20 名掉到 26 名，济南从 21 名退到 24 名。

民营经济不强、产业结构偏重、官本位思想严重……造成东北衰落，成为铁锈地带的几个桎梏，我们在山东身上同样也能看到若隐若现的痕迹。除了经济掉队之外，山东的生育率也在塌陷，彻底生不动了。2022 年，山东省全年出生人口 68.22 万人，死亡人口 77.67 万人，人口自然增长率 40 多年来首次为负。

对于一亿人口的体量来讲，这个增幅实在太可怕了，山东可是一度号称"中国最敢生"的省份。作为"孔孟之乡"，山东受传统儒家文化影响较深，养儿防老、儿女双全的观念浓厚。

2016 年全面二孩政策实施后，山东人长期被压抑的生育意愿得到了释放，当年全国 1/10 的孩子都是山东人生的。

2017 年，山东的人口出生率高达 17.54‰，位居全国之首，是排名最低的黑龙江的三倍左右。枣庄有位 67 岁高龄产妇产下 5 斤重女婴，创造了全国首例的奇迹。然而短短几年时间，山东的生育率就大溃败。这真的是要东北化的征兆吗？

02

山东会不会东北化，关键可能要看全省的政治中心济南。为什么这么说？因为在有些领域，这座城市甚至比东北还要东北。

2018 年长春民营经济增加值占全市 GDP 的比重达到 51.0%。2019 年沈阳民营经济增加值占 GDP 的比重为 46.4%。2020 年哈尔滨民营经济增加值占 GDP 的比重为 41.2%。而济南 2020 年民营经济增加值只贡献了全市 36.0% 的 GDP（见表 5-6），比全省水平低 16 个百分点。东北由于长期执行最严格的指令经济，才导致至今市场经济不够活跃。济南的民营经济比重竟然还要更低，真是"活久见"。

表 5-6　不同城市民营经济增加值占 GDP 比重情况

城市	民营经济增加值占 GDP 比重	年份	城市	民营经济增加值占 GDP 比重	年份
长沙	64.7%	2021	兰州	45.7%	2017
杭州	61.3%	2021	西宁	45.0%	2017
重庆	59.6%	2021	武汉	42.7%	2018
郑州	58.9%	2018	北京	41.4%	2020
石家庄	58.3%	2021	哈尔滨	41.2%	2020
贵阳	58.0%	2020	广州	40.7%	2021
合肥	53.3%	2020	昆明	39.4%	2020
长春	51.0%	2018	太原	38.1%	2018
成都	50.3%	2020	天津	36.1%	2019
沈阳	46.4%	2019	济南	36.0%	2020
南京	46.0%	2021	上海	28.7%	2020

数据来源：根据公开报道整理。

而且，早在 2008 年，济南全市民营经济增加值占 GDP 的比重就已经达到 36.1%。相当于这十几年来，济南民营经济增加值占 GDP 的比重其实是原地不动的。是不是很震撼？

历史上，济南是国家重点开发的老工业基地，诞生了中国第一台大型龙门刨床、第一辆重型汽车、第一个石英钟，形成了机床、汽车、机车、锅炉比较完整的工业体系，重工业的实力相当雄厚。这也是济南能从众多城市当中脱颖而出，成为稀有的副省级城市之一的重要基础。

直至 2014 年之前，在济南主城区东部 23 平方千米的土地上，还一度聚集了 90 多家钢铁、冶金、化工等传统重工业企业。尽管济南直面沉疴，关停腾退加搬迁改造一顿猛虎操作，重工业也不过是换了别的地方，浴火重生。济南重工、济南二机床、济南炼化、山东重工……从产业结构上看，重化工业仍是济南最深的烙印。

全市最大的三家企业，一家是挖煤卖煤的山东能源集团，一家是沉浸在黑色冶炼的山东钢铁集团，还有一家是生产重型卡车在矿区里风驰电掣的中国重汽。

山东被戏称为大象经济体，前几年传统产业占工业比重约 70%，重工业在传统产业中占比约 70%。换句话说，重化工业占据了山东的半壁江山。济南作为省会，其实是山东这头大象的一个缩影，也是现阶段山东新旧动能转换的舞台中心。

我不是说重工业不好，也不是说重工业与轻工业有高低之分，而是重工业具有明显的经济周期性。像钢铁、电力、煤炭、石油、水泥等原材料，以及工程机械、装备制造等基础性产品，这一类工业与宏观经济、政策周期的关联都非常紧密。

过去中国的城镇化和工业化狂飙突进，直接推动了重工业的水涨船高。尤其是三轮大放水下，山东经济更是空前繁荣。等到房地产熄火彻底结束黄金时代，城镇化率也到了一定的高度并放慢步伐时，济南乃至山东又该何去何从？

武汉是建筑业等个别门类绑在"周期"这辆战车上，而济南乃至山东几乎是全部身家都在上面，可谓沉浮与共。此时，若不像广东、上海那样大力发展生物医药、集成电路、数字创意等战略性新兴产业，就容易步入衰落之路。

同样是万亿俱乐部成员，无锡已成为全国集成电路重镇，产业规模力压苏州、北京等一众高手。佛山经过十几年耕耘，建立了全国最全的氢能产业链，朝着中国氢都狂奔。合肥化身风投公司，无中生有赌出了全球中国 IC 之都、中国光伏第一城、平板显示器之都……

济南未来的走向如何，能不能抓住新兴战略产业成为一个充满活力和创新的超级城市，很大程度上也关系着山东会不会继续掉队。所以，中国转型看山东，山东转型看济南，这是历史转折中的泉城所肩负的重任。

03

提及济南，大家的第一反应是大省份小省会。2021年，济南GDP占比全省仅为13.8%，经济首位度全国倒数第一（见表5-7）。

表5-7 2021年省会城市经济首位度

单位：亿元

城市	GDP	全省GDP	占全省比重	排名	城市	GDP	全省GDP	占全省比重	排名
长春	7103.1	13235.5	53.7%	1	杭州	18109.0	73516.0	24.6%	15
银川	2263.0	4522.3	50.0%	2	贵阳	4711.0	19586.4	24.1%	16
西宁	1548.8	3346.6	46.3%	3	福州	11324.5	48810.4	23.2%	17
成都	19917.0	53850.8	37.0%	4	乌鲁木齐	3691.6	15983.7	23.1%	18
哈尔滨	5351.7	14879.2	36.0%	5	广州	28232.0	124369.7	22.7%	19
西安	10688.3	29801.0	35.9%	6	太原	5121.6	22590.2	22.7%	20
拉萨	741.8	2080.2	35.7%	7	南昌	6650.5	29619.7	22.5%	21
武汉	17716.8	50012.9	35.4%	8	郑州	12691.0	58887.4	21.6%	22
海口	2057.1	6475.2	31.8%	9	南宁	5120.9	24740.9	20.7%	23
兰州	3231.3	10243.3	31.5%	10	石家庄	6490.3	40391.3	16.1%	24
长沙	13270.7	46063.1	28.8%	11	呼和浩特	3121.4	20514.2	15.2%	25
昆明	7222.5	27146.8	26.6%	12	南京	16355.3	116364.2	14.1%	26
合肥	11412.8	42959.2	26.6%	13	济南	11432.2	83095.9	13.8%	27
沈阳	7249.7	27584.1	26.3%	14					

数据来源：各地统计局。

山东呈现明显的多中心格局。青岛自恃国际性港口而傲视群雄，烟台凭借雄厚的工业实力虎视眈眈，东营坐拥13家中国民营企业500强，从而秒杀济南，滨州的工业用电量高达1174亿千瓦时，是济南的4倍多（见表5-8）。

表5-8　2021年山东各市工业用电量情况

单位：亿千瓦时

城市	用电量
滨州	1174
聊城	569
潍坊	522
烟台	463
临沂	395
青岛	298
济宁	260
济南	257
日照	204
德州	180
泰安	172
威海	90

数据来源：各地统计局。

济南做了十四年的老三，屈居烟台之下，直至2018年才反超成为亚军。这种群象起舞的现象，反过来又抑制了济南的扩张：2009年，国务院批准了黄河三角洲高效生态经济区，2011年又批复了山东半岛蓝色经济区，这是山东区域发展史上的大事，但济南均不在其中。

眼看着成渝城市群、长江三角洲城市群、中原城市群等横空出世，将成都、重庆、郑州、上海等中心城市推向历史前台，但济南始终未能拥有以自己为核心的区域规划，在很长的时间内都未能上升为国家发展战略。

这是一种颇为尴尬的局面，因为在多中心格局下，济南在国家一盘棋当中的重要性被稀释了，很多事情不需要集中于济南。济南，一度成了站在门口的局外人。

尽管山东是沿黄省区中唯一的沿海省份，位于长三角与京津冀之间，又与日韩隔海相望，区位优势并不差，但省会长期"长不大"，制约了山东影响力和话语权的进一步提升。

那么，到底是什么因素拖住了济南发展壮大的步伐？两个原因：一个是地理上的，一个是政治上的。

04

170年前，黄河主干道离济南其实有200多千米之远。盘踞在济南门口的那条江，叫作济州水道，又称大清河。① 济南，即济水之南，其水陆四通，舟车辐辏。这里上可达运河，下可至沿海盐场，让济南牢牢掌控着山东漕运、盐运以及税收的管理大权。

不远处的临清，则凭借京杭大运河一跃成为山东最大的税收中心，号称"富庶甲齐郡""繁华压两京"，德州、泰安、济宁等同样受到运河巨大的滋养，商贸经济空前繁荣。彼时，山东西部稳居全省经济中心。

1855年6月，一切都变了。黄河在河南铜瓦厢决口，带着吞噬一切的力量夺大清河入渤海，济南城北的大清河自此改名"黄河"。这是黄河历史上第六次大改道，也是最后一次天崩地裂的行径。

由于泥沙量过大的黄流穿运，山东段的运河日渐浅阻，盛极一时的漕运日益走向衰落，直至彻底断航。②

与此同时，西方世界的坚船利炮打开了渤海的大门，烟台、青岛

---

① 安丰梅、刘晓海：《1855年黄河改道对济南的影响——以地方志为中心的考察》，载《沧桑》2014年2月。
② 张海防：《1855年黄河改道与山东经济社会发展关系探讨》，载《中国社会科学院研究生院学报》2007年第6期。

相继开埠，蛋粉厂、缫丝厂、船舶修理制造厂等近代工业体纷至沓来，全省经济中心向东移。

百年后，黄河又给了这个城市最致命的一击，彻底夺走了济南晋升为超级城市的机会。1970年，济南黄河段发生特大凌洪。之后，国家动用了4884万立方米的土方、15万立方米的石方以及4万立方米的混凝土，在北岸修建了106平方千米的北展宽区，用于滞洪抗凌。其中济南市境内43平方千米，齐河县境内63平方千米。

对当时的济南来说，黄河实在太凶险了。这条悬河本来就高出两岸地面数米，加之济南段又是下游最窄河段，堪称黄河咽喉，一旦决口后果不堪设想。在1949年前不足百年的时间内，黄河仅齐河县境内就决口27次。所以，北展区守卫着济南乃至下游上千万人的生命安全。

尽管自建成后一直未分洪运用，但就是锁死在了那里，限制建设，成为济南几十年都不能碰的"禁区"！任凭济南生产的挖掘机、吊管机、压路机、起重机再厉害，通通都不能进入这片黄河北岸的广阔天地。它就像一副枷锁，牢牢地铐在了济南的脚上。

当上海跨越黄浦江，在浦东新区再造十里洋场时，当杭州从西湖时代走向钱塘江时代，一座气势恢宏的钱江新城拔地而起时，济南只能站在华夏文明的母亲河岸边，彳亍徘徊，望河兴叹。挪也挪不走，轰也轰不掉的黄河，一直阻碍着济南北跨发展。

2008年，黄河小浪底工程、三门峡水库、东平湖分洪工程逐步建成，使得黄河下游防洪标准提高到千年一遇，济南基本告别了洪水的威胁，国家才得以下发文件，明确取消北展宽工程的分凌分洪运用任务，解放黄河北岸。

2011年7月，济南首次挂牌大桥镇的5宗住宅用地，黄河以北才算是有了实质性的开发。① 然而，从1992年邓小平南行带动中国新一

---

① 侯贺良、杜枫：《九曲黄河入济南》，载《走向世界》2011年10月。

轮改革开放算起,北岸的建设滞后了近二十年。从中国加入WTO深度全球化算起,也延迟了十年。

地方主义下的区域竞争异常激烈,只争朝夕,有多少个十年可以浪费?而且,黄河特殊的水文地质条件,也阻碍了跨河交通的修建。就拿隧道工程来说,要通过这一条悬河,就等于"顶着一盆水打洞"。一旦渗漏,就有水淹全城的风险。不仅难度高,而且对过去财力不甚雄厚的济南来说也是捉襟见肘。

长期被捆住了手脚的济南,痛苦不堪。往南,是城市的绿肺和泉水的命脉泰山,向北,是难以跨越的天堑,城市的发展只有一个选择,横向扩张。经过多年的东拓西进,济南变得异常狭长,以至于还诞生了仅门牌号就超过3万个的怪物——"经十路"。它全长90千米,相当于从苏州市区出发,穿过整个无锡,直奔常州市的机场。

然而,坐拥"世界上最长的路"并不是荣耀,而是一种交通灾难。有人就形容,"济南东西长、南北窄,就像根油条;整个城市拥挤不堪,就像一口油锅。几百万人每天这样煎熬着,生产、生活、生态都难以维系"。[①]

根据交通运输部科学研究院等权威机构的测算,2016年、2017年济南连续两年问鼎中国第一堵城。像2017年,济南有2078小时处于拥堵状态,是全国唯一一个全年拥堵时间超过2000小时的城市,平均每天拥堵5.7小时。

可以说一条黄河,死死困住了济南。

第一,整座济南城拥挤不堪,城市运作效率差,制约了国民财富的创造速度。

第二,南北经济严重失衡。济南人"宁向南走一千,不向北挪一砖"。黄河以北塌陷,就相当于少了半个城市的体量。

[①] 余孝忠、罗博、王志:《济南,几难?——一个"大省份小省会"的突围之战》,载半月谈网2017年6月10日。

第三，城市发展空间较小，工业经济规模不能有效膨胀，掐住了城市对资本和人口的聚集能力。①

05

济南"长不大"的第二个原因，是政治上的。如表5-9所示，济南前二十大企业当中，民营2家，央企7家，省级企业11家。三者的营业收入总和分别为988.1亿元、2952.2亿元、16399.2亿元，省级企业可谓一支独大。其中，济南最大的三个企业均为重工业国企，山东能源集团、山东钢铁集团、中国重型汽车集团，三者营收合计10716.2亿元，占前二十大企业总营收的一半以上（见表5-9）。

表5-9 2021年济南企业二十强

单位：亿元

公司名称	企业性质	归属或控股方	营业收入
中铁十四局集团有限公司	国有	中央	692.3
中铁十局集团有限公司	国有	中央	530.2
中建八局第一建设有限公司	国有	中央	456.4
中建八局第二建设有限公司	国有	中央	426.1
中国移动通信集团山东有限公司	国有	中央	384.2
中国联合网络通信有限公司山东省分公司	国有	中央	240.5
中国人民财产保险股份有限公司山东省分公司	国有	中央	222.7
央企营业收入总计			2952.2
山东能源集团有限公司	国有	山东	6752.4
山东钢铁集团有限公司	国有	山东	2207.3
中国重型汽车集团有限公司	国有	山东	1756.5
浪潮集团有限公司	国有	山东	1123
山东高速集团有限公司	国有	山东	1418.9

---

① 冯雷、史书铄：《积极推进济南"北跨"战略 进一步拓展省会城市发展空间》，载《山东经济战略研究》2012年5月。

（续表）

公司名称	企业性质	归属或控股方	营业收入
山东省国有资产投资控股有限公司	国有	山东	861.9
山东黄金集团有限公司	国有	山东	766.5
水发集团有限公司	国有	山东	452.3
恒丰银行股份有限公司	国有	山东	448.0
山东省商业集团有限公司	国有	山东	368.9
华鲁控股集团有限公司	国有	山东	243.5
省级企业营业收入总计			16399.2
山东泰山钢铁集团有限公司	民营		497.4
山东九羊集团有限公司	民营		490.7
民营企业营业收入总计			988.1

数据来源：根据公开资料整理。

注：浪潮集团为 2020 年数据。

在全国范围来讲，山东省属企业的实力也是独占鳌头的。2020年江苏省属企业实现营业收入3364亿元，资产总额1.89万亿元；2021年浙江省属企业实现营业收入15888亿元，资产总额1.87万亿元；2021年山东省属企业实现营业收入19988亿元，资产总额4.17万亿元，两个指标均位居全国所有省份（不包括直辖市）首位。

这种独具特色的"济南模式"，来源于它所处的特殊环境。有人曾评价，山东有强势政府的色彩，历来是抓大企业的。像家电、造纸等充分竞争性的行业，也能涌现出海信与晨鸣，这些在全国都举足轻重的国企。

轻工业尚且如此，与权力天然亲近的重工业就更是这样了。山东省本来就是矿产资源大省，拥有胜利油田、中原油田、兖煤等富矿。进入21世纪，中国城镇化和工业化速度大大加快，房地产、汽车两大支柱产业蓬勃发展，对钢铁、机械、化工等产生了巨大需求。

山东抓住这一波风口，发挥自身资源禀赋的优势加注重工业。凭借着行政优势，在上游原材料方面，打造出了石化、电力、煤炭、钢铁等庞大的国企工业体。随后，国有资本又向产业链的中下游自然延伸，大规模生产铲土机、挖土机、磨煤机等机械工程装备。

济南作为省会城市，自然会集聚这些扎根重工业领域的省级国企。如果说武汉是央企托起的城市，那么济南则是省企托起的城市。①

此外，济南的市级国企，横跨金融、交通、文旅、城建、纺织、商贸、农业、物流、制造等方方面面，包罗万象，也是济南经济社会发展当中不容忽视的一支重要力量（见表5-10）。

表5-10 2020年度济南市属国有企业名录

序号	企业名称	序号	企业名称
1	济南城市建设集团有限公司	20	济南元首集团有限公司
2	济南城市投资集团有限公司	21	济南国润资产运营管理有限公司
3	济南轨道交通集团有限公司	22	济南建设设备安装有限责任公司
4	济南产业发展投资集团有限公司	23	济南城市静态交通管理运营集团有限公司
5	济南金融控股集团有限公司	24	中国轻骑集团有限公司
6	济南文旅发展集团有限公司	25	澳利集团有限公司
7	济南公共交通集团有限公司	26	莱商银行股份有限公司
8	济南城市发展集团有限公司	27	齐鲁财金投资集团有限公司
9	济南能源集团有限公司	28	莱芜城市发展集团有限公司
10	济南二机床集团有限公司	29	山东莱芜城市建设投资控股有限公司
11	济南齐鲁化纤集团有限责任公司	30	莱芜交通发展集团有限公司
12	济南市国有资产投资有限公司	31	济南莱芜公共交通集团有限公司
13	济南四建(集团)有限责任公司	32	济南莱芜粮食储备中心
14	山东三箭集团有限公司	33	莱芜旅游发展集团有限公司
15	济南一建集团有限公司	34	济南莱芜机动车检测有限公司
16	济南市投资控股集团有限公司	35	济南莱芜军粮供应站

---

① 山东省企有很多生产基地布局在省内各个地级市，按照生产属地统计原则，其所创造的GDP有一部分归于其他城市。不过，它们依旧为总部所在地的济南创造了大量的利税，并集聚了大量的高学历人口。

（续表）

序号	企业名称	序号	企业名称
17	山东小鸭控股集团有限公司	36	莱芜水利投资发展集团有限公司
18	山东金钟科技集团股份有限公司	37	济南莱芜人力资源开发服务有限公司
19	济南润易集团有限公司		

资料来源：济南国资委。

可以说，整个济南被国企"包围"。如果不是2018年年底济南行政区划大改革吞入了山东最小的地级市莱芜，进而把泰山、九羊两家公司并进来，那济南原先最大的18家企业，其实都是清一色的国企。

在这个成绩面前，估计很多省会都要自愧不如。这些国企均是济南经济发展的压舱石，奠定了济南在全国乃至全球的话语权。像济南重工生产的盾构机每台造价高达5000万元，畅销全国十余个城市，为中国的地铁交通版图作出了不可磨灭的贡献；像济南二机床生产的智能冲压线，让美国福特工厂首次放弃德国设备采用了中国造；像浪潮的服务器市场占有率全球第二、全国第一，保障了政务云存储的安全。

不过，当一个城市对做大国企形成路径依赖的时候，也容易忽视对民营经济的扶持。2015年，山东全省17个地市有12家成立了中小企业局，济南市却迟迟未动，缺乏统一的民营经济管理服务体系。[1] 而济南市中小企业信用担保中心作为全市唯一的政策性担保机构，资本金却只有1.45亿元，远不能满足全市民营企业的发展需求。

2021年，济南上榜中国民营企业500强的数量只有3家，低于同省东营的13家、滨州的7家、烟台的5家、潍坊和淄博的4家。相比省内其他兄弟，济南的民营经济真的不要太弱。

---

[1] 吴学军：《充分发挥区域经济优势 推动济南经济转型升级》，载《中共济南市委党校学报》2015年第1期。

06

为什么山东GDP这么高,还是让人感觉很穷?其实,从济南首富的状况中便能知晓一二。2020年,全国共有2398位企业家登上胡润百富榜,但济南仅有区区5位,不及长沙的1/6,福州的1/5(见图5-1)。

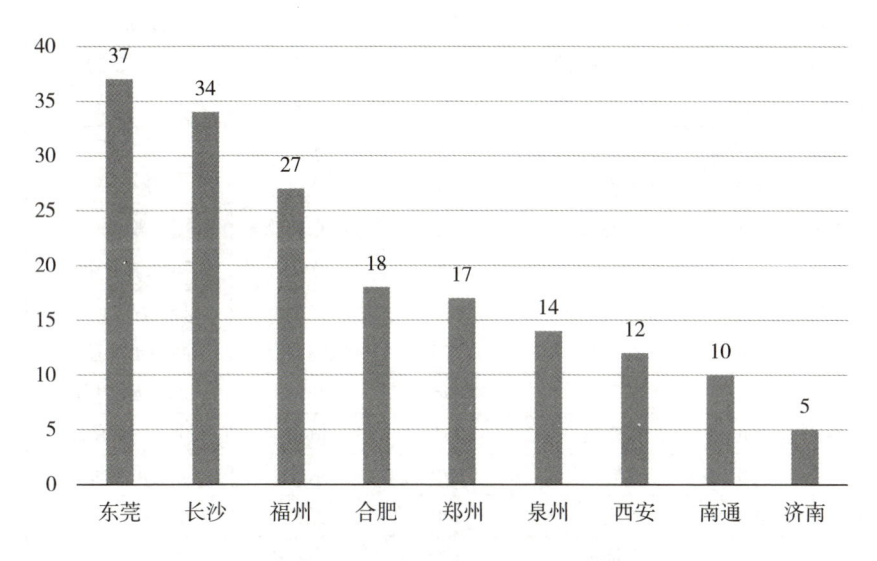

图 5-1 2020年胡润百富榜各市人数

如果不算这几年吞并进来的莱芜企业九羊,济南的首富其实是中孚信息的魏东晓,身家34亿元(见表5-11)。这个规模放眼全国,可能只是东部沿海一个县城首富的水平。

表 5-11 2020年胡润百富榜各市前五位情况

排名	城市	姓名	财富(亿元)	公司	主业
27	长沙	周群飞、郑俊龙夫妇	1150	蓝思科技	电子器件制造
41	长沙	陈邦	1000	爱尔眼科	医疗服务
75	泉州	许世辉家族	550	达利食品	食品
78	长沙	梁稳根	540	三一	重型机械

（续表）

排名	城市	姓名	财富(亿元)	公司	主业
79	福州	陈发树	530	新华都	医药、零售、投资
90	西安	李振国、李喜燕夫妇	475	隆基	硅材料
102	东莞	张茵家族	440	玖龙纸业	环保造纸
173	长沙	李卫国	285	东方雨虹	防水材料
188	福州	林定强家族	270	金辉	房地产
197	西安	李春安	260	隆基	硅材料
197	合肥	田明	260	美亚光电	专用设备制造业
210	长沙	阳萌、贺丽夫妇	250	安克	电子设备制造
210	福州	林宏修家族	250	融侨	房地产
227	西安	史贵禄家族	230	荣民	房地产
277	郑州	胡葆森家族	190	建业	房地产
286	合肥	吴俊保	185	中国东方教育	教育
296	东莞	沈炜	180	VIVO	手机、影音用品
296	合肥	陈先保家族	180	华泰	农副食品加工业
306	东莞	白宝鲲	175	坚朗五金	高端建筑五金
306	东莞	陈明永	175	OPPO	手机、影音用品
306	泉州	许连捷	175	恒安	个人护理用品
312	福州	张轩松	170	永辉	超市零售
312	泉州	施文博	170	恒安	个人护理用品
312	郑州	苗拥军	170	安图实业	医药制造业
325	东莞	徐乘家族	165	徐福记	食品
325	福州	曹德旺	165	福耀玻璃	玻璃
350	合肥	陶悦群	155	欧普康视	医疗器械制造、销售
359	郑州	陈泽民家族	150	三全食品	食品
359	郑州	李光宇、李花父女	150	宇华教育	教育
388	南通	陈锦石家族	140	中南	房地产、建筑
414	合肥	商晓波、邓烨芳夫妇	130	鸿路钢构	金属结构制造业
466	南通	昝圣达	120	综艺	新能源、信息科技、投资
497	济南	许庆奎、许英强父子	115	九羊	钢铁、冶金、机械
560	郑州	万隆	105	双汇	食品加工
594	南通	马斌、陈小琴夫妇	100	神马	电气机械和器材
687	泉州	蔡明通、蔡劲军父子	85	火炬电子	电子元器件

（续表）

排名	城市	姓名	财富(亿元)	公司	主业
774	泉州	吕培榕	75	大帝	投资、房地产、服装
813	西安	钱俊冬、崔蕾夫妇	72	三人行	商务服务
827	南通	陆永华、毛彩虹夫妇	70	林洋电子	电子式电能表
944	南通	黄善兵家族	61	捷捷微电	半导体器件
1322	西安	席有良	42	大明宫	建材连锁、房地产
1601	济南	魏东晓	34	中孚信息	软件和信息技术服务业
1922	济南	黎峰	27	金现代	软件和信息技术
1922	济南	伊廷雷	27	金雷股份	设备制造
2303	济南	陈志江	20	中孚信息	软件和信息技术服务业

同样是省会城市，济南的GDP跟长沙、福州、西安、合肥、郑州是差不多的，为1万亿元左右，但是长沙前五位首富的财富总量可以达到3225亿元，福州为1385亿元，西安为1079亿元，合肥为910亿元，就连中原郑州也有765亿元，而济南只有区区223亿元，远远落后于同级别的对手（见表5-12）。

表5-12　2020年胡润百富榜各市前五位财富总额

单位：亿元

城市	总额
长沙	3225
福州	1385
东莞	1135
西安	1079
泉州	1055
合肥	910
郑州	765
南通	491
济南	223

网上有个段子说，假如一个山东人有 1000 元的话，那经过山东电视台的宣传，会让人错觉这个山东人只有 200 元。这并不是山东电视台有多么厉害，而是济南乃至山东的底色本就是这样。由于国有经济太发达，民营经济欠发展，导致济南无法像福建、浙江一样藏富于民。

那么，民营经济没有形成规模效应，会对济南造成什么影响呢？消费会受到抑制。2021 年济南实现全社会商品零售总额 5126.1 亿元，人均 5.49 万元，低于南京的 8.38 万元、苏州的 7.06 万元、泉州的 6.57 万元、青岛的 5.83 万元、杭州的 5.53 万元。①

藏富于民的程度偏弱，不仅不利于内循环经济格局的构建，还会让城市更容易患上投资驱动依赖症。我们来对比济南和泉州，2021 年这两个城市的 GDP 分别为 11432 亿元、11304 亿元，差距可以说微乎其微。不过，两者的发展模式截然不同。

2021 年泉州全年出口额 2035 亿元，全社会商品零售总额 5819 亿元，固定资产投资额 2576 亿元。同年济南数据则为，全年出口额 1174 亿元，全社会商品零售总额 5126 亿元，固定资产投资额 6243 亿元。

济南的固定资产投资竟然是泉州的 2.4 倍多，比后者高出了 3667 亿元，极度依赖投资。投资驱动模式的最大弊端就在于边际效应会逐步递减。随着时间的推移，每一块钱所能撬动的 GDP 和财税会变少，导致发展后劲不足。此外，投出去这么多钱，对城市财政来讲也是一个不小的负担。

总而言之，民营经济不强，让济南遗憾地与超级城市擦肩而过。

---

① 社会消费品零售总额，是指企业（单位）通过交易售给个人、社会集团非生产、非经营用的实物商品金额，以及提供餐饮服务所取得的收入金额。这个数据不仅包含了出售给市内个人、社会集团的金额，也包括了出售给市外个人、社会集团的金额。所以严格来讲，人均社会商品零售总额并不能与本市居民的消费能力强弱直接画上等号。就像南京、泉州的数值较高，一定程度上也是因为这两个城市的企业销售网络更加庞大，比济南覆盖到了更多的地方。因此，它仅具有一定的参考意义。

07

为了打破这些瓶颈，济南正在很努力地改变。2018 年 1 月，国务院以国函 1 号批复了《山东新旧动能转换综合试验区建设总体方案》，明确了济南要高水平规划建设新旧动能转换先行区。先行区总规划面积约 1030 平方千米，其中黄河北岸 730 平方千米，黄河南岸 300 平方千米。

整座城市的发展，终于上升为国家战略，这更加坚定了济南跨过黄河"解放"全济南的决心。在济南决策者的眼中，黄河以北将成为泉城发展新一代信息技术、高端装备制造、新能源新材料等战略性新兴产业的主战场。

国家电投集团来了。这家央企猛砸 100 亿元，准备将这里布局成电投集团的五大氢能产业基地之一，四大燃料电池产业基地之一，涵盖研发、实验、燃料电池装备及核心零部件制造。

比亚迪来了。2021 年年初，这家新能源乘用车企业竞得崔寨片区两块土地，总投资 150 亿元，预计年产 30 万辆整车以及核心零部件，年产值可超 400 亿元。

中科院来了。济南先进动力研究所、济南中科泛在智能计算研究院、济南中科核技术研究院等三家中科院分支机构相继落户，热火朝天地孵化各类科技成果。

…………

伴随着重大招商项目的生根发芽，济南展现出了成为中国氢都和新能源汽车重镇的野心。2021 年，济南还迎来了 2600 多年建城史中崭新的一页：既可通地铁，又可以通汽车的黄河济泺路隧道建成。它的落地，标志着全长 5000 多千米的黄河第一次被地下隧道穿过。

根据当地的规划，济南将陆续建设 12 处过河通道。届时，183 千米长的黄河济南段将密密麻麻地分布 26 座桥隧，主城区平均每 3 千米就有一处过黄通道。

在全国 23 个临江河省会级（包括直辖市）城市中，济南是最晚提出跨江河发展的城市之一。不过，经过这两三年的努力，整座城市正在加速从大明湖时代走向黄河时代，黄河成为城市内河不再是遥远的梦。

2021 年，济南颁布了历史上首个民营经济发展规划，计划到 2025 年实现 5 家民营企业进入中国民营企业 500 强，民营高新技术企业突破 4500 家，打造一支在全国都叫得响的"民企国家队"。

宏大的蓝图已经铺开了，就看济南怎么干了。济南的今天，就是山东的明天。

08

当然，新旧动能转换，或许最重要的还不是产业结构的转换，而是思想意识的转换。

在介绍本省的企业时，广东官员经常会说，这是我们服务的企业。山东的官员则大概率会说，这是我手下的企业。一词之差，让广东甩开了山东 4.12 万亿元的差距。

只有解决这种"文明错位"，摆脱还停留在农业文明时代的生存思考方式，山东才能彻底摆脱东北化的魔咒。

海口，孤岛经济

我们正处于百年未有之大变局，小小的海南，可能就是这百年大变局的滥觞之地。这里即将发生的巨变，足以载入史册。

01

2020年9月，我出席中国企业家俱乐部在海口举办的2020年中国绿公司年会，印象最深刻的是在会议安排的调研活动中，听到了一位当地干部的悄悄话：以后海南会拉一条海底光缆到香港，未来在这里做跨境电商生意，就可以在国际互联网上畅通无阻地跟客户沟通。

随行的一位企业家顿时一震："这下海南不就变成小香港了吗，还有这等好事？"

其实，中央印发的《海南自由贸易港建设总体方案》这份顶层设计确实白纸黑字写着："安全有序开放基础电信业务。开展国际互联网数据交互试点，建设国际海底光缆及登陆点，设立国际通信出入口局。"

信息的自由流动，是所有城市梦寐以求的事情，目前国内仅在部分特殊区域有所试点。上海、深圳、珠海等是在临港、前海、横琴自贸片区，通过连接上海/广州出入口局，来直达国际互联网。

北京亲自挂帅上阵实验数字经济自贸区，是通过建立虚拟专用网业务（即VPN），来为在京的外资企业构建一条国际互联网数据专用通道。

海南享用的范围有可能更大。首先，海南与香港互通海底光缆后，大概率会把登陆地点设在省会海口，并在此建立继北上广之后的全国第四个国际通信出入口局。这是以后海南直接经营国际语音、国际互联网和国际专线业务的基础。

其次，顶层设计早已明确，等2025年全岛封关运作之后，连洋浦保税港区、海口综合保税区这类海关特殊监管区域都会消失掉，全海南岛都会变成自贸港。

所以，在海南开展国际互联网数据交互试点，是不是也意味着以后全岛3.5万平方千米都能自由进入国际互联网？

想象空间确实很大。海南虽是一个省，但只有一个市的人口体量，影响相对可控。只要加上一些技术处理，就能极大地减少信息自由流动的负面效应，放大信息自由流动的正面效应，这对于海南吸引外来投资具有十分重要的作用。

曾经的海南，因为不够开放而错过了绝佳的历史发展时期。1988年海南建省办特区，当地政府想要开发"中国少有，世界难得"的洋浦港，准备划出30平方千米的土地，租给熊谷组（香港）有限公司70年。

本来事情都谈妥了，协议也签了。结果这个公司因为有日资成分，引起了一堆人的反对。有的媒体痛批，以后日本人可以在洋浦创办日本本土所不允许的污染工厂，可以在这块地上开妓院，开赌窟，设置情报所等莫须有的东西。

还有的人"痛哭流涕"，说这是要制造新的租界，中国人对过去清政府割地赔偿的屈辱记忆犹新，每论及过去外国在中国的租借地，均引以为耻。现今突然又可能出现新的租借地，人们不能接受……这样，此港实质上也就成为日本控制海南岛命脉，吮吸海南省劳动人民血汗的港口，这与七七事变前上海市帝国主义和资本家吮吸长江流域亿万人民财富的吸血港口有何差异？[①] 事情还一度闹到了国务院。

看到这些控诉，外资对海南失去了投资信心，踟蹰不前，洋浦开发延误了整整四年。随后，浦东新区横空出世，大量外资跑到了上海落户。海南因为思想不开放，与宝贵的发展机遇失之交臂。

如果今天的海南自贸港真的做到了全域信息自由化，那将是内陆罕有的大独唱。跨国公司以及有海外业务的中国本土企业，还不得对海南高看一眼？

02

在东部沿海地区中，海南岛的发展可以说是一个黑洞。同样是沿海省市，别人呼风唤雨，海南却长期寂寂无名。按官方的宣传，海南具有优渥的区位条件：21世纪海上丝绸之路的战略支撑点，距离东南亚地区最近的省份，经马六甲海峡进入中国航运的第一节点。

然而，有港口有码头的海南，并没有像广东和江苏一样发展起出口导向型经济，踩在外资的肩膀上成为世界工厂。反而经过三十年的奋斗，成功地把自己建成一个南海上的"小甘肃"，2021年海南省GDP仅高于西北的宁夏、青海和西藏（见表5-13）。

表5-13　2021年各省市区GDP

单位：亿元

排名	地区	GDP	排名	地区	GDP
1	广东	124370	17	辽宁	27584
2	江苏	116364	18	云南	27147
3	山东	83096	19	广西	24741
4	浙江	73516	20	山西	22590
5	河南	58887	21	内蒙古	20514

[①] 钟坚：《大实验：中国经济特区创办始末》，商务印书馆2010年版，第360页。

(续表)

排名	地区	GDP	排名	地区	GDP
6	四川	53851	22	贵州	19586
7	湖北	50013	23	新疆	15984
8	福建	48810	24	天津	15695
9	湖南	46063	25	黑龙江	14879
10	上海	43215	26	吉林	13236
11	安徽	42959	27	甘肃	10243
12	河北	40391	28	海南	6475
13	北京	40270	29	宁夏	4522
14	陕西	29801	30	青海	3347
15	江西	29620	31	西藏	2080
16	重庆	27894			

数据来源：国家统计局。

这是为什么呢？很大一个原因，就是海南的人口太少了。在早期城镇化阶段，制造业是虹吸人口的大利器。当时佛山和东莞家家点火，村村冒烟，靠着遍地的小作坊吸引来大量务工人员，人口增长迅猛。

海南的生态环境很好，所以对于大力发展工业始终怀有戒心，没有刻意地去推工业化，错过了早期工业化的风口。2010年，海南省副省长在接受采访时就坦承：我们不仅没有村级工业，很多乡镇都没有工业，因为我们始终觉得环境不能破坏掉……

1988年建省办特区时，海南第二产业的比重是18.4%，2020年为19.1%。三十余年的时间里，提升不到1个百分点。

在全国31个省市区当中，海南的工业比重排名倒数第二，比西藏以及中国的大粮仓黑龙江还要低。如果不是因为北京作为首都，主要集中于发展服务业，那海南可以排到全国倒数第一。

此外，随着国际旅游岛的建设，海南的房地产业更是一业独大，吞噬了本就有限的宝贵外资，使得海南工业投入更显不足。

这些因素导致海南省的人口增长一直特别慢。1978年，海南人口

500万左右，到2019年为995.72万人。也就是说，自岛上第一次出现人类的痕迹，直至那时为止，海南的居民就从来没有突破过一千万。

在所有东部沿海省份中，海南的人口是最少的，这极大地制约了海南的经济发展。

03

过去外商纷至沓来，就是看中中国十几亿的人口规模，想要占领中国庞大的消费市场。像日本丰田，20世纪就跑到广州建立了一个合资整车厂，生产出来的凯美瑞通过陆路点对点运输，能覆盖到1亿人口的广东省。再经由无缝对接的跨省高速公路，还能继续吃下华南乃至全国的市场，赚得盆满钵满。

如果外资生产的是低廉的轻工产品，而消费市场又太远，运输成本高到无法承担，那外资企业则会分片区经营，建立多个生产基地。通常而言，一个基地会对应数千万甚至上亿的人口市场。

而海南是一个典型的岛屿经济体，内部市场容量小，对于讲究规模效应的跨国巨头其实没有太强的吸引力。如果把海南设想成一个"独立王国"，那你觉得跨国公司会为了一个几百万人口的市场，投资上百亿盖个大工厂吗？

想都别想。凭这点人口体量，根本就消化不了流水线上的批量生产。如此，又怎么来摊薄这巨量的固定资产投资，怎么来降低边际生产成本呢？外资不犯怵才怪呢！

所以，即便外来资金进来了，也多是量力而行把规模缩小，难以建立跟广东、上海同等规模以及同等级别的超级工厂。可能你会问，既然海南的市场容量小，那么，外来资金把工厂设到海南，然后以此为跳板去主攻大陆市场不就可以了吗？

可以是可以，但这里头也有一个问题，就是海南本身的资源也是有限的，无法自给自足，很多原材料和零部件依仗岛外供应，如果市场也是在岛外，那海南就是一个"两头在外"的生产方式。一进一出之间，就人为地制造了很多不方便。

由于琼州跨海大桥迟迟未建，海南与内陆往来的所有车辆、火车都需要通过琼州海峡客滚运输进出岛。对企业来讲，轮渡过海有几大痛点。

第一，费用高。像货车是根据载重量计算，9米挂车过一次2500元，费用相当于从海南到北京油费的1/3，到广州油费的1/2。

第二，时间长。天气好四五小时，天气一旦不好就要两三天。海上一起雾就必须停航，原材料进不来，产品运不出去，下游的环节嗷嗷待哺，甚至耽误其他厂家的生产。

第三，运量小。这个交通咽喉的码头资源有限，两个班次之间有较长间隔，导致通道容量不大，每年也就运输一千多趟货物列车。

所以，海南企业很无奈。很多时候要被迫放弃陆路运输，选择海运方式。如表5-14所示，2020年，海南通过铁路发送的货物总共1135万吨，其中发到本地1073万吨，发到外地62万吨，外地占比全部货物仅有5.5%。而同等经济体量的甘肃、青海和宁夏最低在55%以上，浙江、福建、广东、广西等港口群沿海省市区，最低也有36.2%。

如表5-15所示，2020年，发送到海南各个铁路站的货物总共1183万吨，来源外地仅110万吨，占比9.3%。而同等经济体量的甘肃、青海和宁夏最低在41%以上，浙江、福建、广东、广西等港口群沿海省市区，最低在35%以上。

不管发送还是到达，海南铁路货源的外地占比，均远远低于其他省市区。这些数据从侧面说明，海南企业在陆路运输方面受到了较大限制，会更多选择海运的方式进出海南岛。

表 5-14 2020 年国家铁路地区间货物交流

单位：万吨

发出省	总计	发到本地	发到外地	外地占比
海南	1135	1073	62	5.5%
重庆	1878	429	1449	77.2%
甘肃	5854	2631	3223	55.1%
青海	3455	1401	2054	59.5%
宁夏	3267	426	2841	87.0%
江苏	6720	1320	5400	80.4%
浙江	3988	2530	1458	36.6%
福建	3749	2391	1358	36.2%
广东	7736	2969	4767	61.6%
广西	9267	3820	5447	58.8%

数据来源：国家统计局。

表 5-15 2020 年国家铁路地区间货物交流

单位：万吨

到达省	总计	来源本地	来源外地	外地占比
海南	1183	1073	110	9.3%
重庆	6426	429	5997	93.3%
甘肃	7471	2631	4840	64.8%
青海	2411	1401	1010	41.9%
宁夏	1313	426	887	67.6%
江苏	7825	1320	6505	83.1%
浙江	5089	2530	2559	50.3%
福建	3696	2391	1305	35.3%
广东	7045	2969	4076	57.9%
广西	8749	3820	4929	56.3%

数据来源：国家统计局。

我们再来对比下广东与海南。这两个省份同样沿海，且地理位置相近，但双方进出省的方式有着极大的差别。2020 年，广东与省外的铁路货物吞吐量为 0.8843 亿吨,全省港口内贸吞吐量 13.96 亿吨,两者之比为 1∶15.8。同期,海南与省外的铁路货物吞吐量为 0.0172 亿吨,全省港口内贸吞吐量约 1.54 亿吨,两者之比为 1∶89.5。可见海南对于水运的依赖程度高很多。

其实,陆运和水运并没有优劣之分,对于不同的产品、不同的里程、不同的订单,会有不同的模式选择,它是一个综合权衡的结果。不过,当一个企业明明最优方式是陆运,却经常因为没有更好的选择,被迫放弃改走海运时,其生产组织方式就会面临更多挑战。

假设一个海南企业购买的原材料从华北内陆出发,花了十天工夫,经洋浦港中转进入工厂。商品下线后,又经过数天乃至十数天抵达大陆港口(取决货物到什么地方),重新换成其他交通工具点对点运输,送到经销商或消费者手中。整个流程下来,一个月过去了。

这样,企业的市场响应能力就比较弱,长此以往可能会偏向于福特制的"刚性大规模生产",提前存储很多原材料,并提前生产成品好随时投放市场,这样就造成了仓库积压以及产品落后市场新需求的弊端。①

相比之下,直接把工厂建在内陆不香吗?针对不同的订单,企业有公路、铁路、海运几种模式组合使用,受到的物流制约因素更少,不就可以更灵活地应对瞬息万变的市场吗?由此,企业就能实现柔性即时生产,产生"零库存"效应,竞争实力大大增强。

所以,海南孤悬海外的地理位置,其实一定程度上也阻碍了内外资进来的念头。长年累月下来,海南就损失了不少潜在投资。以外商投资为例,1988—2020 年,海南外资直接投资金额累计 341 亿美元,同期浙江约为 2420 亿美元(见表 5-16),海南仅为浙江的 14%。

---

① 刘慧、顾伟男、刘卫东、王姣娥:《中欧班列对企业生产组织方式的影响——以 TCL 波兰工厂为例》,载《地理学报》第 75 卷 第 6 期。

表 5-16　1988—2020 年浙江外商直接投资情况

单位：万美元

年份	外商直接投资总额	年份	外商直接投资总额
1988	2957	2005	772271
1989	5181	2006	888935
1990	4844	2007	1036576
1991	9162	2008	1007294
1992	29398	2009	993974
1993	103271	2010	1100175
1994	114449	2011	1166601
1995	125775	2012	1306926
1996	152021	2013	1415898
1997	150345	2014	1579725
1998	131802	2015	1696024
1999	153262	2016	1757748
2000	161266	2017	1790210
2001	221162	2018	1863874
2002	316002	2019	1355920
2003	544936	2020	1578475
2004	668128	总计	24204587

数据来源：浙江统计局。

缺乏滚滚而来的外部资金，海南岛的 GDP 自然增长缓慢。作为一个相对独立的地理单元，海南不仅远离内陆中心，还地广人稀，妥妥的贫穷边远地区。本质上，它算是一个"西部省市"了，应该被纳入西部大开发的战略版图当中。

但是一直以来，它都被当成"沿海省市"，所以无法像西部一样享有鼓励性产业 15% 的企业所得税优惠。如果有这部分的税收优惠，或许还可以用来覆盖多出来的交易成本，吸引外来资金入岛投资。可惜没有。

地理上的短板，加之政策上的平庸，导致海南落后至此。海南

"长不大"，作为省会的海口就更不用说了。作为一个省，海南需要设置多个行政区来管理3.54万平方千米的土地，其一千万左右的人口，分散在4个地级市，5个县级市，6个自治县，195个乡镇，人口特别不集中。

有这么多个"城市"，省里在分配资源时也必须开枝散叶，保持一定的均衡。这些都限制了海口的发展，使得海口无法跟其他沿海省会一样成为经济巨人。截至2020年，海口的GDP约为1791亿元，比江苏最穷的一个市还要少1470亿元。

04

三十多年前，一无所有的海南被选为经济特区。彼时在高层眼里，海南跟"亚洲四小龙"的台湾省具有很强的可比性，都是与大陆相望的岛屿经济体，面积差不多大，气候、资源、地理等诸多条件颇为相似。而海南省的经济又落后太多，如果能把海南省搞上去，那就可以向台湾省、向全世界证明社会主义的优越性，帮助中国和平统一。

在后来的历史进程中，海南或许是意识到自己在地理、人口等先天条件上的不足，就一味地走捷径，抄快路。这种急功近利、想赚快钱的暴富心态，使得海南犯过三次大错：走私汽车、房地产泡沫崩盘以及国际旅游岛建设时沦为房地产加工厂。最后成了今天的穷海南，以一个省的身份贡献了一个市的经济体量。

不过，历史总是充满了意外。海南没有成功发展成为一个庞然大物，反而撬动了全国第一个自贸港的牌子落户。中央选中海南可能是基于几个原因，一方面，自贸港的试验具有一定的风险性，而海南的经济规模小，除了旅游产业，其他产业在全国来讲并不算举足轻重，就算改革产生了负面影响，对整个大盘子的冲击力也弱。另一方面，琼州海峡就像一道天然屏障，将海南与大陆架隔离开来，进出通道尽在掌控之中。其相对独立的地理位置，简直是上天恩赐的最佳试验田。

2020年中共中央、国务院印发了《海南自由贸易港建设总体方案》（以下简称方案），该方案的力度，超乎人们之前的想象。

第一，零关税。香港之所以能够成为亚洲知名的消费天堂，与它特殊的关税制度有关。除了酒类、烟草等几类特殊物品之外，香港所有进口货物都不需要征收关税，也不设任何增值税或一般服务税。

中国内地也有很多海关特殊监管区域，比如保税区、自贸区等，进区货物也是零关税。但基本属于生产资料免征关税，受益者为企业，消费者并不直接受益。

尽管有些自贸区会开设进口商品保税展示商店，国外的生活资料能以保税的形式进入境内，但是消费者想要买回家还是要缴关税。

海南人民这一次直接赚翻了。方案规定，对岛内居民消费的进境商品，实行正面清单管理，允许岛内免税购买。对实行"零关税"清单管理的货物及物品，免征进口关税、进口环节增值税和消费税。

零关税的受益者，从企业外溢出来，扩张到了特定省市的普通消费者，由这个片区的民众独享，这在内地历史上还是第一次。

目前，有关部门正在制定实施细则，按程序报批，等到条件成熟后公布，而且中央要求当地根据海南实际需要和监管条件进行动态调整。

那么，免税的范围到底有多大，是不是涵盖了所有的衣食住行？像奢侈品包包、豪华汽车等一些价值非常高的、明显不属于日用消费品的，应该不会放入免税清单里，但普通、低档、高频的消费品还是具有很大想象力的。

这对于海南吸引外来人口，做大人口规模具有非凡的意义。想象一下，如果在海南工作、学习、养老、定居，买手机、按摩床等耐用品以及吃喝拉撒的东西都是免税，价格就会低很多。十年、二十年下来，节省的费用是不是非常可观？

所以，免税购买日用消费品一定会刺激人口涌入，以后海南省的人口增速有望得到提升。

说实话，这个政策一定程度上来讲有悖于公平性，因为它是专属于海南常住人口的大红包，其他省市区的人并没有份儿。不过，大家也不用太眼红。因为我相信，这不过是短期的不公平。中国从第一个自贸区实验开始，就打算把自贸区/港的所有经验和体制机制，复制到全国的每一个角落。

而且，本身现在全世界的趋势，就是开门做生意，不收关税了。很多发达国家通过签订双边自贸协定，或者多边自贸协定，来践行贸易自由化和投资自由化。目前已经有相当多的商品，在特定区域内流动完全不设限，零关税流通。

中国至少跟25个国家和地区签订了自贸协议，比如韩国、澳大利亚、东南亚等。用了几年的时间，把韩国和澳大利亚的大部分出口产品逐步零关税化。

未来中国将牵头中日韩自贸区，甚至不排除加入CPTPP，中国与之自由贸易的国家和地区会越来越多，覆盖范围越来越广。待这些协定落地，所有的中国民众都能够受益，以零关税享受国外产品。所以长期来看没有太大关系。

第二，低税率。香港不设增值税和营业税，境外所得利润也不纳税。在最重要的利得税方面，有限公司的税率是16.5%，非有限公司税率是15%。放眼全世界，这个税率相当低了。

中国内地的企业所得税通常是25%。在自贸区中，也只有深圳前海、珠海横琴、福州平潭、广州南沙、上海临港这一类特殊的片区，才能在符合鼓励产业目录的情况下减按15%征收企业所得税。地理空间特别狭窄，产业范围也限定死了。

这一次，海南很不一样。方案规定，到2025年前，对注册在海南自贸港并实质性运营的鼓励类产业企业，减按15%征收企业所得税。

对在海南自贸港设立的旅游业、现代服务业、高新技术产业企业，其2025年前新增境外直接投资所得，免征企业所得税。2035年前对注册在海南自贸港并实质性运营的企业（负面清单行业除外），减按15%征收企业所得税。

随着时间的推移，低税率的优惠范围会越来越大。2025年之前享受优惠的产业必须是鼓励类的，比如旅游业、现代服务业、高新技术产业企业等。但2025—2035年，只要不是负面清单里头的、属于限制投资发展的行业，都可以获得所得税优惠。也就是说，受惠层次会下沉，覆盖到更多的市场主体。

这实际上也标志着，海南作为东部沿海地区，终于被中央视为落后的"西部地区"了，将实行不弱于西部的税收优惠政策。

单从所得税的税率来看，海南岛已比肩香港。至于未来的整体税负是否低于香港，则要看营商环境等综合税收成本。低税率的出现，能帮助海南制衡物流等先天条件的不足，增强对海内外资本的吸引力。

05

展望未来，海南对于外来资金而言，或许不是抢占中国内陆市场的首选之地，但作为抢占东南亚、欧洲市场的桥头堡，却是大有可为。别看海南岛偏离国际主航线，却是国内距离南海和印度洋最近的沿海省份。在当前的全球化时代，距离仍然是影响贸易和投资的重要因素。

以胶东地区为例，青岛是全国除了大连之外，离首尔最近的沿海大城市，两者相距600千米，坐飞机只要1小时。人员往来，资金流动，非常方便和快捷。青岛由此成了小首尔，拥有全国最多的韩国企业，有十万多韩国人常住青岛。

同样的道理，以海南为跳板打开东南亚等地的市场，从时空上来看也是不错的方案。在海南生产的商品，运到日韩俄可能没有华北、华东地区的距离优势，但运到东南亚、南亚以及欧洲可就不是这样了。

如果海南坚持用"两头在外"的模式，去攻占上述市场，那其地理缺陷便可以转化成地理优势。现在的主要问题是，海南劳动力的平均技能较低，这个痛点能不能解决。

在2020年中国绿公司年会上，小米科技董事长雷军的发言给人启发："经过三年的努力，小米智能工厂已经落成投产，这是一个生产超高端手机的工厂，除了上下料以外全部都是自动化完成的，这对于高端智能手机来说还是一个很困难的事情，整个工厂只有一百多人，绝大部分是工程师。我觉得生产一百万台，这其实不是一个很大的量，但是它完整地实验了这种全自动化生产超高端手机的可能性……像这样的一个工厂年产值会到五六百亿，但是可能用的人不会超过一百人，这是未来整个高端制造的方向，而且我们今天做到的成本已经相当于我们的那些代工合作伙伴80%不到的成本，这个让我们觉得未来智能制造全世界供应链的关键，在这样的情况下，全球部署产能或者哪个城市部署产能都是相对容易的事情。"

当前全球的制造业，已进入智能化、自动化的阶段。机器换人的运动此起彼伏，数字化技术带来了模块化生产。这个趋势削弱了发达国家的工匠优势。日本经济学者池田信夫曾说过：只要有说明书，其他国家的劳动者哪怕不知道原理是什么，也可以按照说明操作，进行大规模的量化生产。

自动化工厂为降低高级技术工人的需求带来了可能，也给了海南这种人力基础不雄厚的地方一个弯道超车的机会。

关键在于，岛外的商业大佬们愿不愿意进来投资。在这方面，中央给予海南自贸港很多罕见的政策优惠：零关税、减按15%征收企业所得税、对于人才免征个人所得税实际税负超过15%的部分、国际互联网专用通道……

这对于海南吸引外来资金，发展出口导向型的高新技术产业大有裨益。只要用好自贸港的红利，并把营商环境搞上去，相信海口乃至整个大海南的经济会有所起色。

06

当然，海南的起点较低，注定了海南很难成为下一个香港，下一个新加坡。这不是海南所能达到的"高度"，它最大的历史使命，并不是向上成为南中国的一个经济极，而是向下全力探索中国经济禁区的"深度"，为再造一个"中国"做好准备。①

今天，全球政经格局已发生了重大变化。欧美地区正在抛开WTO这个更有利于发展中国家的贸易格局另起炉灶，带着一帮发达国家建立自贸俱乐部。这个封闭的小圈子门槛极高，一来就是零关税、零壁垒、零补贴。

这对尚处于转型期的中国提出了极大的要求。中国很难一下子就达标，有被边缘化的危险。

虽然自2013年以来，中国相继建了十几个自贸试验区，负面清单不断压缩，许多以前外资进不来的限制领域，慢慢打开了，"玻璃门""弹簧门"的现象也少了很多。但实话说，这些都还不够。

开放的边界到底在哪里，经济的禁区到底有多深？ 疑问有太多。所以，中央这几年突然开启自贸区的2.0版本，升级到自贸港的实验，就是希望海南能为国家做好压力测试和风险测试，在全球贸易体系新一轮重构的过程中，寻求制度突破。

---

① 黄汉城、史哲、林小琬：《中国城市大洗牌》，东方出版社2020年版，第153页。

石家庄，一座"假省会"[①]

有这样一座省会，人口逾千万，却有1/3都是农民；全市22个行政区，有一半是县城；位列世界级城市群，却一直没有什么存在感……它，就是石家庄。

互联网上把石家庄称为农业庄，这并不夸张戏谑。2021年，这里的人均GDP在全国所有省会中位列倒数第二。

2001年，石家庄经济体量还是全国二十强，不容忽视。此后，石家庄的排名便一路倒退，2021年跌至第40位（见表5-17），比南昌还要弱。

表5-17　石家庄历年GDP排名情况

单位：亿元

年份	GDP	全国排名	年份	GDP	全国排名
2001	1055.6	20	2012	4500.2	27
2002	1164.7	20	2013	4913.7	29
2003	1324.5	20	2014	5170.3	30
2004	1511.2	19	2015	4263.7	31
2005	1671.5	23	2016	4642.5	30
2006	1902.5	23	2017	5025.3	32
2007	2268.8	24	2018	5375.1	34
2008	2723.6	25	2019	5809.9	36
2009	3001.2	26	2020	5935.1	38

[①] 本文作者为刘馨阳、黄汉城。

(续表)

年份	GDP	全国排名	年份	GDP	全国排名
2010	3401	27	2021	6490.3	40
2011	4082.7	26			

数据来源：石家庄统计局。

二十年间，石家庄GDP只增长了约六倍，仅高于东北的沈阳和哈尔滨。当大家都撒开步子狂奔时，石家庄却沦为了全国发展最慢的省会城市之一（见表5-18）。燕赵自古多慷慨悲歌之士，石家庄的悲惨命运，从它成为省会的那一刻起就注定了。

表5-18　各地GDP增长情况

单位：亿元

排名	省会城市	2001年	2021年	翻倍值
1	拉萨	18.8	741.8	39.45957447
2	合肥	363.44	11412.8	31.40215716
3	银川	104.82	2263.0	21.58891433
4	长沙	728.08	13270.7	18.22698055
5	南宁	324.79	5120.9	15.76692632
6	贵阳	302.75	4711.0	15.56082576
7	郑州	828.2	12691.0	15.32359333
8	西宁	104.49	1548.8	14.82237535
9	呼和浩特	211.12	3121.4	14.78495642
10	西安	733.85	10688.3	14.5646658
11	南京	1150.3	16355.3	14.21830827
12	海口	145.65	2057.1	14.1233093
13	南昌	485.62	6650.5	13.69492607
14	成都	1492.04	19917.0	13.34883783
15	太原	386.34	5121.6	13.25674277
16	武汉	1347.8	17716.8	13.14494732
17	乌鲁木齐	315	3691.6	11.71926984

（续表）

排名	省会城市	2001年	2021年	翻倍值
18	杭州	1568.01	18109.0	11.54903349
19	昆明	673.06	7222.5	10.73084123
20	济南	1066.2	11432.2	10.72237854
21	福州	1074.23	11324.5	10.54195098
22	广州	2685.76	28232.0	10.5117248
23	兰州	348.75	3231.3	9.26534767
24	长春	1003.01	7103.1	7.081803771
25	石家庄	1085.43	6490.3	5.979473573
26	沈阳	1236.47	7249.7	5.863223532
27	哈尔滨	1120.12	5351.7	4.777791665

数据来源：各地统计局。

01

石家庄，是一座被火车拉来的城市。作为京汉铁路的一部分，1907年建成通车的正太铁路，东端起点本应是正定城南，但为了节省开支便将起点南移了一段，这才轮到了石家庄——一个当时人口还不足600的小村庄。

也正是这样一个偶然的因素，彻底改变了石家庄的命运，这个原本默默无闻的孤陋乡村被铁轨托起，在阵阵汽笛声中望到了一条属于自己的崛起之路。

石家庄成为连接晋冀两地的枢纽，山西的煤矿资源开始通过这条铁路外运，发展也随之而来。

1941年石德铁路建成，石家庄交通枢纽的地位越发凸显，位于十字形铁路的交会中心，不仅成了重要的货物转运中心，也带动了工业、饮食、服务等行业的兴起。

就这样，到 1949 年石家庄人口已经发展到 18 万人，城市扩张到 100 多万平方千米，成了名副其实的工商业城市。

在国家的规划与投资下，石家庄工业迅速崛起，纺织和制药是最大的两匹马车。河北省是中国重要的棉产区，原棉产量丰富。而石家庄交通便利，是当时的物流中心，自然而然也就成了全省原棉的集散地。

货运方便、原料充足，可以说发展纺织工业，石家庄有着得天独厚的优势。石家庄先后建立了八个大型棉纺厂和一个大型印染厂，一度成为华北地区最大的纺织基地，其纱线和棉布产量曾经仅次于上海和天津，位居全国第三。

1953 年，举全国之力建设的大型制药企业华北制药落址石家庄。当年，由于医药物资缺乏，青霉素依靠进口，价格非常高昂。一支 20 万单位的青霉素重 0.12 克，却相当于 0.9 克黄金的价格。仅仅五年的时间，华北制药便研制出了属于我国的青霉素并正式投入使用，不仅彻底结束了中国青霉素依赖进口的历史，也成功将其售价降低至几毛钱一支。[①]

石家庄也因此成了中国最大的医药工地之一。到 2000 年，石家庄医药产业实现产值仅次于上海，名列各省会城市之首，实现利税居全国第一。

可时过境迁，如今石家庄的辉煌早就被时代的大风吹散，永久地留在了泛黄的史册当中。由曾经的纺织厂合并而成的常山纺织鲜为人知；华北制药没能成为中国创新药的领导者，药都失落……那段充满激情与荣光的岁月，最后等来的是一场无声的落幕。

---

① 孙晓波：《失落的"药都"，石家庄何以新生？》，载《中国新闻周刊》2021 年 11 月 13 日。

02

石家庄的衰落,有着深刻的历史根源。清顺治十六年(1659年),直隶省设立。冀东南的大名府成为直隶巡抚的驻地,这也是河北的第一个"省会"。[①]

70年后,全省政治中心迁到保定,从此河北的省会就开始了其颠沛流离的一生,在保定、天津、北平三个城市之间兜兜转转。

不到三百年的时间里,省会竟然历经了十余次变更。在全国三十多个省份中,像河北这样频繁变更省会的,根本找不出第二个。而最后的几次省会流浪,给河北省造成了非常深远的后遗症。

20世纪60年代,世界政治局势变幻莫测,中苏关系恶化、中印边境自卫反击战、越南战争爆发。全国进入了备战模式,将沿海的重要资源转移至大三线。

天津显然不再适合继续稳坐省会宝座,河北省省会再次前往保定。但之后因为一些特殊的历史原因,保定陷入了混乱,一时难以承担省会职能。[②]

此时,石家庄进入了决策者的眼中!城内局势比较稳定,城外又是太行山西麓,便于撤离。于是,1968年,这座年轻的城市,在慌乱与迷茫中一跃成了中国最年轻的省会城市。

正是这历史性的一跃,给河北遗留下了一系列剪不断理还乱的错位:全省历史文化中心在邯郸,全省政治中心在北京,全省经济中心又在唐山。

论历史渊源,邢台有3500年建城史,600年建都史,还是仰韶文化的发源地之一;保定不仅是传说中尧帝的故乡,还是中国近代史上"北控三关,南达九省"的"通衢之地";邯郸、承德、定州等国家历

---

① 司建飞:《近代河北省会的变迁》,载《邢台学院学报》第29卷第3期。
② 沈伟涛:《中华人民共和国成立后河北省会变迁研究》,青海师范大学2016年硕士学位论文。

史名城也是不可胜数。石家庄建市不过百年，缺乏历史积淀，或许唯有西柏坡为世人熟知。

论政治中枢，北京对河北的影响，似乎比石家庄还要更大。"拱卫首都安全"就经常挂在河北省领导的嘴边。论经济实力，唐山已经连续17年位列河北第一，石家庄并不是龙头老大。所以，河北是一个非常割裂的省份，省会有些无所适从。

"石家庄是全国唯一一个不是全省政治、经济、文化中心的省会城市，仅仅只是一个管理中心。"石家庄市委原专家团副理事长李树声曾经这样评价。换言之，石家庄这座城市可能是一座"假省会"。

目前国内像它一样尴尬的，还有长三角的南京。上海是江苏的实际省会，苏州是影子省会，南京仅是名义上的省会。不过，六朝古都好歹还是个徽京，至少能在隔壁省份安徽发挥实质性的影响力，总归比石家庄要强上好几倍。

多中心格局，导致河北的发展重心游离不定，没有始终聚焦在省会石家庄身上。要说地理区位，沿海的唐山相比身居内陆的石家庄更占尽优势。尤其是底下的曹妃甸，面向大海有深槽，背靠陆地有浅滩，地下储有大油田，发展前景十分广阔。集中资源于唐山，打造沿海经济带，显然比挖掘内陆潜力更省劲，更能加速河北崛起。

2011年，河北省将灼灼目光投向了蓝色海洋，提出举全省之力打造曹妃甸新区和沧州渤海新区两个增长极，同年《河北沿海地区发展规划》获得国务院批复，河北沿海开发上升为国家战略。

华电重工、中石化千万吨级炼油、华润电厂等一批战略支撑项目在曹妃甸拔地而起。国家级经济技术开发区、综合保税区、大港口大码头在唐山相继建成。

一系列的倾斜以及基础设施的完善，极大地推动了唐山重工业的发展。这里一年的粗钢产量超过全国的1/10。"世界钢铁看中国，中国钢铁看河北，河北钢铁看唐山"为世人所熟知。而外界提起石家庄，可能除了声名远播的三鹿集团之外，实在想不起什么世界知名企业了。

据世界钢铁协会发布的《世界钢铁统计数据2022》报告，2021年印度以1.18亿吨粗钢产量位居世界第二，约为唐山的8成左右。而排名第三的日本粗钢产量为0.96亿吨，仅占同期唐山的73.28%。

2022年上半年，唐山港更是以3.7亿吨货物吞吐量位居全国第二。曹妃甸气势如虹的背后，是石家庄在全省战略布局中的黯然神伤。2021年，唐山GDP实现8231亿元，比石家庄的6490亿元高出1741亿元。唐山一座城市占了全省体量的1/5，位居全国第27名，高出石家庄13名。

河北发展重心向沿海转移的进程中，身处内陆的石家庄难以触及日出东方的第一缕曙光。

前几年，中国又设立雄安新区，这个继深圳经济特区和上海浦东新区之后又一具有全国意义的新区，是首都副中心，用于集中承接北京的非首都功能，所以不能离北京太远。

环顾四周，或许河北是唯一选择了。于是，这个"千年大计"最后落于保定东部。它身处京津冀腹地，与北京和天津相距100千米左右，三者恰好构成一个等边三角形。

来自首都的资源倾盆而下，中国星网集团、中国中化控股有限责任公司、中国华能集团、中国矿产资源集团有限公司等央企总部"定都"雄安，雄安所拥有的央企数量仅次于北京和上海。

2022年，雄安新区安排重点项目超200个，总投资超7000亿元，年度计划投资超2000亿元，而石家庄2022年发布的462个重点建设项目，总投资仅3172.5亿元，年度计划投资1100亿元左右。

毫无疑问，雄安新区才是河北省的下一个中心，石家庄再次靠边站。不仅如此，这座"火车拉来的城市"，其交通枢纽的地位也将逐渐被取代：2019年，雄安新区入选交通强国建设试点地区；雄安站已经成为京雄城际铁路、京港高速铁路、津雄城际铁路、雄石城际铁路、雄忻高速铁路的交会车站，京雄津保"1小时交通圈"基本实现；在河北交通"十四五"规划中，继续推进京昆高铁雄安至忻州段、京港台高铁雄安至商丘段的建设……

面对如日中天的雄安新区，省会石家庄默默走向落寞的边缘。在今天这个京津冀协同发展的千年大计当中，石家庄的地位相当微妙。作为国家规划的北方国际航运中心，天津是整个华北最大的物资集散中心，集装箱吞吐量位居全球十大港口。河北处于海权时代的边缘地带，大量集装箱货运只能经由天津出入。天津便代替省会石家庄，辐射并带动了衡水、张家口、保定等河北内陆城市融入全球产业链。

河北物流找天津，金融科研靠北京。石家庄转了一圈，发现竟然没有自己什么事。或许，做个安安静静的国际庄就是其最后的宿命了。

03

从产业来看，石家庄一直困于传统制造业中不能自拔。2019年，石家庄工业体系的最大支柱竟然是皮革、毛皮、羽毛及其制品和制鞋业，一个没有什么技术含量的低端制造业，其规模以上工业总产值占全市的16.31%。

接下来的三个行业分别为：黑色金属冶炼和压延加工业占14.81%；医药制造业占11.24%；石油加工、炼焦和核燃料加工业占9.49%。四者合计中占比过半，达到了51.85%。

很明显，石家庄的产业结构，整体层次偏低、产业链条短，缺乏与第三产业的融合，因而难以与京津进行匹配。①

长期以来，石家庄传统产业转型升级慢，难以走向高质量发展。没办法，这座城市有着显而易见的不可抗力——真的太缺人才了。历

---

① 张娟、张楠：《从产业结构演变看石家庄市经济运行质量》，载《统计与管理》2018年第7期。

史政治中心的一次次搬迁，就像一把剪刀一样，把整个省的资源割得四分五裂。仅有几十年省会历史的石家庄，沉淀不多。

河北省内前四强的高等学府，均不在石家庄。燕山大学在秦皇岛，河北大学与河北农业大学在保定，河北工业大学留在了天津，这是河北省唯一的 211 大学，也是国内唯一一所异地办学的高校。而石家庄的河北师范大学，省内排名第五。

作为著名的高考大省，河北每年都能用其高分段考生数量震惊全国，衡水中学在教育界更是如雷贯耳。在 2022 年高考中，700 分以上的考生有 108 人。也就是说，在河北省，即使考 700 分都不一定能上清华北大。

在近乎疯狂的"内卷"之下，多少河北学子不眠不休，在望不到头的题海之中挣扎，因为多一分就多一丝走出去的希望。而走出去，就不再回来。

2020 年《河北工业大学就业质量报告》显示，来自河北的 3866 个学子中，只有 348 人选择了回河北，占比不到 1/10。

其实，石家庄从未放弃过招揽人才。2019 年 3 月 18 日，石家庄全面放开城镇落户限制，成了全国首个"零门槛"落户的省会城市。同时，自 2021 年起，由石家庄市委、市政府牵头的"名校英才入石"人才引进举措开始实施，积极引进博士学位研究生、国内一流大学或一流学科毕业生、世界排名前 500 名国（境）外院校本科及以上毕业生。

可即使如此，石家庄的人才吸引力依旧很低。这应该不难理解，猎聘大数据研究院的数据显示，毕业生更青睐科技和互联网产业，而这恰恰是石家庄的最大短板。

因此，石家庄陷入了一个尴尬的怪圈：一面是产业过于传统难以吸引人才，一面是人才紧缺导致产业升级更加困难。

04

2010年,《南方人物周刊》曾做过一期"爱广州的60个理由"的封面专题,第一个和第二个理由分别是"离香港近""离北京远"。

寥寥几字,饱含深意。反过来,如果要评选不爱石家庄的60个理由,位居榜首的或许就是"离北京太近,离香港太远"。

石家庄之所以会走到今天这一步,最大的问题就在于,它原本不该成为省会,却偏偏被历史意外砸中,成了省会,而且还是"最接近北京的省会城市"。

中国区域经济史上,有一个非常有趣的现象:为什么同为超级城市,上海能带动长三角走向"环沪共同富裕圈",而北京的周边却形成了一条"环京贫困带"呢?

原因在于,上海本来就是一个全球工业重镇,位列中国十大工业城市之首,在制造业方面门类齐全,集聚了集成电路、航空制造、生物医药、汽车、船舶制造等中高端产业,并与无锡、常州、南通等城市相互分工,形成了上下游配套关系,促进了长三角的共同发展。

北京却不一样。北京的定位包含全国的政治中心和文化中心,又缺乏大江大河和大港口,发展工业存在先天劣势,所以近二十年慢慢就倾向了对物流和环境资源依赖度较低的现代服务业。

数据显示,2020年北京和上海的GDP分别为3.87万亿元、3.61万亿元,两座超一线城市的经济体量相差不了多少,但是北京的工业增加值仅有4217亿元,不到上海的一半。同年北京工业增加值占比GDP仅有11.68%,不到天津的一半,不到佛山的1/4,在中国前二十大城市当中排名倒数第一(见表5-19)。

表 5-19 2020 年 GDP 20 强城市

单位：亿元

排序	城市	工业增加值	GDP	占比
1	佛山	5764	10816	53.29%
2	泉州	5121	10159	50.41%
3	苏州	8514	20171	42.21%
4	无锡	5125	12370	41.43%
5	宁波	5046	12409	40.66%
6	深圳	9528	27670	34.43%
7	天津	4188	14084	29.74%
8	南京	4332	14818	29.23%
9	长沙	3466	12143	28.54%
10	重庆	6991	25003	27.96%
11	青岛	3268	12401	26.35%
12	杭州	4221	16106	26.21%
13	武汉	4086	15616	26.17%
14	郑州	3073.8	12003	25.61%
15	上海	9657	38701	24.95%
16	成都	4208	17717	23.75%
17	济南	2360.5	10141	23.28%
18	广州	5723	25019	22.87%
19	合肥	2072.32	10046	20.63%
20	北京	4217	36103	11.68%

数据来源：各市统计局。

因此，加入世贸组织之后北京并没有多少产业链可以向外溢出。北京对周边地区更多的是庞大人口的消费辐射，而不是制造业辐射。[①]身为最接近北京的省会城市，石家庄也就不能从中受益多少。不仅如此，河北省环抱首都，地理位置相当敏感，可以说河北省的安危也直接关系到北京，唇齿相依。

---

① 刘玉海、叶一剑、李博：《困境：京津冀调查实录》，社会科学文献出版社 2012 年版，第 15 页。

所以，保卫首都也成为石家庄最重要的职责。在动荡时它要成为固若金汤的护城河。和平时，它则需要随时准备为首都提供足够的资源，牺牲小我成全大我。

为了找回北京蓝，自2014年起，北京计划迁出300多家污染企业，大部分由河北来承接。按照规划，家具产业转移至石家庄。而家具行业如果环保跟不上，就会产生大量粉尘以及挥发性有机化合物，造成大气污染。为了留住北京蓝，时任河北主要领导直呼"牺牲GDP"也在所不惜，坚定不移去产能。

2016年11月，石家庄市政府办公厅发布了《石家庄市人民政府关于开展利剑斩污行动实施方案》，决定对全市工业企业，特别是制药、水泥、铸造、钢铁、煤电、焦化和锅炉等重点行业实施严格调控措施：除承担居民供暖和保民生等重点任务的生产线外，全市所有钢铁、水泥、焦化、铸造、玻璃、陶瓷、钙镁行业全部停产；全市所有制药企业全部停产，未经市政府批准不得复工生产；同时，凡是不能稳定达标排放的涉气企业一律停工，非民用燃煤设施一律停用。全市所有露天矿山、采砂、石材加工、砂石料加工等行业全部停工停产……

这在当时也被称为中国有史以来最严厉的治霾政策。但事实证明，想要守住蓝天白云真的很难。即使在史上最严厉的治霾政策之下，石家庄在停产近一周后，雾霾又再次加重，重回"重度污染"。

为此，石家庄再次重磅出击，印发了《石家庄市打赢蓝天保卫战三年行动计划（2018—2020年）》，关停发电企业、削减电力产能；为了治理大气污染，石家庄采暖季钢铁产能直接减半，并不断淘汰钢铁、焦化、建材等行业；污染企业直接搬离城区，未按计划完成搬迁的，就实施关闭……

"十三五"时期，石家庄累计压减炼铁产能119万吨、炼钢产能142万吨、水泥产能1100万吨、焦化产能365万吨。

这场轰轰烈烈的环保攻坚战，让石家庄成功退出全国重点城市空气质量综合指数后十名，也让石家庄经历了经济阵痛期。

作为首都屏障，石家庄一直保持着很高的政治站位，算政治账多于算经济账。可以说，石家庄不像是为河北而生的城市，而是为北京而生的城市。离北京太近，无形中也限制了河北省会大展手脚的空间。

05

2021年7月，河北出台《关于大力支持省会建设和高质量发展的意见》，要求石家庄积极融入京津冀协同发展格局，紧密对接雄安新区的建设发展，当好全面建设现代化经济强省、美丽河北的排头兵和领头雁。

石家庄也"意志坚定"，明确要大力实施产业蝶变与跃升战略，集中资源在新一代电子信息、生物医药两大产业上率先突破，打造千亿级产业集群，并将"地区生产总值突破万亿"列为首要任务，力争到2025年综合经济实力重回全国前30强。

这是河北痛定思痛，历史上首次提出"强省会"的战略方针。可惜，比起相邻的河南郑州，强省会的战略已晚出世了十几年。这真是一种莫大的遗憾。

其实，存在感弱的省会城市何止石家庄一个。同为中部省会的郑州曾经也是个小透明。清朝末年，京汉铁路从河北石家庄一路南下来到河南，原本要穿过省内最繁华的城市开封，但是好巧不巧，开封段的黄河是地上悬河，修建难度和成本太高，便拐了弯，选择在不起眼的郑县过河。

1952年陇海铁路全线建成，郑州一跃成为中国两条南北铁路干线的交会点。得益于这种枢纽节点的地位，两年后河南省会由开封迁到了郑州。

年轻的郑州，凭借着铁路大动脉，发展起了一黑一白两大产业，黑是煤炭，白是棉花。通过几个纺织大厂的修建，郑州晋升为全国四大纺织基地之一。纺织一直是郑州首屈一指的经济支柱，贡献了六成以上的财政收入。所以，郑州也是一座由火车拉来的城市，它的经历跟石家庄何其相像。

沿海大开放后，郑州天下之中的区位优势丧失殆尽，原先作为地理中心、自然中心、文化中心的优越感犹如自由落体摔了个稀巴烂，那种巨大的失落感外省人难以体认。[1]

1994年，郑州才建了第一条高速公路，全省没有一个像样的民用机场，连起降波音737都勉勉强强。郑州的起跑线，真比石家庄低多了。

2001年，郑州的GDP仅相当于石家庄的76.3%，工业总产值是石家庄的74.35%。可是转眼间，郑州如今一万多亿元的经济体量，早已把当年的老大哥远远甩在身后，大约是石家庄的两倍。

历史真是开了一个巨大的玩笑，郑州到底凭什么华丽转身？很大一个原因，就是河南不沿海。

06

虽然河南省内也有洛阳、开封等历史文化古都，而郑州资历尚浅，但是大家都没有沿海发展外向型经济的条件，郑州居于地理几何中心的区位优势反而凸显了出来。

所以历史上，河南没有产生过战略迷茫，没有在发展重心上摇摆不定，就是集中精力托起郑州就行了。早在2002年，河南省委就召开全省经济工作会议，提出中原崛起战略，想要将夹在东南沿海和西部大开发之间的河南带出洼地。其中的抓手，就是"强省会"。

---

[1] 邢军纪：《风雅大郑州》，解放军出版社2010年版，第27页。

第二年，河南便编制了《中原城市群战略构想》，明确提出要举全省之力，优先发展以郑州为中心的城市密集区，使之成为中部地区实力最强的经济隆起带。其基本途径叫作"加快工业化，城镇化，推进农业现代化"。这种把农业放到最后一位，打破原来农本位的思维模式，惹得争议四起。①

一位持反对意见的领导干部向河南省委质疑："中央把三农放在重中之重，河南又是个农业大省，历来都把三农放在首位，现在放到第三位，上不符合中央精神，下不符合河南省情。"

然而，恰恰是这种颠覆性思维以及"强省会"战略，为郑州奠定了弯道超车的基础。而且还有一点，郑州人很敢于做梦，敢于做那种超前的不可思议的梦。

20世纪90年代，在郑州做羊肉烩面的红高粱如日中天，名声火遍全国。这家率先学西方工业化、标准化生产的中式快餐店，声称要在世界上办十万家快餐店，与麦当劳一决高下，甚至还想在俄罗斯的和平号空间站开一个小分店。听起来十分荒谬，也是常人所不及。

1999年，郑州底下的巩义市与中国科学院建立"联姻"关系，互派人员到对方单位任职，一个县级市就有这种视野和做派，这在全国都是罕见的。

十几年前，只有两条飞机跑道的郑州就敢逐梦航空大都市，向国家民航局提交五条跑道的航空港规划，要做"中国孟菲斯"。而当时全球那么多世界级城市，也只有芝加哥、亚特兰大、法兰克福三个机场有五条跑道。天方夜谭式的设想马上遭到了外界的嘲讽，一位从河南省出去的部级干部说，"河南吹牛吹得厉害"。②

可就是这样敢想敢做的郑州，最后成功抓住了外向型经济的红利。

---

① 八月天、尚攀：《起飞——第一航空港成长记》，河南科学技术出版社2018年版，第109页。
② 八月天、尚攀：《起飞——第一航空港成长记》，河南科学技术出版社2018年版，第79页。

07

2010年7月，郑州不惜一切代价，凭借着还尚在纸面上的航空港综合保税区，与郭台铭"联姻"，把富士康"忽悠"了过来。这家世界级代工厂的落地换来了巨大的回报，郑州航空港区成了全球最大的苹果手机生产基地。

高峰期时，这里超过90条生产线，约35万名工人，每天的手机产量高达50万部，全球大约一半的苹果手机都出自郑州富士康工厂。

2019年，富士康郑州公司实现出口总额316.4亿美元，位列全国所有出口企业第一位。这是一个什么样的概念呢？中部的龙头城市武汉，其最大的出口企业是联想移动通信贸易（武汉）有限公司，2019年其出口额仅相当于郑州富士康的1/9左右（见表5-20）。

表5-20 2019年中国出口企业40强榜单

单位：美元

排名	企业名称	出口额	所属地区
1	鸿富锦精密电子(郑州)有限公司	31643167545	河南
2	达丰(上海)电脑有限公司	17150363614	上海
3	华为终端有限公司	15967455805	广东
4	深圳富士康公司	15051024954	深圳
5	鸿富锦精密电子(成都)有限公司	14605554801	四川
6	中国石油化工股份有限公司	12759515410	中央公司
7	昌硕科技(上海)有限公司	12741474646	上海
8	深圳华为公司	12713928249	深圳
9	名硕电脑(苏州)有限公司	12474215548	江苏
10	中国石油天然气集团公司	11551355459	中央公司
11	英特尔产品(成都)有限公司	11451843008	四川
12	达丰(重庆)电脑有限公司	10778580617	重庆
13	美光半导体(西安)有限责任公司	9958159016	陕西
14	世硕电子(昆山)有限公司	8456527296	江苏

（续表）

排名	企业名称	出口额	所属地区
15	戴尔贸易(昆山)有限公司	7875981538	江苏
16	东莞市欧珀精密电子有限公司	7517278756	广东
17	英业达(重庆)有限公司	7253443295	重庆
18	富士康精密电子(太原)有限公司	6880513307	山西
19	美的集团有限公司	6472658198	广东
20	小米通讯技术有限公司	6118564726	北京
21	东方国际(集团)有限公司	5556309549	上海
22	中国海洋石油总公司	5282131356	中央公司
23	中国远洋运输(集团)总公司	5100485920	中央公司
24	英特尔半导体(大连)有限公司	5050761703	大连
25	戴尔(成都)有限公司	4934533790	四川
26	深圳富桂精密工业有限公司	4639857108	深圳
27	中国中化集团有限公司	4631757397	中央公司
28	中国船舶工业贸易公司	4509749489	中央公司
29	英特尔贸易(上海)有限公司	4448619455	上海
30	联宝(合肥)电子科技有限公司	4182263084	安徽
31	江苏国泰国际集团股份有限公司	4006576897	江苏
32	中国机械工业集团公司	3965590002	中央公司
33	三星电子(苏州)半导体有限公司	3848976285	江苏
34	三星(中国)半导体有限公司	3800116458	陕西
35	重庆翊宝智慧电子装置有限公司	3731557433	重庆
36	纬新资通(昆山)有限公司	3667962960	江苏
37	联想移动通信贸易(武汉)有限公司	3631706677	湖北
38	海信集团	3516223457	青岛
39	晟碟半导体(上海)有限公司	3499586307	上海
40	旭硕科技(重庆)有限公司	3492026525	重庆

数据来源：中国对外经济贸易统计学会。

不仅如此，富士康的到来，也让郑州航空港得以吸引近百家智能终端制造及供应链企业，如联创电子、和而泰、华讯方舟、信太集团、众驰富联、OPPO/VIVO、东微电子、航丰智能、传音、英迈等聚集于此。进而从无到有，凭空拉出了一条从芯片、靶材、模组、面板到整机的全手机产业链。

2010年河南全省手机产量只有两万多台，在全国的电子信息产业版图上可有可无。然而，仅仅十年时间，郑州就成为巨无霸般的存在。2020年，郑州航空港区电子信息产业年产值突破3200亿元，智能手机产量约占全球的1/7，累计生产了超过16亿台。

庞大的出货量也为航空货运的发展提供了货源支撑。2009年到2021年，郑州航空港货邮吞吐量从8.58万吨涨到70.5万吨，十余年翻了8.2倍。对外贸易出口额从0.1亿美元狂飙到550.7亿美元，十余年翻了5000多倍（见表5-21）。

表5-21 郑州航空港物流产业状况

年份	货邮吞吐量(万吨)	旅客吞吐量(万人次)	对外贸易出口额（亿美元）	外贸总额（亿美元）
2009	8.58	734	0.1	0.1
2010	10.28	870	0.1	0.1
2011	15.2	1015	49.7	89
2012	25.5	1167	151.4	279.8
2013	25.6	1314	194	348.8
2014	37	1580.5	204.2	379.2
2015	40.3	1729.7	302.8	490
2016	45.7	2076.3	317	550.3
2017	50.5	2596.1	345.6	596.6
2018	51.7	2964.9	386.0	615.1
2019	52.4	3257.3	431.2	643.2
2020	64.0	2141.8	427.3	717.0
2021	70.5	1895.5	550.7	913.3

数据来源：郑州统计局、公开报道。

作为全国唯一国家级航空经济综合试验区，郑州航空港货运规模居全球 50 强，国际货运量位居全国第四，货物吞吐量超越武汉、长沙总和，在中部省会机场排名第一。

如今，郑州航空港区建成区面积超过 100 平方千米，集聚人口 63 万，2021 年完成地区生产总值 1172 亿元，外贸进出口总额 5245.6 亿元，占全省的 63.9%。外界惊呼，河南长出了"第 19 个省辖市"。

一个中原新城市的诞生，只需要十年时间。真是惊为天人！

08

回过头来看，全省深居内陆的劣势，对省会郑州来讲反而成了一种幸运。河北作为沿海省份的优势，对省会石家庄反而是一种不幸。

命运就是如此魔幻，让人哭笑不得。每个城市都有一个属于自己的梦，没有什么能够再失去的石家庄，真的能够凭借"强省会"异军突起吗？悬。

参考文献

黄汉城：《谁是中国城市领跑者》，东方出版社，2020年。

黄汉城、史哲、林小琬：《中国城市大洗牌》，东方出版社，2020年。

[美]约翰·S.戈登：《伟大的博弈：华尔街金融帝国的崛起》，中信出版社，2011年。

[美]威廉·罗森：《世界上最强大的思想：蒸汽机、产业革命和创新的故事》，中信出版集团，2016年。

[美]卡尔·沃尔特、弗雷泽·豪伊：《红色资本：中国的非凡崛起与脆弱的金融基础》，东方出版中心，2013年。

[英]埃里克·霍布斯鲍姆：《工业与帝国：英国的现代化历程》，中央编译出版社，2016年。

[美]山姆·基恩：《元素的盛宴》，接力出版社，2015年。

[美]艾萨克·阿西莫夫：《亚原子世界探秘：物质微观结构巡礼》，上海科技教育出版社，2000年。

张大凯：《电的旅程：探索人类驾驭电子的历史过程》，湖南科学技术出版社，2013年。

彭秀良、魏占杰：《幽燕六百年：京津冀城市群的前世今生》，北京大学出版社，2017年。

[卡塔尔]西奥多罗普罗斯：《探寻能源的奥秘——石油、天然气

和石化产品》，石油工业出版社，2015年。

［美］大卫·S.亚伯拉罕：《决战元素周期表》，四川人民出版社，2018年。

王志纲：《大国大民：王志纲话说中国人》，国际文化出版公司，2020年。

施展：《溢出：中国制造未来史》，中信出版集团，2020年。

路风：《光变———个企业及其工业史》，当代中国出版社，2016年。

［美］Charles Petzold：《编码：隐匿在计算机软硬件背后的语言》，电子工业出版社，2010年。

［美］穆雷·N.罗斯巴德：《美国大萧条》，海南出版社，2020年。

［美］丹尼尔·耶金：《石油大博弈》，中信出版社，2008年。

［加拿大］简·雅各布斯：《美国大城市的死与生》，译林出版社，2006年。

曲如晓主编：《中国对外贸易概论》，机械工业出版社，2005年。

刘巽良：《航运中心建设纵横谈》，格致出版社，2011年。

［美］约翰·卡萨达、格雷格·林赛：《航空大都市：我们未来的生活方式》，河南科学技术出版社，2013年。

房晓、韩菲子主编：《大协作时代：北京跨区域产业协作纪实》，人民日报出版社，2021年。

孙远东：《从海关特殊监管区域到自由贸易园区：中国的实践与思考》，首都经济贸易大学出版社，2014年。

林孝庭：《困守与反攻：冷战中的台湾选择》，九州出版社，2017年。

汪涛：《纯电动一统天下》，东方出版社，2018年。

刘济美：《一个国家的起飞：中国商用飞机的生死突围》，中信出版集团，2016年。

路风：《走向自主创新：寻求中国力量的源泉》，中国人民大学出版社，2019年。

路风：《走向自主创新2：新火》，中国人民大学出版社，2020年。

陈伟宁、欧阳亮、周森浩：《大国之翼：C919大型客机研制团队采访报告》，上海科学技术出版社，2018年。

商国华：《锻造中国芯：沈阳鼓风机集团振兴发展纪实》，外文出版社，2019年。

［美］迈克尔·麦尔：《东北游记》，上海译文出版社，2017年。

冬宁、宁一：《东北咋整：东北问题报告》，当代世界出版社，2004年。

曲晓范：《近代东北城市的历史变迁》，东北师范大学出版社，2001年。

刘国龙、余佳、许春涛等编：《认识武汉：大国工业》，武汉理工大学出版社，2020年。

汪瑞宁：《武汉铁路百年》，武汉出版社，2010年。

陈秋芳：《大武汉之梦：关于一座城市的历史、现状与远景》，武汉出版社，2006年。

武汉发展战略研究院编：《2020武汉发展报告》，武汉出版社，2020年。

邢军纪：《风雅大郑州》，解放军出版社，2010年。

八月天、尚攀：《起飞：第一航空港成长记》，河南科学技术出版社，2018年。

陈卓雷、黎世光：《经济特区进一步发展的体制机制创新研究》，经济管理出版社，2011年。

单靖、张乔楠：《中欧班列：全球供应链变革的试验场》，中信出版集团，2019年。

北京市产业经济研究中心编：《北京市产业经济发展蓝皮书：聚焦

高精尖》,北京工艺美术出版社,2019年。

汪东明、周民良主编:《推进南宁工业高质量发展研究》,经济管理出版社,2019年。

朱虹:《翻开江西这本书》,江西高校出版社,2020年。

结束语

这本书从 2020 年开始写起，断断续续写了两年。在我的写作生涯中，算是时间跨度比较大的作品了。

中间由于特殊的历史进程，国家意志发生很多变化，我的观察和思考也随之迭代，甚至还推翻了几年前的一些预判。

历史确实充满了很多奇妙之处。

本书能够出版，首先要感谢我的家人的无私付出。写作是一件特别耗精力耗时间的苦力活，我能够心无旁骛地投入研究，全赖于家人照顾好后花园。

本书的分析框架中，涉及大量的数据图表。很多是韩笑妍、邓滢、刘馨阳、潘思琳几位同学帮忙挖掘并整理出来的，特别感谢她们的辛勤劳作。

在写作和学习过程中，我还请教了很多智谷趋势的同人，尤其是邓科、史哲两位老师，他们给了我巨大的帮助和鼓励。

最后，特别感谢东方出版社的高老师，合作过程中感受到了她的专业和热情。她可以说是见证了我成为财经畅销书作家的整个过程。

由于我学术水平有限，本书难免有错漏之处，期待各位读者朋友批评指正。

图书在版编目（CIP）数据

中国城市大角逐 / 黄汉城 著 . —北京：东方出版社，2023.7
ISBN 978-7-5207-3415-8

Ⅰ.①中… Ⅱ.①黄… Ⅲ.①城市经济—经济发展—研究—中国 Ⅳ.① F299.21

中国国家版本馆 CIP 数据核字（2023）第 068551 号

中国城市大角逐
（ZHONGGUO CHENGSHI DA JUEZHU）

作　　者：	黄汉城
责任编辑：	江丹丹　叶　银
责任审校：	孟昭勤
出　　版：	东方出版社
发　　行：	人民东方出版传媒有限公司
地　　址：	北京市东城区朝阳门内大街 166 号
邮　　编：	100010
印　　刷：	北京明恒达印务有限公司
版　　次：	2023 年 7 月第 1 版
印　　次：	2023 年 7 月第 1 次印刷
开　　本：	660 毫米 ×960 毫米　1/16
印　　张：	23
字　　数：	298 千字
书　　号：	ISBN 978-7-5207-3415-8
定　　价：	69.90 元
发行电话：	（010）85924663　85924644　85924641

版权所有，违者必究

如有印装质量问题，我社负责调换，请拨打电话：（010）85924602　85924603